分幅联塔钢-混叠合梁斜拉桥施工及控制技术

FENFU LIANTA GANG-HUN DIEHELIANG XIELAQIAO SHIGONG JI KONGZHI JISHU

杨黎明 著

中国地质大学出版社
ZHONGGUO DIZHI DAXUE CHUBANSHE

图书在版编目(CIP)数据

分幅联塔钢-混叠合梁斜拉桥施工及控制技术/杨黎明著.—武汉:中国地质大学出版社,2024.7.—ISBN 978-7-5625-5928-3

Ⅰ.U448.27

中国国家版本馆 CIP 数据核字第 2024TL2605 号

分幅联塔钢-混叠合梁斜拉桥施工及控制技术 杨黎明 著

责任编辑:郑济飞 选题策划:江广长 段 勇 责任校对:徐蕾蕾

出版发行:中国地质大学出版社(武汉市洪山区鲁磨路 388 号) 邮编:430074

电 话:(027)67883511 传 真:(027)67883580 E-mail:cbb@cug.edu.cn

经 销:全国新华书店 http://cugp.cug.edu.cn

开本:787mm×1092mm 1/16 字数:272 千字 印张:10.75

版次:2024 年 7 月第 1 版 印次:2024 年 7 月第 1 次印刷

印刷:武汉中远印务有限公司

ISBN 978-7-5625-5928-3 定价:88.00 元

前言

PREFACE

分幅联塔钢-混叠合梁斜拉桥作为一种新型桥梁结构形式，逐渐成为连接江河湖海、山川峁梁的重要形式。这类桥梁以其独特的结构优势、卓越的力学性能以及广泛的应用前景，在交通基础设施建设中扮演着越来越重要的角色。

分幅联塔钢-混叠合梁斜拉桥是世界上首座采用屈曲耗能支撑连接的分幅联塔斜拉桥，也是全国交通运输行业首个采用"揭榜挂帅"制实施的科研课题桑园子黄河大桥项目的创新成果之一，该项目建设管理法人为甘肃省公路交通建设集团有限公司，由甘肃路桥建设集团有限公司和甘肃省交通规划勘察设计院股份有限公司组成设计施工总承包进行建设。

本书依托桑园子黄河大桥项目设计、施工及技术创新成果，经过总结提炼，系统阐述了桑园子黄河大桥项目建设过程中的施工及控制技术。本书分为四篇，分别是绪论、施工技术篇、计算分析篇和施工监测篇。绪论主要介绍了钢-混叠合梁斜拉桥的发展、施工及控制概况，桑园子黄河大桥设计概况及特点；施工技术篇主要介绍了桑园子黄河大桥主塔、主梁、斜拉索施工关键技术；计算分析篇通过数值仿真技术分析斜撑预留槽口处的强度与刚度，优化主塔横梁预应力张拉顺序及张拉控制值，指导主塔施工阶段临时横撑的架设、拆除模拟以及塔梁临时锚固设计；施工监测篇结合现场桥梁结构类型进行重难点分析，基于智慧云平台编制监测内容，实现桥梁全寿命监控监测。

《分幅联塔钢-混叠合梁斜拉桥施工及控制技术》一书不仅是对桑园子黄河大桥这一经典工程案例的全面回顾和总结，更是对分幅联塔钢-混叠合梁斜拉桥施工及控制技术的一次深入探索和创新。相信本书的出版将为桥梁施工领域的专业技术人员提供有益的参考和启示，推动我国桥梁工程技术不断向前发展。由于工程技术的复杂性和作者水平的限制，书中分析可能存在偏颇或遗漏，敬请广大读者不吝指正。

杨黎明

2024 年 7 月

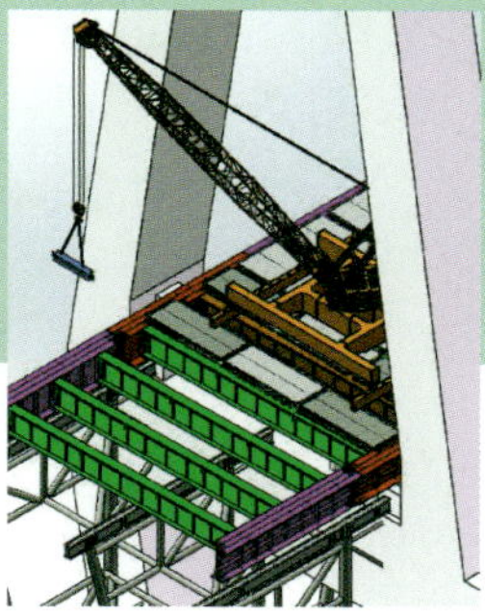

目录

CONTENTS

第一篇　绪　论

第 1 章　钢–混叠合梁斜拉桥发展、施工及控制概况 …… (2)

1.1　斜拉桥发展及现状 …… (2)

1.2　斜拉桥施工技术 …… (4)

1.3　斜拉桥施工控制 …… (5)

1.4　本章总结 …… (6)

第 2 章　桑园子黄河大桥设计概况及特点 …… (7)

2.1　设计概况 …… (8)

2.2　设计特点 …… (12)

2.3　本章总结 …… (16)

第二篇　施工技术篇

第 3 章　桑园子黄河大桥主塔施工关键技术 …… (20)

3.1　总体施工工艺及流程 …… (20)

3.2　塔柱钢筋施工 …… (24)

3.3　塔柱混凝土施工 …… (26)

3.4　塔柱爬模施工 …… (27)

3.5　主塔斜撑施工 …… (36)

3.6 钢锚梁施工 …… (42)
3.7 本章总结 …… (48)
第 4 章 桑园子黄河大桥主梁施工关键技术 …… (49)
4.1 总体施工工艺及流程 …… (50)
4.2 主梁对称悬臂施工 …… (52)
4.3 辅助墩梁段(8＃块)拼装 …… (59)
4.4 过渡墩梁段(12＃块)拼装 …… (61)
4.5 合拢梁段(14＃块)拼装 …… (62)
4.6 体系转换 …… (63)
4.7 预应力施工 …… (65)
4.8 本章总结 …… (67)
第 5 章 桑园子黄河大桥斜拉索施工关键技术 …… (68)
5.1 不对称张拉施工工艺选择 …… (69)
5.2 张拉前准备 …… (73)
5.3 梁端硬牵引及张拉 …… (76)
5.4 本章总结 …… (79)

第三篇 计算分析篇

第 6 章 桑园子黄河大桥塔间钢箱斜撑预留槽口计算分析 …… (82)
6.1 塔间钢箱斜撑施工概述 …… (82)
6.2 计算材料参数 …… (83)
6.3 塔间钢箱斜撑预留槽口应力计算 …… (84)
6.4 本章总结 …… (85)
第 7 章 桑园子黄河大桥主塔横梁预应力预张拉施工工序 …… (86)
7.1 横梁预应力概述 …… (86)
7.2 计算材料参数 …… (87)
7.3 横梁预应力预张拉计算 …… (90)
7.4 本章总结 …… (92)

第 8 章　桑园子黄河大桥上塔柱主动横撑设置及拆除计算分析 …………………… (93)
8.1　上塔柱施工节段划分 …………………………………………………………… (93)
8.2　计算材料参数 …………………………………………………………………… (94)
8.3　上塔柱施工过程中横撑设置及拆除 …………………………………………… (97)
8.4　本章总结 ……………………………………………………………………… (104)
第 9 章　桑园子黄河大桥塔梁临时锚固计算分析 ………………………………… (105)
9.1　塔梁临时锚固概述 …………………………………………………………… (105)
9.2　计算材料参数 ………………………………………………………………… (106)
9.3　塔梁临时锚固计算 …………………………………………………………… (112)
9.4　本章总结 ……………………………………………………………………… (120)

第四篇　施工监测篇

第 10 章　桑园子黄河大桥施工监测重难点及控制措施 …………………………… (124)
10.1　主塔施工监测重难点及控制措施 …………………………………………… (124)
10.2　斜拉索、主梁制造阶段重难点及控制措施 ………………………………… (128)
10.3　主梁内力、线形重难点及控制措施 ………………………………………… (131)
10.4　施工过程中索力重难点及控制措施 ………………………………………… (133)
10.5　本章总结 …………………………………………………………………… (134)
第 11 章　桑园子黄河大桥施工监测内容 ………………………………………… (135)
11.1　施工监控理念 ……………………………………………………………… (135)
11.2　施工监控计算内容 ………………………………………………………… (136)
11.3　各施工阶段监测内容 ……………………………………………………… (140)
11.4　各施工阶段监测结果 ……………………………………………………… (142)
11.5　本章总结 …………………………………………………………………… (149)

第 12 章　基于智慧云平台的桑园子黄河大桥全寿命监控监测 …………………………… (150)
12.1　全寿命监控监测概述 ………………………………………………………………… (150)
12.2　实施全寿命监控监测的意义 ………………………………………………………… (151)
12.3　全寿命监控监测的设计原则 ………………………………………………………… (152)
12.4　桑园子黄河大桥全寿命监控监测系统设计 ………………………………………… (153)
12.5　本章总结 ……………………………………………………………………………… (158)
主要参考文献 ……………………………………………………………………………… (160)

第一篇

绪　论

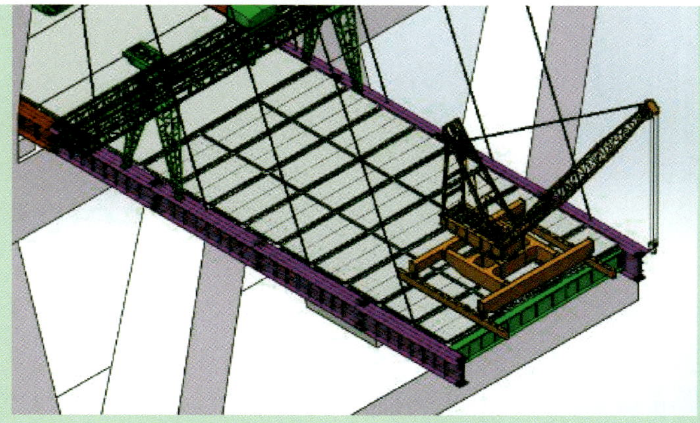

第1章 钢-混叠合梁斜拉桥发展、施工及控制概况

斜拉桥是一种以主梁和桥塔受压弯为主、拉索受拉的桥梁，它是由梁、塔、索 3 部分组成的一种组合体系结构。斜拉桥以合理的结构形式、优美的外形和相对经济的造价成为当代大跨度桥梁的最主要桥型之一。近年，随着交通压力的不断增加，对桥梁宽度和跨越能力的需求越来越高，桥面设计得越来越宽，一种新颖的桥梁断面形式——双幅桥面斜拉桥的出现正好迎合了人们对宽幅、大跨度的需求。

分幅联塔式斜拉桥的主塔类型有分离和横向连接两种，结构轻盈，线形流畅，减少了占用空间，增加了抗弯惯性矩，减小了自振周期，提高了横向抗风抗震性能。

1.1 斜拉桥发展及现状

斜拉桥是“桥梁家族”中年轻而又充满活力的一员，这类桥一般由桥墩、主梁、桥塔以及斜拉索组成，属于典型的高次超静定结构体系桥梁。斜拉桥的雏形最早出现于 17 世纪，但是限于当时对斜拉桥的需求不大，相关施工技术和方法理论尚不成熟，导致之后很长一段时间关于斜拉桥的研究处于停滞状态。斜拉桥真正在世界上兴起始于“二战”后的欧洲，战后经济恢复的需要，以及理论知识的丰富、新型材料的出现和科学技术的进步为斜拉桥的发展提供了舞台，新颖的造型让世人真切地感受到了斜拉桥的魅力。此后，斜拉桥发展大致经历了3 个阶段：1956—1967 年是稀索体系时期，1967—1985 年是密索体系时期，1985 年至今是超大跨度时期(戴杰，2016)。可以看出，未来的斜拉桥发展将围绕大跨度这个角度来展开。

为增加斜拉桥跨越能力，需寻找一种新型的主梁结构。钢-混叠合梁斜拉桥一般指主梁下部采用钢箱梁结构，桥面系采用混凝土结构，主梁与桥面系通过连接件连接实现两者共同受力的斜拉桥(贾布裕，2011)，这是一种经济实用且跨越能力强的斜拉桥，代表了目前桥梁建造的主流方向(周孟波，2004)。斜拉桥采用钢混组合梁设计的初衷就是让混凝土桥面板承担梁体的主要压应力，钢梁承担主要拉应力，这种双梁体系可以充分发挥两种材料的优势特性，大幅提升斜拉桥的整体受力性能。钢-混叠合梁结构兼具良好的结构性能、使用性能和经济效益，使得各结构材料扬长避短，增优补劣，充分发挥出混凝土与钢材的优势，助力新时代斜拉桥的发展(劳埃·扬等，1991；林宗凡，2004；聂建国，2005)。世界部分钢-混叠合梁斜拉桥工程实例见表 1.1。

表 1.1　世界部分钢-混叠合梁斜拉桥工程实例

序号	桥名	主跨/m	国家	完成年份
1	Tjorn Bridge	386	瑞典	1981 年
2	Tampico Bridge	360	墨西哥	1988 年
3	Ikuchi Bridge	490	日本	1991 年
4	Normandy Bridge	856	法国	1995 年
5	上海徐浦大桥	590	中国	1997 年
6	白沙洲长江大桥	618	中国	2000 年
7	鄂东长江大桥	926	中国	2010 年
8	Russky Island Bridge	1104	俄罗斯	2012 年
9	九江长江公路大桥	818	中国	2013 年
10	武汉沌口长江大桥	760	中国	2017 年

回顾斜拉桥的发展史，除了主梁上采用钢-混结构增加桥梁的跨越能力外，主塔结构形式发展也日新月异。为了满足交通量的需要，增加桥面的横向宽度，分幅联塔的主塔也随之出现。分幅联塔式斜拉桥的桥塔可以采用单塔和双塔两种形式，其中双塔又可采用分离、联塔两种结构形式。目前斜拉桥多采用的拉索布置有单索面和双索面形式，当桥面较宽时，也可采用四索面形式，而双联塔这种结构形式正好对应四索面斜拉桥。双联塔四索面分幅联塔斜拉桥，在国内外均比较罕见。世界上第一座双联塔四索面分幅主梁斜拉桥是主跨 381m 的 Fred Hartman 桥(图 1.1)，位于美国得克萨斯州休斯敦港的主航道上，建成于 1995 年。我国的第一座双联塔四索面分幅主梁斜拉桥是主跨 136m 的青岛丹山特大桥(图 1.2)，建成于 2000 年；位于澳门的第三大桥澳凼大桥是一座双联塔四索面分幅主梁斜拉桥，其主跨为 180m(图 1.3)，建成于 2004 年；位于宁波的甬江特大斜拉桥是一座联塔分幅双塔四索面斜拉桥，其主跨为 468m(图 1.4)，建成于 2014 年；涡河五桥是蒙城县涡河流域上第一座高塔斜拉桥，其主跨为 168m(图 1.5)，建成于 2022 年；位于兰州的桑园子黄河大桥是一座双联塔四索面分幅斜拉桥，其主跨为 328m(图 1.6)。双联塔型式结构新颖，增大了横向抗弯惯性矩，在双幅主梁不加以横向连接的情况下，提高了全桥的横向刚度和稳定性。但是，随着跨径和桥宽的增加，非线性、收缩徐变、温度效应、风荷载等引起的时空效应表现得越来越明显，给设计及施工都带来了一定的难度。

图 1.1　美国 Fred Hartman 桥(主跨 381m)

图 1.2　青岛丹山特大桥(主跨 136m)

图 1.3　澳门澳凼大桥(主跨 180m)

图 1.4　宁波甬江特大斜拉桥(主跨 468m)

图 1.5　蒙城县涡河五桥(主跨 168m)

图 1.6　兰州桑园子黄河大桥(主跨 328m)

1.2　斜拉桥施工技术

斜拉桥主要有桥塔、斜拉索和主梁 3 个基本的受力构件,受力形式为多点弹性支承的连续梁桥(易云焜,2015;陶建云,2014;温天卿,2014;尹婷,2013)。随着新技术、新材料和新设备的不断更新,以及计算理论的不断优化,斜拉桥从设计、施工到监控等各环节都有巨大的技术革新。在斜拉桥的施工方面,从桥塔施工、斜拉索施工、主梁施工到施工控制均已形成了较为系统成熟的理论,并应用到大量的工程中,但针对复杂的工程环境下的大跨度斜拉桥工程,仍有一些技术难点尚待解决。

1.2.1　桥塔施工技术

目前,桥塔的施工主要采用先塔后梁和塔梁同步两种方法。先塔后梁是目前常用的施工方法,其施工顺序一般为基础→塔柱→主梁和斜拉索,这种施工方案采用的是传统的方法,因此技术成熟,但缺点是施工周期较长。随着斜拉桥设计和施工方面研究的不断进步和创新,塔梁同步的施工方式应运而生,即主塔施工未完成时就开始主梁施工,二者互相交叉,其间进行挂索及张拉,这种施工方法的优点是在大大缩短工期的同时,也适当地提高了施工阶段主塔的抗风性能。

类似于连续梁桥的高墩施工,由于斜拉桥的主塔高,施工时基本采用无支架现浇方法,其核心在于模板平台灌注体系。斜拉桥主塔常采用现浇混凝土结构形式，常采用提升模和滑模施工系统，提升模又按吊点位置不同分为爬升模和翻转模。稳定在桥塔施工中同样需要引起注意。由于塔柱高大，中塔柱在施工时也有一定的倾斜角，通常设置横向水平支撑来保证塔柱的稳定性。

1.2.2　斜拉索施工技术

斜拉索挂设和张拉系统以及斜拉索索力测试系统是斜拉索施工的两个主要方面。斜拉索的挂设与安装已具备了成熟的工序，即准备→挂索→展索→压索→安装→张拉，且已取得了良好的工程应用效果（陈万高，2005；胡永，2007；王建华等，2006）。

斜拉索的安装首先需要确定张拉端，一般采用一端张拉、另一端锚固的方式，通常选择主梁作为锚固端，张拉端选择主梁或桥塔均可，选择这种方式的优点是不受塔柱高度的影响，施工更加方便，当然也可以选择两端张拉。斜拉索张拉最重要的是如何保证张拉索力值精确可靠，索力的测量除了过去常用的频率法、压力表测定法和压力传感器测定法外，近年来磁通量法受到了更多的关注和应用。此外，斜拉索是柔性结构，通常需要设置阻尼器或隔振减振设施来减小振动。

1.2.3　组合梁制造安装与合拢技术

由于斜拉桥跨径大，主梁施工时常采用悬臂法，辅以其他施工方式，也有部分斜拉桥采用顶推施工或转体施工法。

组合梁的钢结构及剪力键在工厂内加工制造，然后进行多节段整体纵向预拼（姚发海，2007；杨进辉等，2008），同时混凝土桥面板也在工厂预制成型。采用悬臂施工法时，塔柱的 0 号、1 号梁段及边跨现浇段常采用支架现浇方式，首先由塔柱向跨中梁段，然后通过悬臂法浇筑，最后在合拢段采用吊架施工。

斜拉索合拢段的施工是保障桥梁线形顺畅的关键，即保持梁体的平衡和合拢段的完整、线形的流畅，同时还应调整索力，随时调整平衡压重。在合拢支撑焊连后，立即将临时硫磺砂浆支座熔掉，并切断墩顶和主梁的连接钢筋，完成体系转换（梁全章，2018；陈鸣等，2009）。

1.3　斜拉桥施工控制

斜拉桥体系复杂，若不在施工过程中进行适当的控制，施工后最终的成桥状态可能会与设计状态差异较大（曾祥红，2012；王成，2018；袁鹏等，2016）。产生差异的原因如下：首先，在施工过程中，每一阶段桥梁的内力状态都与成桥后的内力状态相差很大；其次，实际施工时，一些参数的实际值可能和设计取值之间存在误差，如材料密度误差、截面尺寸误差等；最后，施工步骤改变、偶然施工荷载作用等施工的不确定性。这些因素都会影响最终的成桥状态，若不在施工过程中进行控制和调整，不但可能影响结构施工过程中的安全性，也可能使桥梁在施工完成后达不到预设的理想成桥状态，影响运营效果（张谢东等，2015；秦顺全，2017；吴国胜，2008；孙旭阳，2016）。

施工控制是为了解决上述问题，通过对施工全过程进行监测，实时修正实际桥梁结构状态与理想桥梁结构状态间存在的偏差，将此偏差对桥梁结构线形和内力状态的不良效应降到最低，使最终成桥内力和线形逼近设计理想状态的一个过程。

斜拉桥的施工控制可分为开环控制、反馈控制和自适应控制（石雪飞，1999；阵新安，2001；石雪飞等，2001）。开环控制是单向控制，仅在早期的钢桥施工中用过；反馈控制是闭环控制，一般用于钢斜拉桥施工中；自适应控制则在反馈控制基础上进行优化，加入参数识别，被广泛用于预应力混凝土斜拉桥施工中。参数识别与修正是对已施工梁段的控制量进行测量分析并调整参数，可采用卡尔曼滤波法、最小二乘误差控制法、无应力状态法等（刘士林，2002）。

斜拉桥的施工控制主要包括索力、主梁和桥塔内力位移控制（陈德伟，2001）。对于斜拉索的施工控制，关键是要考虑斜拉索的垂度效应。桥塔的线形控制和内力控制要通过桥塔各节段的标高、索塔锚固点、桥塔自重以及各施工阶段的斜拉索索力等进行（易云焜，2018；施洲，2018）。

1.4 本章总结

斜拉桥的斜拉索锚固于桥主塔及主梁上，是斜拉桥主要且重要的构件，以此承受主梁自重荷载，同时使主梁的弯矩值降低，斜拉桥跨越能力提升。

由于斜拉索的水平荷载会对主梁产生较大轴向压力，故对主梁抗压刚度提出了高要求。钢斜拉桥的桥面板较薄，为了达到高要求的抗压刚度，往往花费巨大，而分幅联塔式钢-混叠合梁斜拉桥则可以通过其混凝土桥面板的材料优势提高叠合梁的抗压刚度，改善结构力学性能，通过其分幅联塔结构形式增加桥面宽度、交通量，因此被广泛地应用到现在桥梁建设中。

随着国内桥梁行业的蓬勃发展，形式越来越多的钢-混叠合梁斜拉桥应用于各种工程建设中。本书以兰州桑园子黄河大桥为例，对分幅联塔式钢-混叠合梁斜拉桥施工及控制技术进行总结。

第 2 章　桑园子黄河大桥设计概况及特点

G312 线清水驿至傅家窑公路工程位于甘肃省兰州市内，起点位于榆中县清水驿乡，与 G312 线顺接，途经夏官营镇、金崖镇、定远镇、桑园子村、什川镇，止于安宁区忠和镇，与已建兰秦快速路相接，全长 62.4km。清水驿至傅家窑公路是 G312 线上海至霍尔果斯公路的重要组成部分，也是兰州市连接榆中生态创新城的重要通道之一。

桑园子黄河大桥位于桑园子峡谷，桥轴线与黄河斜交角度约 60°(图 2.1)，跨越黄河、陇海铁路、夏东公路、桑园子天险文物保护区，是 G312 线上海至霍尔果斯公路清水驿至傅家窑段重点控制性工程。为保证大桥与 G312 项目同步建成运营，大桥先期开工建设。桑园子黄河大桥控制段路线里程长 1.72km，其中桥梁长 0.945km。

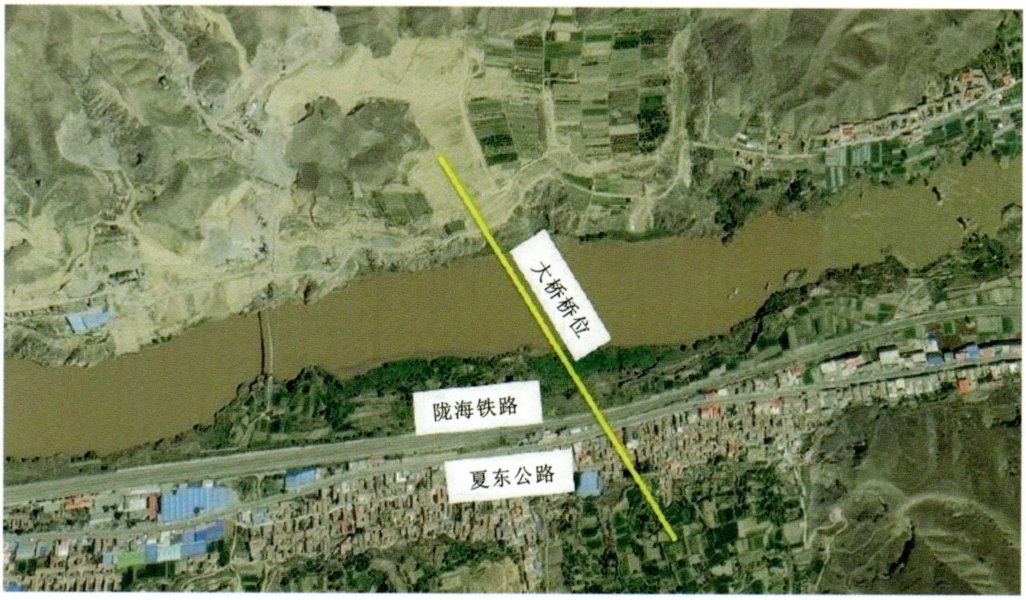

图 2.1　桑园子黄河大桥桥位地理位置图

桑园子黄河大桥位于桑园子峡进口(包兰铁路桥)下游 3.2km 处，全桥右幅跨径组合为 (4×40)m 钢-混凝土组合梁(南岸)＋(151＋328＋151)m 斜拉桥＋(4×40)m 钢-混凝土组合梁(北岸)，桥梁全长 950m；全桥左幅跨径组合为(2×40)m 钢-混凝土组合梁(南岸)＋70m 钢桁组合梁＋(151＋328＋151)m 斜拉桥＋(4×40)m 钢-混凝土组合梁(北岸)，桥梁全长 940m。全桥左幅桥和右幅桥桥型布置如图 2.2、图 2.3 所示。

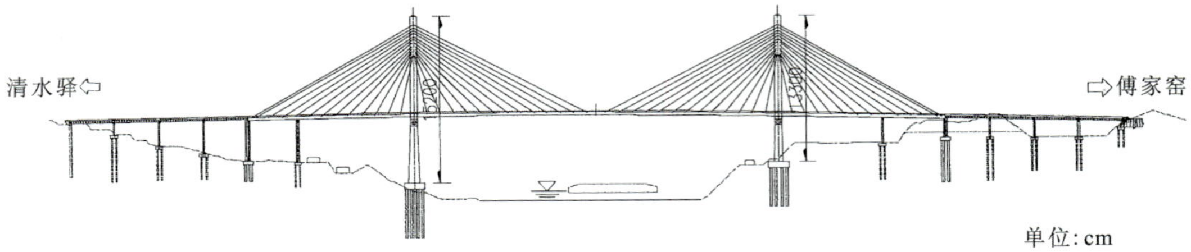

图 2.2　全桥左幅桥型布置图

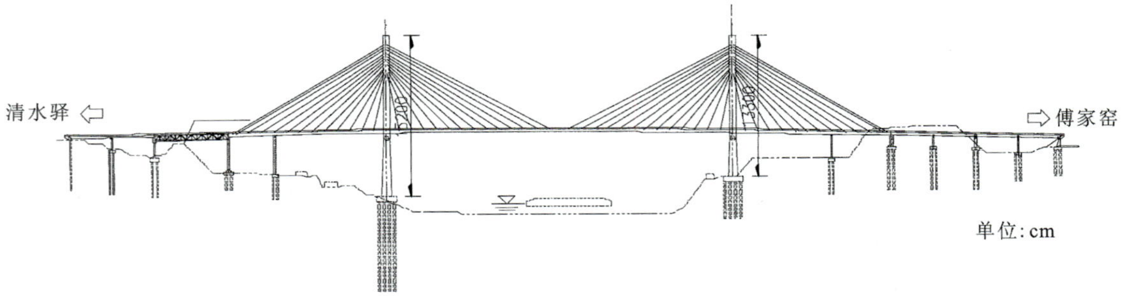

图 2.3　全桥右幅桥型布置图

本桥主桥平面均位于直线上。纵断面位于 $R=12\ 000$m 的竖曲线上，主桥纵坡为双向人字坡，坡度为 1.8%、2.5%，桥面横坡为双向 2%。

主桥分离式双幅设计，主桥单幅横断面布置为 1.5m 检修道＋0.5m 边防撞护栏＋18.75m行车道＋0.5m 边防撞护栏＋1.5m 检修道；桥宽 22.75m。

2.1　设计概况

2.1.1　支撑体系

塔、梁间纵向自由，竖向设置双向活动钢支座，横向设置单向活动钢支座以约束主梁横向变形；辅助墩处墩梁间竖向设置双向活动球形支座，梁体可沿纵横向自由变形；过渡墩处墩梁间纵向自由，竖向设置双向活动钢支座，横向设置单向活动钢支座以约束主梁横向变形。在桥塔处设置纵向液压非线性黏滞阻尼器，以减小结构关键部位位移，改善结构受力。两联塔之间设置了金属消能器，以减小横向地震作用下的地震效应。

2.1.2　主梁

主梁采用钢主梁与钢筋混凝土桥面板共同受力的组合梁，二者通过剪力钉相结合。组合梁端部梁高 2.87m(钢主梁中心处)(图 2.4)。钢主梁断面为“工”字形，梁高 2.5m，横桥向两主梁中心间距 20.75m。边跨压重段及辅助墩墩顶采用钢箱横梁内填混凝土压重。

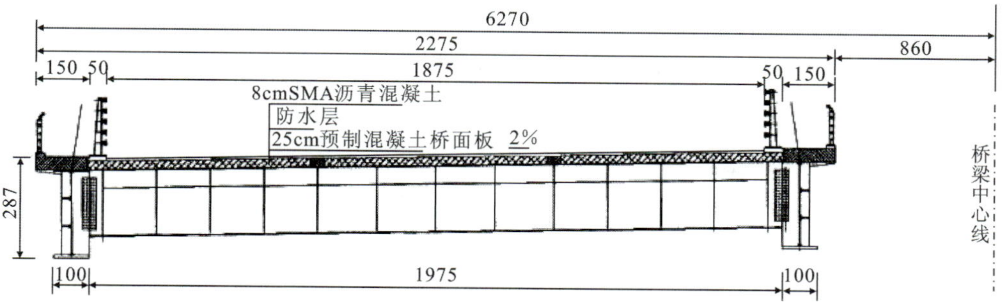

图 2.4　主梁标准横断面(单幅)

横梁采用焊接工字钢截面,梁高 1.9m。横梁与主梁之间采用高强螺栓连接。桥面板设计采用分块预制吊装,板间采用设纵、横向现浇缝的方式连成整体,预制板存放时间要求 6 个月以上,现浇缝采用微膨胀混凝土。桥面板采用预制钢筋混凝土板,板厚 25cm,预制板顺桥向设置齿形剪力键,桥面板采用 CS5 混凝土,横梁之间设置 2 道小纵梁,以增加桥面板横向分块、降低桥面板吊重和稳定横梁,小纵梁上设有橡胶隔离层,不参与桥面板整体受力。

在中跨和边跨一定范围内,桥面板中布置有纵向预应力钢束,桥面板通过布置在钢主梁及钢横梁上的剪力钉与钢梁结合。剪力钉采用 φ22 圆头焊钉,ML15AL 钢长 200mm。

2.1.3　桥塔

桥塔采用菱形“双子塔”,南塔塔高 152m,北塔塔高 133m,根据其形态和位置,分为上塔柱和下塔柱。南、北塔上塔柱高 97m,南塔下塔柱高 55m,北塔下塔柱高 36m(图 2.5、图 2.6)。桥塔由变截面双柱形成,塔柱采用单箱单室箱型截面,上塔柱顺桥向宽 6.5m、横桥向宽 4.5m,南岸下塔柱顺桥向宽 6.5～10m、横桥向宽 4.5～9m,北岸下塔柱顺桥向宽 6.5～8.3m、横桥向宽 4.5～7m,顺桥向壁厚为 1.2m,横桥向壁厚 0.7m。

上塔柱两柱间设 3 对管径 1m 的钢管斜撑,其中最下面一对采用钢管混凝土,其他采用空钢管。下塔柱柱间设置一对钢管混凝土斜撑,在两联塔与承台之间设置钢箱斜撑,其中南塔采用钢箱混凝土,北塔采用空钢箱。

南北桥塔均采用钻孔灌注桩,置于完整性较好的中风化基岩中,按端承桩设计。每个桥塔设 24 根 2.5m 的钻孔灌注桩,南塔左幅桩长 85m、右幅桩长 44m,北塔桩长 35m。承台采用整体“工”字形,单个承台平面尺寸 19m(纵向宽度)×29m(横向宽度)。

承台系梁采用钢箱混凝土组合结构,在钢筋混凝土系梁截面内设置钢箱,并在钢箱内灌筑混凝土。系梁钢箱以整体节点板的形式,与联塔间的钢箱斜撑焊接成整体。

2.1.4　辅助墩设置

为有效控制桥塔位移及主跨跨中挠度,增大桥梁整体刚度,在南北两岸均设置了辅助墩,其中南岸右幅辅助墩受东金公路制约,在距离边墩 45m 处设置了辅助墩,其他辅助墩均设置在距离边墩 57m 的位置。

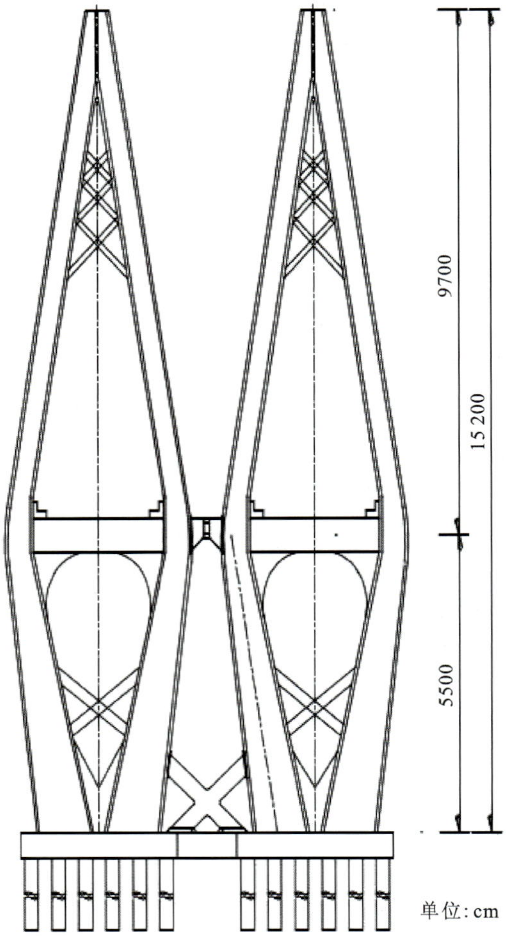

图 2.5　南塔横断面图

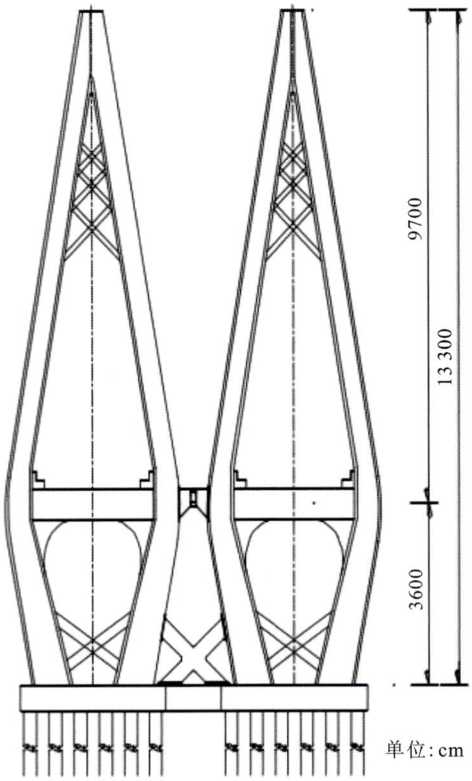

图 2.6　北塔横断面图

2.1.5　斜拉索

斜拉索结合主梁和桥塔形式呈空间扇形四索面布置，采用双层高密度聚乙烯(HDPE)防护的全防腐索体、7mm 高强低松弛镀锌铝合金钢丝，其抗拉强度不低于 1770MPa，锚具采用 PESM7 冷铸墩头锚固体系。斜拉索最大索长 173m，最大索重 11t，边索与水平面最小夹角为 27°。斜拉索在塔上竖向间距根据锚固空间调整，约 2.8m，在梁上纵桥向索距除端部加密为 4m 外，其余均为 12m。根据各拉索的设计索力，斜拉索共有 PES7-109、PBS7-127、PES7-151、PES7-187、PES7-211 5 种规格。斜拉索的减振采用内置阻尼器、减振橡胶块及双螺旋线共同作用的方式。

本桥主塔拉索锚固采用混合形式。C1～C5 塔根拉索与水平面夹角大，其水平分力较小，采用直接锚固在塔壁、"井"字形预应力筋平衡拉索力产生于塔壁的内力的方案。C6～C13 采用刚性连接的钢锚梁，由于采用刚性连接，锚梁与塔壁共同受力，都采用"井"字形精轧螺纹钢筋平衡拉索力产生于塔壁的内力的方案。斜拉索与钢主梁连接采用锚拉板的锚固构造形式。

2.1.6 气动翼板

参考类似环境同规模桥梁的风洞试验成果，在中跨主纵梁工字钢底部设置折线导流板，以满足抗风稳定要求。折线翼板边长为 1.021m，板厚 6mm，纵桥向间隔 2.6m(2.8m)设置一道横梁，横梁最大宽度 0.4m，板厚 10mm。

2.1.7 附属设施

1. 支座与伸缩缝

塔、梁间竖向设置双向活动 GQZ6000SX 钢支座，竖向承载力 6000kN；横向设置双向活动 GQZ15000SX 钢支座，竖向承载力 15 000kN。小桩号辅助墩处墩梁间竖向设置双向活动 GQZ8000SX 抗拉钢支座，竖向抗压承载力 8000kN，竖向抗拉承载力－1500kN。大桩号辅助墩处墩梁间竖向设置双向活动 GQZ8000SX 抗拉钢支座，竖向抗压承载力 8000kN，竖向抗拉承载力－1500kN。小桩号侧过渡墩处墩梁间竖向设置双向活动 GQZ5000SX 钢支座，竖向抗压承载力 5000kN，竖向抗拉承载力－1000kN；横向设置双向活动 GQZ17500SX 钢支座，其竖向承载力 17 500kN。大桩号侧过渡墩梁间竖向设置双向活动 GQZ5000SX 钢支座，竖向抗压承载力 5000kN，竖向抗拉承载力－1000kN。横向设置双向活动 GQZ17500SX 钢支座，其竖向承载力 17 500kN。主桥在主梁梁端设置伸缩缝，过渡墩处采用 QF1280 型多向变位梳齿板伸缩缝。

2. 纵向黏滞阻尼器

桑园子黄河大桥位于高地震区，需采取适当的减隔震措施改善桥梁结构的抗震性能，通过抗震计算分析，在桥塔与主梁之间顺桥向设置液态非线性黏滞阻尼器，可有效减小结构关键部位位移，明显改善结构受力，避免或减轻结构碰撞。

3. 塔间金属消能器

为了减小横向地震作用下的地震效应，两联塔之间横桥向设置剪切型金属消能器，金属消能器构造以厂家提供的成品为准，须满足以下技术参数：南塔消能器剪切弹性刚度 1.58×10^{10} kN/m，剪切屈服强度 54 000kN；北塔消能器剪切弹性刚度 2.37×10^{10} kN/m，剪切屈服强度 81 400kN。金属消能器的构造尺寸需通过实验并满足以上设计参数要求后，由厂家提供。

4. 护栏

主桥检修道为 0.5cm 厚环氧石英砂。为减轻桥面自重，人行、防撞护栏均采用钢栏杆，主桥防撞钢护栏路侧采用 HA 级。

2.2 设计特点

2.2.1 主要材料性能要求

1. 混凝土

本桥采用混凝土技术标准《公路钢筋混凝土及预应力混凝土桥涵设计规范》(JTG 3362—2018)，配制混凝土所采用的水泥、砂、石、水等材料，混凝土的配合比、拌制、运输和浇筑应严格按照现行《公路桥涵施工技术规范》(JTG/T 3650—2020)、《公路工程混凝土结构耐久性设计规范》(JTG/T 3310—2019)执行，并应符合规范所规定的质量检验及质量标准。混凝土材质应满足设计文件规定，但不能用提高强度或添加早强剂的方法使其提前受力。根据耐久性要求，全部混凝土增加钢筋阻锈剂。混凝土材料特性见表 2.1。

表 2.1 混凝土材料特性表

材料名称	部位	弹性模量 E/MPa	线膨胀系数 α	泊松比 ν	容重 γ/kN·m^{-3}
C55	桥面板	3.55×10^{4}	1.0×10^{5}	0.2	25.0
C50	塔身	3.45×10^{4}	1.0×10^{5}	0.2	25.0
C30	桩基承台	3.0×10^{4}	1.0×10^{5}	0.2	25.0

2. 钢材

本桥主要结构所用钢材均选用耐候钢(表 2.2)，钢材的技术标准须符合《耐候结构钢》(GB/T 4171—2008)、《公路耐候钢混凝土组合桥梁技术规程》(T/CECS G:D60-31—2020)、《桥梁用结构钢》(GB/T 714—2015)、《低合金高强度结构钢》(GB/T 1591—2018)、《碳素结构钢》(GB/T 700—2006)的规定。

表 2.2 钢材特性表

材料名称	部位	弹性模量 E/MPa	线膨胀系数 α	泊松比 ν	容重 γ/kN·m^{-3}
Q370qNHE	钢主梁、塔钢锚梁	2.06×10^{5}	1.2×10^{5}	0.3	78.5
Q345qNHE	横梁、塔钢锚梁、塔斜撑	2.06×10^{5}	1.2×10^{5}	0.3	78.5
Q420qNHE	塔斜撑	2.06×10^{5}	1.2×10^{5}	0.3	78.5

耐候钢的耐大气腐蚀性指数(I)不得小于 6.5。Z 向性能钢材应具有厚度方向抗撕裂性能即 Z 向性能的合格保证，其板厚方向断面收缩率不小于国家标准《厚度方向性能钢板》(GB/T 5313—2023)规定的允许值。根据《热轧钢板和钢带的尺寸、外形、重量及允许偏差》(GB/T 709—2019)，Q420qNHE、Q370qNHE、Q345qNHD 以及采用了 Z 向性能的钢材采用

C 类允许偏差，其他类型钢板均采用 N 类偏差。

钢材订货时，其品种、规格、性能等均应符合设计文件和国家现行有关钢材标准的规定，常用钢材产品标准按《钢结构工程施工规范》(GB 50755—2012)的要求。

钢材订货合同应对材料牌号、规格尺寸、性能指标检验要求、尺寸偏差等有明确的约定。定尺钢材应留有复验取样的余量。耐候钢材应以 TMCP、TMCP＋回火(厚度≥45mm 时)交货状态交货，并在质量证明书中注明。

剪力钉采用圆头焊钉，材质为 ML15A1，应符合《冷镦和冷挤压用钢》(GB/T 6478—2015)的要求，剪力钉的形状、尺寸及质量要求等应符合《紧固件　电弧螺柱焊用螺柱和瓷环》(GB/T 10433—2024)的要求。

主梁连接用高强螺栓，连接副采用耐候高强螺栓、螺母和垫圈，其设计指标应按现行标准《公路钢结构桥梁设计规范》(JTG D64—2015)的规定取用。耐候高强度螺栓、螺母和垫圈除化学成分外，其他技术条件应符合现行标准《钢结构用高强度大六角头螺栓》(GB/T 1228—2006)、《钢结构用高强度大六角螺母》(GB/T 1229—2006)、《钢结构用高强度垫圈》(GB/T 1230—2006)、《钢结构用高强度大六角头螺栓、大六角螺母、垫圈技术条件》(GB/T 1231—2006)的规定。高强度螺栓性能等级为 10.9S，螺母性能等级为 10H，垫圈用钢板典型工艺热处理后的平均洛氏硬度为 41HRC。

耐候钢焊接所用焊接材料需选择与耐候钢钢材力学性能及耐候性能相匹配的耐候焊接材料，并保证焊接接头裸露使用的要求，焊接材料应由权威机构认证其耐久性。对焊接材料熔敷金属的化学成分进行光谱分析，计算出的耐候钢耐大气腐蚀性指数(I)不得小于 6.5。

焊条、实心焊丝及埋弧焊丝参照标准《铁道车辆用耐大气腐蚀钢及不锈钢焊接材料》(T/C WAN 0018—2020)，并制定相应的技术条件。当耐候钢钢件与普通低合金钢组焊，优先选用非耐候钢的结构钢焊接材料，也可选用耐候钢焊接材料。

3. 钢筋

设计采用 HPB300 级、HRB400 级、HRB500 级钢筋；带肋钢筋的技术标准应符合《钢筋混凝土用钢　第 2 部分：热轧带肋钢筋》(GB/T 1499.2—2024)的规定，光圆钢筋应符合《钢筋混凝土用钢　第 1 部分：热轧光圆钢筋》(GB/T 1499.1—2024)的规定。

钢筋焊网：冷轧带肋防裂钢筋网的钢筋应符合国家标准《冷轧带肋钢筋》(GB 13788—2024)，用于面层的防裂钢筋网，技术标准应符合《钢筋焊接网混凝土结构技术规程》(JGJ 114—2014)的规定。

4. 预应力

体内预应力钢绞线：预应力钢纹线技术标准应符合国家标准《预应力混凝土用钢绞线》(GB/T 5224—2023)的规定，标准强度为 1860MPa，公称直径为 15.2mm，公称面积为 $140mm^2$，弹性模量 E_p 为 1.95×10^5 MPa，松弛率为 3.5%。管道成孔采用塑料波纹管，其材料及技术要求应满足《预应力混凝土桥梁用塑料波纹管》(JT/T 529—2016)的规定。索股锚固系统采用钢管成孔。

体外预应力钢绞线：体外预应力钢绞线采用单丝涂覆环氧涂层钢绞线，抗拉标准强度1860MPa，环氧涂层与外聚乙烯层之间应涂有油脂层。预应力筋用锚具、夹具和连接器应满足《公路桥梁预应力钢绞线用锚具、夹具和连接器》(JT/T 329—2010)的要求，体外预应力钢绞线产品总体应符合《体外预应力索技术条件》(GB/T 30827—2014)、《单丝涂覆环氧涂层预应力钢绞线》(GB/T 25823—2010)、《无粘结钢绞线体外预应力束》(JT/T 853—2013)的要求。

5. 预应力钢棒

桥塔塔壁锚固区范围内采用高强度低松弛预应力钢棒，3 根 1 束，公称直径为 16mm，抗拉强度标准值 f_{pk} 为 1420MPa，弹性模量 E_p 为 2.01×10MPa。预应力钢棒锚下张拉控制应力 $\sigma_{con}=0.65f_{pk}$(即 185.5kN)，每延米理论伸长量为 4.591mm。其力学性能和表面质量应符合《预应力混凝土用钢棒》(GB/T 5223.3—2017)的规定，采用 M-16 锚具。预应力锚具技术标准必须符合国家标准《预应力筋用锚具、夹具和连接器》(GB/T 14370—2015)，产品均须抽样检测。

6. 斜拉索

斜拉索高强钢丝采用直径 7.0mm 的锌铝合金钢丝，其性能应满足《桥梁缆索用热镀锌或锌铝合金钢丝》(GB/T 17101—2019)、《大跨度斜拉桥平行钢丝拉索》(JT/T 775—2016)、《斜拉桥用热挤聚乙烯高强钢丝拉索》(GB/T 18365—2018)的要求，钢丝的抗拉强度设计值满足《公路钢结构桥梁设计规范》(JTG D64—2015)的规定，标准强度不低于 1770MPa。斜拉索外包 HDPE 护套料应满足《桥梁缆索用高密度聚乙烯护套料》(CJ/T 297—2016)的技术要求。斜拉索锚具、冷铸锚固填料均应满足《大跨度斜拉桥平行钢丝拉索》(JT/T 775—2016)的技术要求。

2.2.2 抗震设计

1. 抗震设防标准

为了贯彻执行《中华人民共和国防震减灾法》，实行以防为主的方针，叠园子黄河大桥在抗震设计中优选抗震有利的结构体系，提高桥梁的抗震性和可靠性。在设计中严格执行《公路工程抗震规范》(JTG B02—2013)、《公路桥梁抗震设计规范》(JTG/T 2231-01—2020)、《城市桥梁抗震设计规范》(CJJ 166—2011)，根据桥梁抗震设防类别，主桥按照 A 类设防，引桥按照 B 类设防。

我国现行的《公路桥梁抗震设计规范》(JTG/T 2231-01—2020)采用两水准设防，根据工程场地地震安全性评估报告提供的场地地震反应谱，桑园子黄河大桥在抗震设计中执行两水准设防的抗震理念，两水准分别采用 50 年 10%超越概率与 50 年 2%超越概率。对于桥塔、主墩需保证在 E1 作用下各截面处于弹性工作，在 E2 作用下整体处于弹性(容许桥塔控制截面出现轻微损伤)工作。

2. 抗震结构体系

桑园子黄河大桥为高震区高墩、大跨斜拉桥，抗震是控制性因素。根据抗震研究结果，确定了合理的支撑体系，桑园子黄河大桥主桥在桥塔处纵向设置阻尼器，全桥共设置 8 个，单个阻尼器参数为：最大阻尼力 6500kN，阻尼系数 C 为 6000，阻尼指数为 0.4；桥塔、过渡墩横向应置抗风支座；全桥纵向自由，竖向设球形钢支座约束。

为了减小横向地震作用下的地震效应，两联塔之间横桥向设置了剪切型金属消能器，金属消能器构造以厂家提供的成品为准，须满足以下技术参数：南塔消能器剪切弹性刚度 1.58×10^{7}kN/m，剪切屈服强度为 54×10^{3}kN；北塔消能器剪切弹性刚度为 2.37×10^{7}kN/m，剪切屈服强度为 81.4×10^{3}kN。

3. 抗震构造措施

横向限位根据抗震体系的形式，主桥桥塔、桥墩横向设置横向限位挡块，挡块与主梁之间设置抗风支座；引桥在盖梁两侧设置横向限位挡块，挡块内侧贴 5cm 厚橡胶块，按 E2 下变形预留足够的间隙。主桥纵向限位采用液态黏滞阻尼器，横桥向采用金属消能器，引桥纵向限位采用拉索减震支座。

2.2.3　景观设计

本桥高度较高，高耸的桥塔是景观设计的重点，以桥塔为中心进行景观设计，同时结合桥塔造型确定大桥色彩的设计。

1. 地域文化特点

桑园子是榆中县来紫堡乡下辖的一个村，位于黄河桑园子峡的南岸，有陇海铁路和东金公路（东岗镇至金崖）经过，陇海铁路东出兰州，在桑园子设有第一个小站。以前这里是东进出兰州的丝绸之路必经之地，“一带一路”的重要节点。早在明朝，这里就种桑养蚕，桑园连片，出产优质蚕丝，桑园子地名也由此而来。因此，本地具有鲜明的“一带一路”丝绸文化和蚕桑文化的地域文化特点。

2. 桥塔造型

桥塔是斜拉桥最为重要的承重结构，在高地震区承受巨大的地震作用，索塔必须有足够的承载力，同时要保证总体稳定性。桥塔也是突出显示斜拉桥景观效果的主体，对斜拉桥的整体美学效果具有至关重要的影响。桑园子黄河大桥位于高震区，桥面较高，桥址具有明显的峡谷风效应，抗震、抗风问题较为突出；桥址距兰州市区较近，桥梁的景观价值也必须得以重视。

桥塔采用分离式双钻石四索面的“双子星”形桥塔形式，左右幅桥塔横向相连，结构轻盈，线形流畅。钻石形桥塔的斜拉索与主梁形成了稳定的三角受力体系，可使梁体获得较高的扭转自振频率，以提高其临界颤振风速，且横向刚度较大，有利于抗风、抗震。从景观效果来看，采用钻石形桥塔，上、下比例较为协调，显得稳定、轻巧。

根据计算结果，塔墩需要设置横向联系，结合桥塔较高的一些桥梁设置横向联系后的效果，桑园子黄河大桥采用普通的横梁对桥梁的整体景观效果造成较大的破坏，采用交叉的钢管混凝土斜撑作为横向联系，可以使桥塔显得刚柔相济，给人以轻盈、空透的感觉，相互交叉的斜撑形成了空间上“结”的造型和“线梭子”的景观寓意。从受力角度来看，大大减小了塔柱横向计算长度，同时增加了桥塔稳定性，较好协调了结构受力与景观需求的矛盾。同时塔柱四角刻槽，对桥塔侧面进行分割，更加突出了景观效果(图 2.7)。

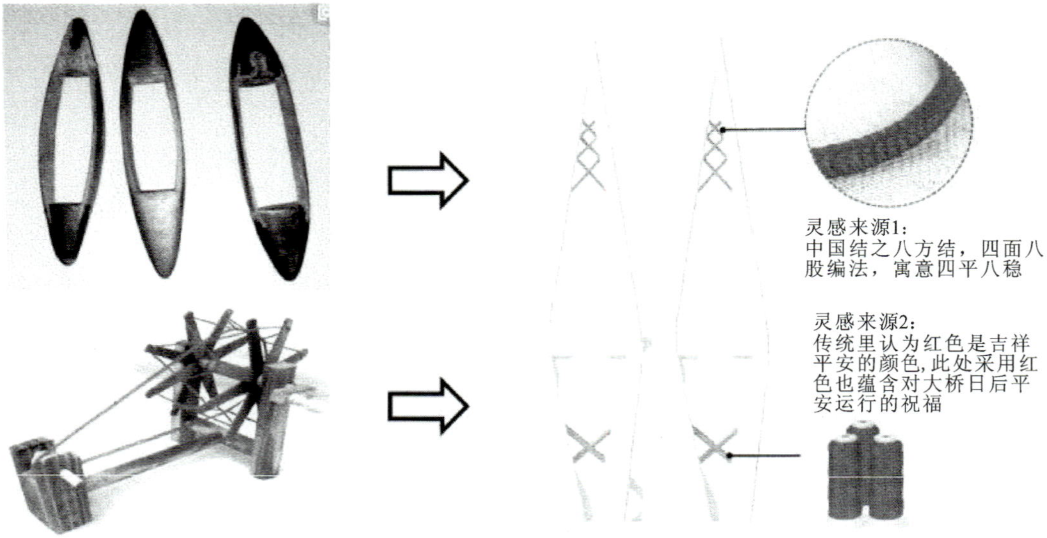

图 2.7　桥塔造型构思

3. 文化内涵

中国结由于年代久远，其历史贯穿于人类史始终，漫长的文化沉淀使得中国结渗透着中华民族特有的、纯粹的文化精髓，富含丰富的文化底蕴。在史前时代，中国结是用绳结的变化来体现的，“结”字也是一个表示力量、和谐，充满情感的字眼，无论是结合、结交、结缘、团结、结果，还是结发夫妻、永结同心，“结”给人都是一种团圆、亲密、温馨的美感。“绳结”这种具有生命力的民间技艺也自然成为中国传统文化的精髓，流传至今。

桑园子黄河大桥相互交叉的斜撑形成了空间上“绳结”的造型，体现“中国结”和“线梭子”的景观寓意，将中国传统文化内涵融入到结构设计，交叉的斜撑灵感来源于中国结之八方结，四面八股编法，寓意四平八稳和四通八达，同时红色是吉祥平安的颜色，也蕴含对大桥日后平安运行的祝福。

2.3　本章总结

全桥钢结构采用免涂装耐候钢设计，提高环保性和桥梁耐久性，减少后期维护。目前斜拉桥采用较多的拉索布置方式为单索面和双索面，桥面较宽时，大部分双幅主梁为两座平行独立的桥梁，无横向连接。该桥为适应高地震烈度区的特点，采用双幅主梁分离而双幅桥塔横向连成整体的四索面斜拉桥，四索面的联塔结构增加了抗弯、扭刚度，提高了结构的横向抗风、抗震性能，同时景观效果较为突出。

该桥桥塔采用“线梭子”景观寓意，将蚕桑文化、丝绸文化融入到结构设计，使大桥地域文化得以清晰体现，并创新了桥塔塔柱的连接形式，塔柱间采用管结构空间交叉连接，改善了结构受力，将景观需求与结构受力进行了很好的协调。

第二篇

施工技术篇

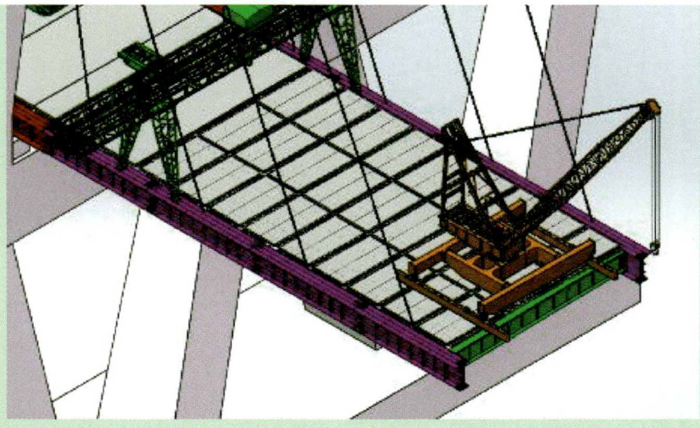

第3章 桑园子黄河大桥主塔施工关键技术

桑园子黄河大桥为双幅联塔结构形式，南塔左幅5＃、南塔右幅6＃塔结构形式相同，北塔左幅6＃、北塔右幅7＃塔结构形式相同。南塔左幅5＃、南塔右幅6＃塔共分为29个施工节段，单个节段混凝土最大浇筑高度为5.9m，塔柱起步段高度为100cm，与承台同步浇筑。北塔左幅6＃、北塔右幅7＃塔共分为25个施工节段，单个节段混凝土最大浇筑高度为6m，塔柱起步段高度为50cm，与承台同步浇筑。

3.1 总体施工工艺及流程

3.1.1 南塔施工工艺及流程

(1)南塔塔柱共分为29个节段，塔柱起步段高度为100cm，与承台同步浇筑。

(2)下塔柱1～3节段共17m，塔柱横桥向外侧面、纵桥向外侧面共3个面外模采用主塔爬模模板，纵向桥内侧面与V型隔板采用散拼木模板，1～3节段塔柱施工时与对应V型隔板段同步浇筑。1～3节段对应塔柱空腔内模板采用竹胶板。第3节段施工时需提前定位，预埋D14、D16斜撑钢管预埋段，并预留好塔间斜撑锚固端预留槽口。模板安装过程中，需在塔肢四周搭设脚手架平台，作为模板安装时人员的操作平台。

(3)下塔柱4～7节段共22.67m，采用液压爬模施工，模板采用爬模木模系统，第6节段施工时，混凝土浇筑前需定位，预埋D13、D15斜撑钢管预埋段。4～7节段对应塔柱空腔模板采用竹胶板。

(4)下塔柱8～10节段共12.33m，采用塔柱与弧形隔板同步浇筑的方式，对应节段塔柱外模采用液压爬模，内模采用竹胶板。弧形隔板底模采用定制钢模板，侧模与对应塔柱内侧外模采用散拼木模板，采用落地式管桩支架＋弧形排架作为支撑系统。

(5)横梁分两次浇筑，对应塔柱第11～12节段，横梁模板采用定制木模板，支撑系统采用落地式管桩支架。

(6)上塔柱13～19节段为标准节段施工，外模采用液压爬模系统，内模采用定制内模木模板。

(7)上塔柱20～28节段塔柱施工时有对应斜撑钢管安装和钢锚梁安装。第20节段施工时，混凝土浇筑前需定位，预埋D10、D12斜撑钢管预埋段；第22节段施工时，混凝土浇筑前需定位，预埋D06、D08、D09、D11斜撑钢管预埋段和预埋钢板；第23节段施工时，混凝土浇筑前需定位，预埋D02、D04、D05、D07斜撑钢管预埋钢板；第24节段施工时，混凝土浇筑前需定位，预埋D01、D03斜撑钢管预埋钢板。塔柱第24节段开始设钢锚梁，左右幅共32套，最大吊装重量为4.6t，钢锚梁吊装施工与相应节段塔柱混凝土浇筑交错进行。

(8)上塔柱第29节段为合拢段，合拢段施工时应采取温控措施，防止混凝土开裂。

南塔斜撑锚固点位置如图3.1所示，南塔施工工艺流程如图3.2所示。

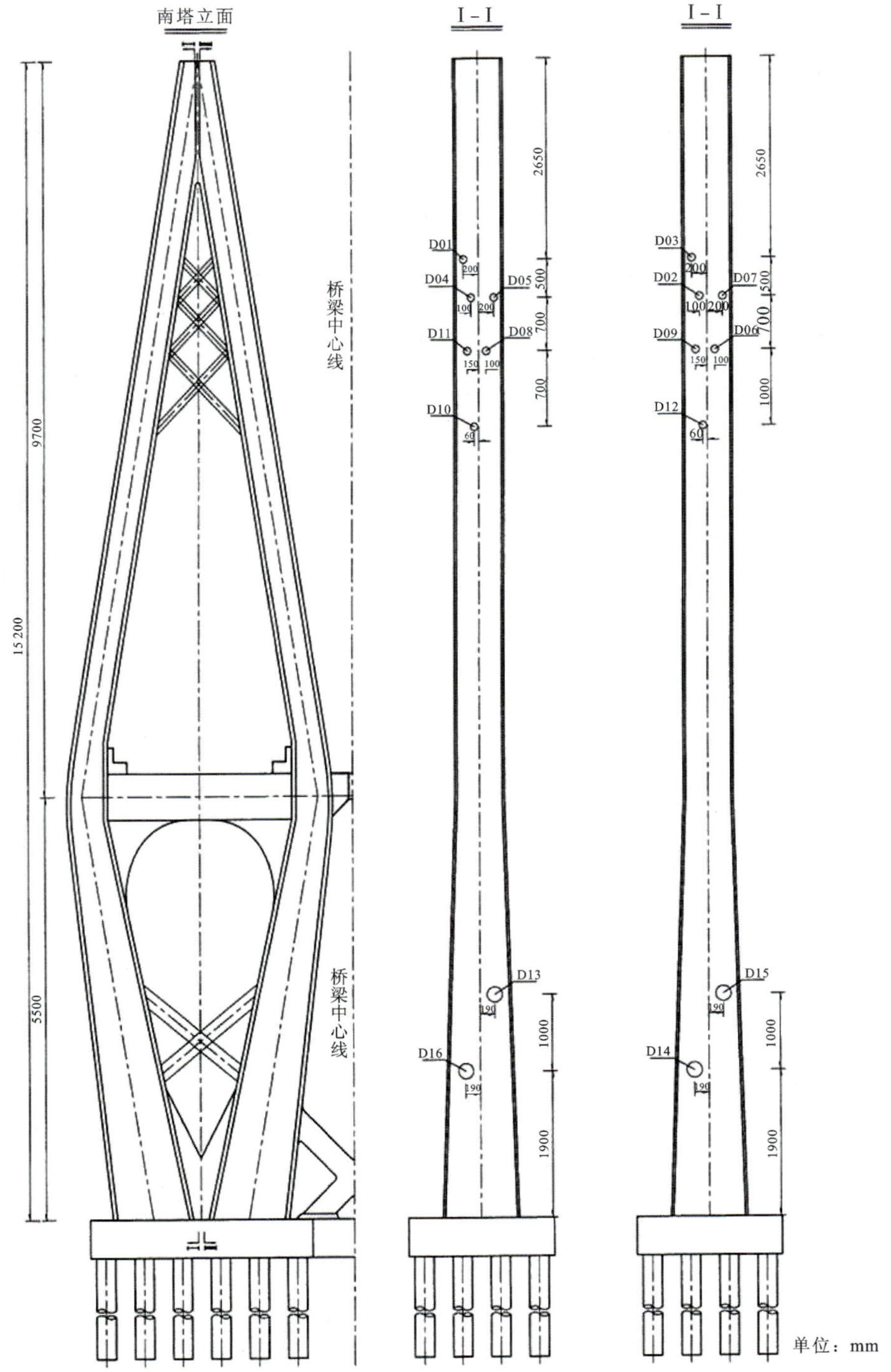

图3.1　南塔斜撑锚固点位置图

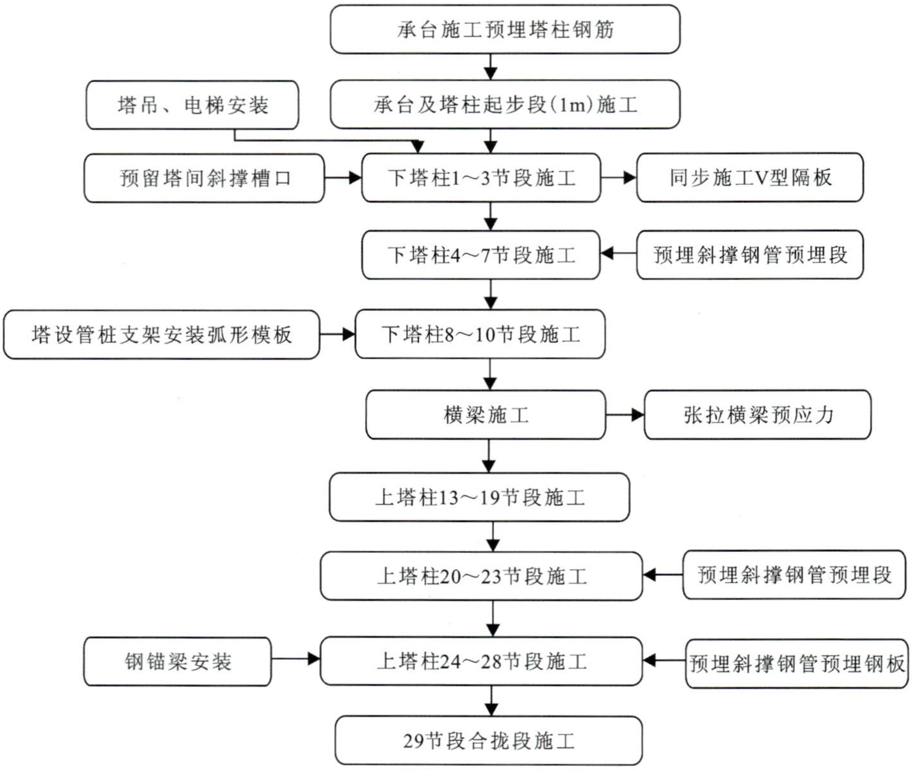

图 3.2 南塔施工工艺流程图

3.1.2 北塔施工工艺及流程

(1)北塔塔柱共分为 25 个节段,塔柱起步段高度为 50cm,与承台同步浇筑。

(2)下塔柱 1～4 节段共 22.24m,采用液压爬模施工,模板采用爬模木模系统。第 1 节段施工时,混凝土浇筑前需定位,预埋 D18、D20 斜撑钢管预埋段。第 3 节段施工时,混凝土浇筑前需定位,预埋 D17、D19 斜撑钢管预埋段。1～4 节段对应塔柱空腔模板采用竹胶板。

(3)下塔柱 5～6 节段共 10.761m,采用塔柱与弧形隔板同步浇筑的方式,对应节段塔柱外模采用液压爬模,内模采用定制内模模板。弧形隔板底模采用定制钢模板,侧模与对应塔柱内侧外模采用散拼木模板,采用落地式管桩支架加弧形排架作为支撑系统。

(4)横梁分两次浇筑,对应塔柱第 7～8 节段,横梁模板采用定制木模板,支撑系统采用落地式管桩支架。

(5)上塔柱 9～15 节段为标准节段施工,外模采用液压爬模系统,内模采用定制内模木模板。

(6)上塔柱 16～24 节段塔柱施工时有对应斜撑钢管安装和钢锚梁安装。第 16 节段施工时,混凝土浇筑前需定位,预埋 D10、D12 斜撑钢管预埋段;第 18 节段施工时,混凝土浇筑前需定位,预埋 D06、D08、D09、D11 斜撑钢管预埋段和预埋钢板;第 19 节段施工时,混凝土浇筑前需定位,预埋 D02、D04、D05、D07 斜撑钢管预埋钢板;第 20 节段施工时,混凝土浇筑前需定位,预埋 D01、D03 斜撑钢管预埋钢板。塔柱第 19 节段开始设钢锚梁,左右幅共 32 套,最大吊装重量为 4.6t，钢锚梁吊装施工与相应节段塔柱混凝土浇筑交错进行。

(7)上塔柱第 25 节段为合拢段，合拢段施工时应采取温控措施，防止混凝土开裂。

北塔斜撑锚固点位置如图 3.3 所示，北塔施工工艺流程如图 3.4 所示。

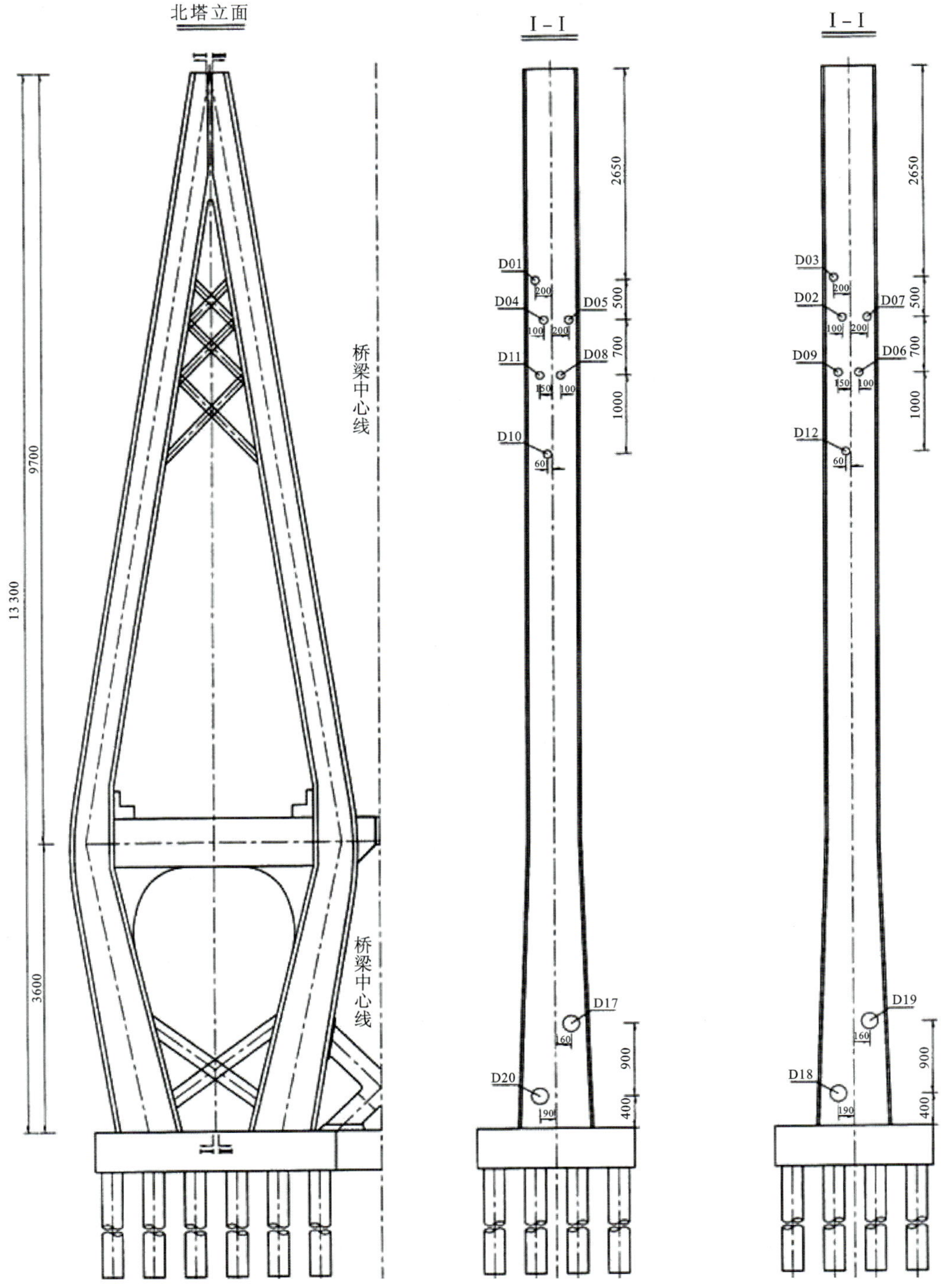

图 3.3　北塔斜撑锚固点位置图

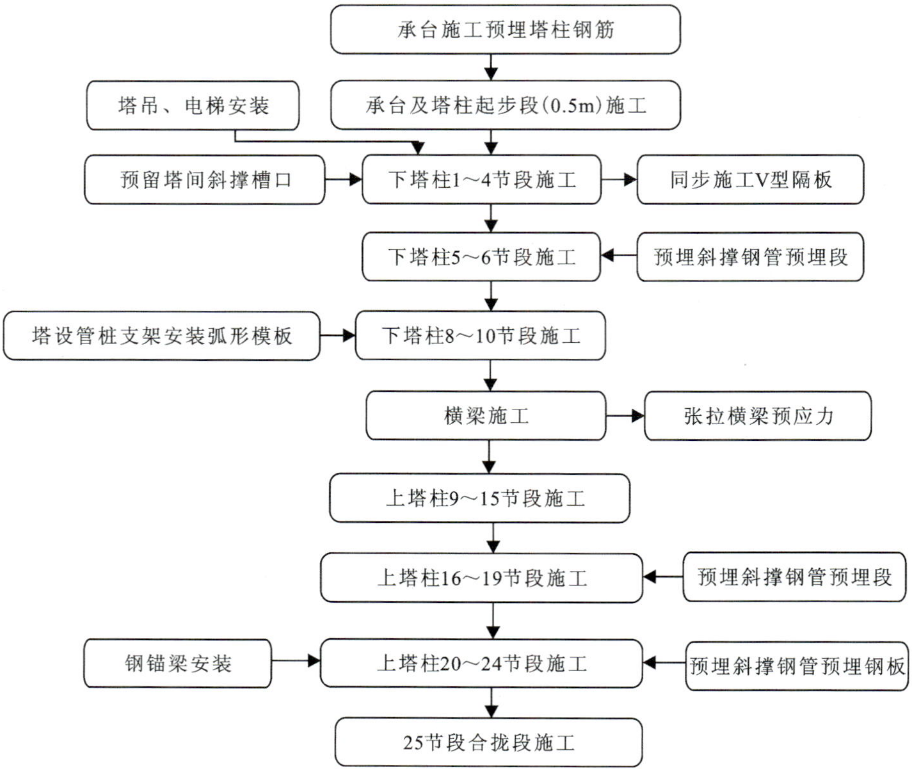

图 3.4　北塔施工工艺流程图

3.2　塔柱钢筋施工

塔柱钢筋加工基本要求为：在满足设计和规范的前提下，所配钢筋在安装完后尽量保证位置准确，保证主筋保护层厚度，同时要方便施工；施工时严格按照设计图纸和规范要求绑扎钢筋，杜绝返工现象。

钢筋绑扎应符合《公路桥涵施工技术规范》(JTG/T 3650—2020)的规定：同一断面钢筋接头数量不超过断面钢筋数量的 50%，钢筋相邻接头错开距离不小于 35d。必须注意外保护层间距，避免保护层间距过大或过小。绑扎钢筋的扎丝多余部分应向构件内弯折，以免外露形成锈斑，影响混凝土观感质量。

3.2.1　钢筋下料及绑扎

1. 钢筋下料

塔柱钢筋加工在钢筋集中加工中心进行，主筋先进行钢筋接头滚轧螺纹，然后套上塑料保护套即可，使用时打捆成批运至现场。每节竖向钢筋的长度尽可能控制在露出新浇筑节段塔柱混凝土顶面 1.7m 以内，这样便于下一节钢筋连接能够在模板顶部的工作平台上操作。塔柱 φ16mm 及以上钢筋采用直螺纹接头，箍筋采用数控弯曲机下料，以保证塔柱钢筋混凝土净保护层厚度。

2. 钢筋绑扎

塔柱主筋采用直螺纹连接，接头错开率为 50%。竖向主筋运至现场后，10～15 根绑扎成捆，中上部绑好吊装钢绳底部用钢兜篮兜好，用塔吊提升到塔顶，临时放在爬架操作平台，然后人工逐根抬到各接头处进行对接，用扳手或管钳拧紧螺纹接头，待两端螺纹接头的螺纹全部拧近套筒后即可。防雷接地主筋需在接头处采用同等号钢筋焊接连接。待竖向主筋连接和定位完成后，在竖向主筋上用石笔画出水平箍筋的布置间距，箍筋按照所定的位置逐根进行绑扎，直至高于拟浇筑塔柱混凝土顶面 20～30cm 处，钢筋绑扎质量经过“三检”后才可进行模板安装。

3.2.2　劲性骨架制作及安装

1. 劲性骨架制作

主塔劲性骨架由型钢焊接组成具有一定的强度和刚度的桁架式结构，作为钢筋支撑、定位的辅助结构。主塔劲性骨架在现场进行加工和安装。劲性骨架主桁片均为∠100×100×10 角钢，连接系数均为∠63×63×5 角钢。劲性骨架在现场胎架上制造完成后，必须经质检人员及监理检查验收合格后方能投入使用。

2. 劲性骨架安装

主塔劲性骨架在承台施工时进行预埋，后续施工时根据塔柱分节长度依次安装各节劲性骨架，劲性骨架每节长度根据现场实际情况可以适当调整，作为钢筋安装成形的整体胎架和支撑结构。钢筋绑扎前，将劲性骨架接高，使之高出需绑扎的钢筋，然后按照设计的钢筋保护层厚度安装劲性骨架之间的连接件(兼做钢筋定位辅助件)，每节劲性骨架均采用焊接连接。劲性骨架加工及安装后应填写测量检查资料，经验收合格后，方可进入下一道工序。劲性骨架采用分段分片安装。劲性骨架分段分片整体制作，安装时逐一将片状骨架与已安装劲性骨架对接固定，焊接水平联系杆件使之成为一个整体。劲性骨架施工过程使用倒链配合吊机进行劲性骨架安装。吊装时避免与其他结构碰撞，减小吊装变形。

3.2.3　塔柱钢筋施工控制措施

(1)钢筋下料前，必须有经工程部审核的配料单，严格按照配料单尺寸下料。

(2)注意保护钢筋不能受油污染。

(3)定位要准确，绑扎要牢固。

(4)钢筋的运输吊装时不能使其在吊装和运输的过程中变弯曲，影响钢筋的对接、定位和绑扎。

(5)在钢筋的定位和绑扎过程中，尽可能减少割焊等操作，以防止这些操作影响到模板。

(6)所有焊工要配备一只装有少量水的铁桶，以便随时收集电焊头和割掉的钢筋头。严禁随意丢弃。

(7)在钢筋绑扎过程中，禁止工人边工作边吸烟。吸烟者必须在工作面以外，防止随意丢弃烟头。

(8)钢筋施焊或利用气割时,应特别注意不能伤及模板表面的脱模剂涂层。脱模剂涂层被毁坏后,将造成混凝土表面的颜色不均或出现黏模现象。

(9)混凝土保护层要严格控制。混凝土保护层垫块采用梅花形砂浆垫块,并按梅花形布置,每平方米5个,间距需满足垫块受力要求,并用镀锌铅丝固定牢固。垫块表面洁净,不能受到油污的污染,垫块颜色与结构混凝土外表一致,强度不低于塔柱混凝土强度。

(10)每节段钢筋施工时,按照图纸要求连接防雷接地钢筋。

3.3 塔柱混凝土施工

3.3.1 塔柱混凝土配合比设计及试验

在混凝土施工前,根据相关技术规范要求,通过计算、试配和调整确定混凝土配合比。

C50混凝土设计技术要求:①配制60d强度50MPa,3d强度大于30%。②下塔柱及横梁混凝土初凝时间20~25h,上塔柱混凝土初凝时间12~16h。③初始坍落度。100m以下为100~180mm(流动度450~500mm),100~200m为180~200mm(流动度500~550mm),200m以上为200~220mm(流动度550~650mm),3h后大于160mm。

为了确定塔柱配合比,采用多种材料进行混凝土配比实验,选择满足强度、低水化热、施工性能良好的配合比。为了提高塔柱的外观质量,针对混凝土不同原材料,不同配合比,不同脱模剂,以及不同浇筑工艺等进行混凝土试验块浇筑,最终选择最优方案。

3.3.2 塔柱混凝土浇筑

1. 混凝土泵送

混凝土泵送前先掺加相同外加剂的水泥砂浆1m^3,然后进行塔柱混凝土泵送施工,混凝土泵送施工过程中随时根据混凝土拌和物性能、泵送高度动态调整。当不能连续进行混凝土泵送时需每10min左右进行点动反泵—泵送作业,防止管道内混凝土出现黏管、漏浆、离析现象,保证混凝土泵送正常、顺利进行。

2. 混凝土浇筑

塔柱混凝土由搅拌站生产,混凝土运输车运输至现场,下塔柱及横梁由天泵泵送混凝土,上塔柱采用车载泵将混凝土输送到浇筑节段。布料时应提前布置好串筒。空心段塔柱浇筑时,每一个塔臂厚度串筒布置间距为3.0m,串筒单节长度不小于4m;实心段塔柱浇筑时串筒按梅花状布置,布置间距3.0m。根据浇筑高度,在浇筑过程中接长或缩短串筒长度,从而保证混凝土自由落体高度不大于2m。

塔柱混凝土采取分层浇筑、对称分层布料、分层振捣施工方法。每层的布料厚度为30cm,为了保证塔柱混凝土的密实度,在施工中应加强对每层布料厚度、振捣时间与振捣间距控制。上塔柱由于设置有斜拉索锚固结构,有预埋钢板和较多的剪力钉,钢筋较密,同时有多种埋件及预应力钢筋,混凝土施工时须加强振捣,以确保混凝土质量。

3. 混凝土凿毛及接缝处理及养护

在浇筑新混凝土前，对施工缝的表面进行机械凿毛，凿毛时混凝土强度达到8MPa，同时加水使混凝土保持湿润。为保证塔柱混凝土接缝线顺直，每节段混凝土浇筑完后，弹线绘出接缝线，然后用混凝土切割机切出接缝面。

下塔柱及横梁施工期间，在塔四周设置移动式喷淋装置，悬挂在基准模板上，上塔柱喷淋装置设置在爬架上。

3.3.3　塔柱混凝土质量控制

(1)配制低热塔柱混凝土。通过调整混凝土中胶凝材料的用量，并增加粉煤灰的用量和减少水泥的用量，选择绝热升温较小的混凝土配合比，进而有效控制混凝土裂缝的开裂。

(2)塔柱与承台结合部同步浇筑减少约束裂缝。为防止塔柱底部因收缩而产生裂纹，将塔柱底部100cm高的塔柱与承台一起浇筑。

(3)设置高塔混凝土保温、养护系统。养护对混凝土的质量和耐久性十分重要，需配备专门的养护设施，确保不间断湿养护14d左右。防风保温系统采用双层防风防火布，中间夹有棉纱，沿爬模系统内侧挂设，随爬模系统爬升。防风布设置高度为6m。喷雾养护系统沿爬架在塔柱四周密集布置喷头，在承台上设置供水系统和加热系统，当外界温度低于20℃时，对养护水进行加热处理。

(4)延长混凝土拆模时间。当遇到恶劣气候或气温较低的天气时，适当延长混凝土拆模时间，减少混凝土表层收缩裂纹产生。

(5)合理选择拆模时期。施工过程中，拆模时混凝土表层温度较高，与外界温度相差较大，拆模过程中混凝土保温措施难做到位，因此混凝土拆模尽量控制在白天温度较高的时候进行。

(6)控制混凝土浇筑温度。为减少混凝土冷缩对构件造成的损伤，夏天通过冷却原材料温度来控制混凝土浇筑温度不大于25℃。

(7)严格控制塔柱钢筋保护层厚度。混凝土保护层厚度逐渐加厚，温度收缩裂缝会随之在深度、高度、宽度方向均增加，在其他施工条件许可的条件下，混凝土保护层厚度应尽量小一些。施工时严格通过控制主筋保护层厚度来控制混凝土净保护。

3.4　塔柱爬模施工

南塔模板体系采用木工字梁体系大模板，外模面板采用进口21mm进口面板，周转次数40～60次；内模面板采用国产18mm面板，周转次数20多次。标准层垂直高度为5.9m，模板配置高度6.15m，模板下包100mm以保证新浇混凝土底口质量，模板上挑以防止混凝土浆溢出。塔柱外侧采用HCB-100型液压自爬模体系。

北塔模板体系采用木工字梁体系大模板，外模面板采用进口21mm进口面板，周转次数50次左右；内模面板采用国产18mm面板，周转次数20多次。标准节段垂直浇筑高度6.0m，模板设计高度6.2m，其中模板下包已浇混凝土面100mm，上口挑出100mm。塔柱外侧采用

ZMP-100 型液压自爬模。

3.4.1 模板及架体设计

在模板与架体设计中，南北塔的不同之处在于下塔柱结构的不同，针对这些不同，南北塔下塔柱模板及架体单独设计。

1. 南塔模板及架体

南塔下塔柱单肢外模共配置 8 块大模板和 4 块钢角模。模板之间拼缝均采用子母口缝设计(图 3.5)，保证浇筑时缝隙紧固而不出现漏浆、涨模等现象。内模标准段单肢布置 4 块大模板和 4 块钢角模(图 3.6)。

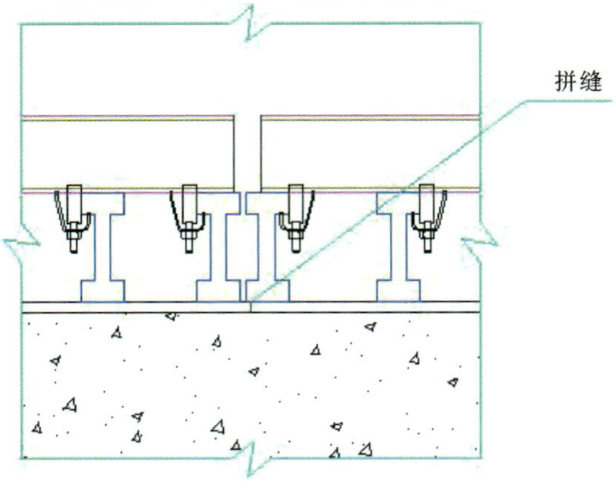

图 3.5　南塔模板拼缝节点

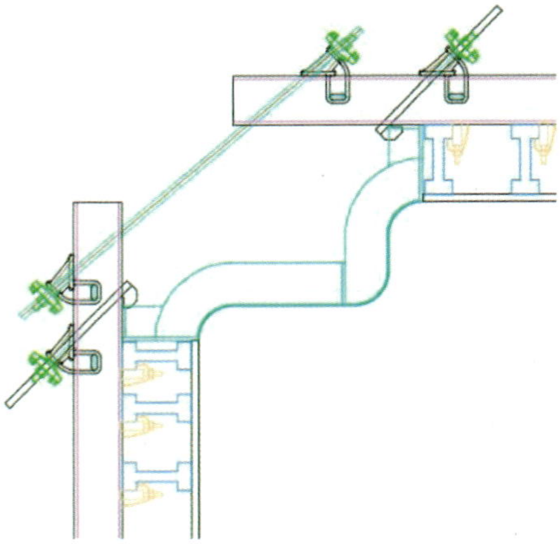

图 3.6　倒角处模板

南塔单肢下塔柱共布置 11 套爬升设备，顺桥向仰爬面 3 套，俯爬面 2 套，横桥向 3 套(图 3.7)。上塔柱单肢配置 8 套爬升设备，每个面 2 套；塔柱筒架体现场利用型钢制作简易操作架即可(图 3.8～3.10)。

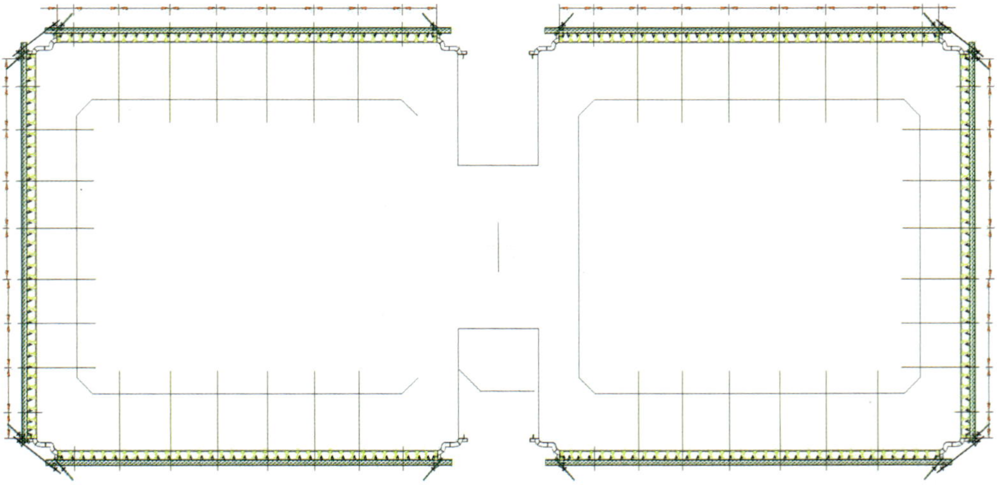

图 3.7　南塔下塔柱模板平面图

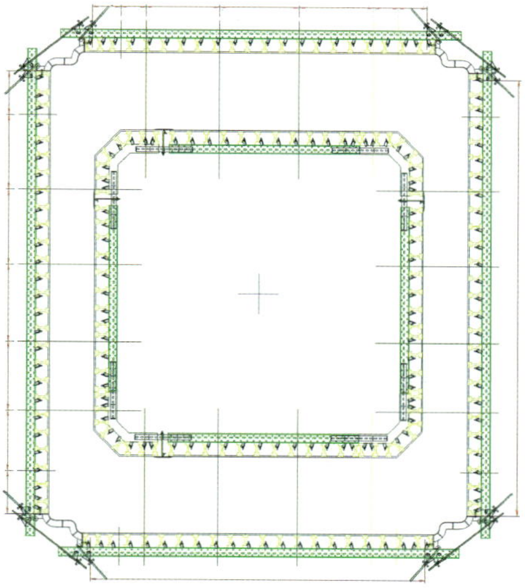

图 3.8　南塔中塔柱模板平面图

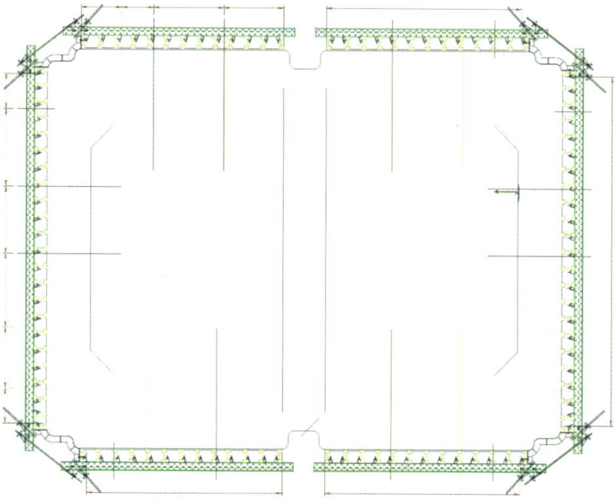

图 3.9　南塔合拢段模板布置图

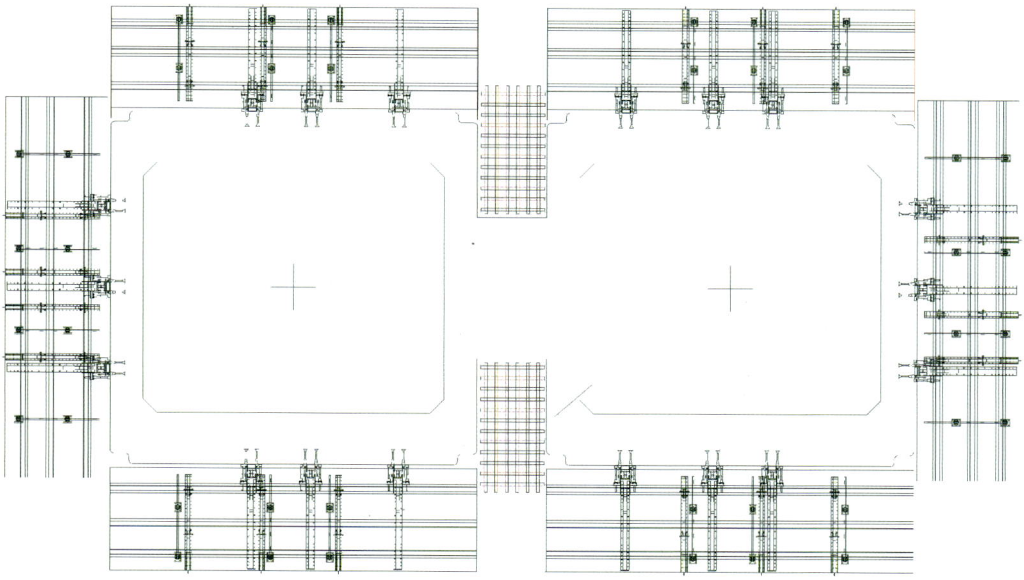

图 3.10　南塔下塔柱架体平面布置图

2. 北塔模板及架体

北塔下塔柱单肢外模共配置 8 块大模板和 4 块钢角模。模板之间拼缝均采用子母口缝设计，保证浇筑时缝隙紧固而不出现漏浆、涨模等现象。北塔模板拼缝及倒角模板形式与南塔相同。内模标准段单肢布置 4 块大模板和 4 块钢角模。

北塔单肢下塔柱共布置 10 套爬升设备，顺桥向仰爬面 3 套，俯爬面 2 套，横桥向 3 套；上塔柱单肢配置8套爬升设备，每个面2套，塔柱筒架体现场利用型钢制作简易操作架即可(图3.11～图3.14)。

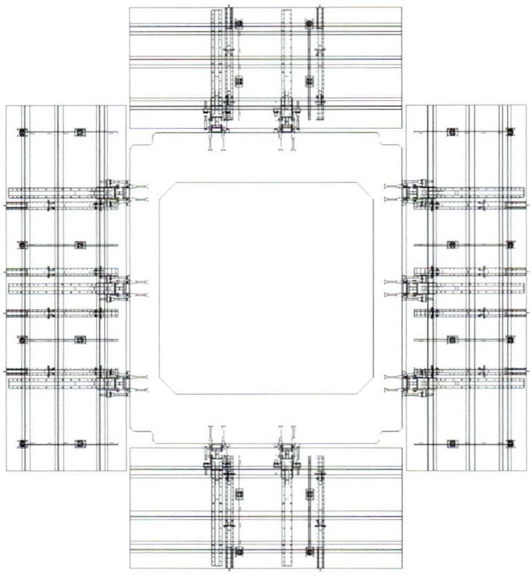

图3.11　北塔上塔柱架体平面布置图

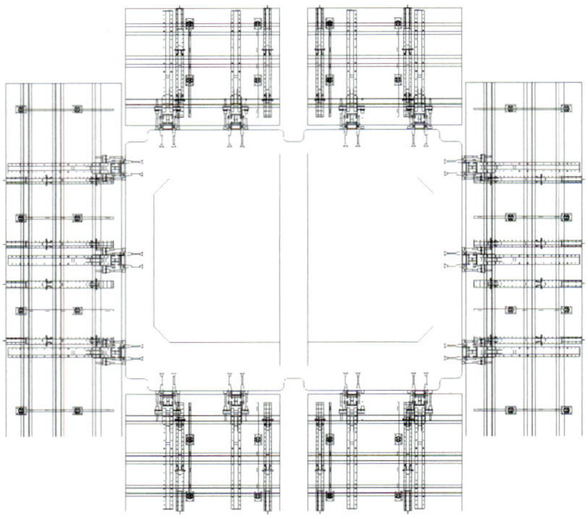

图3.12　北塔合拢段柱架体平面布置图

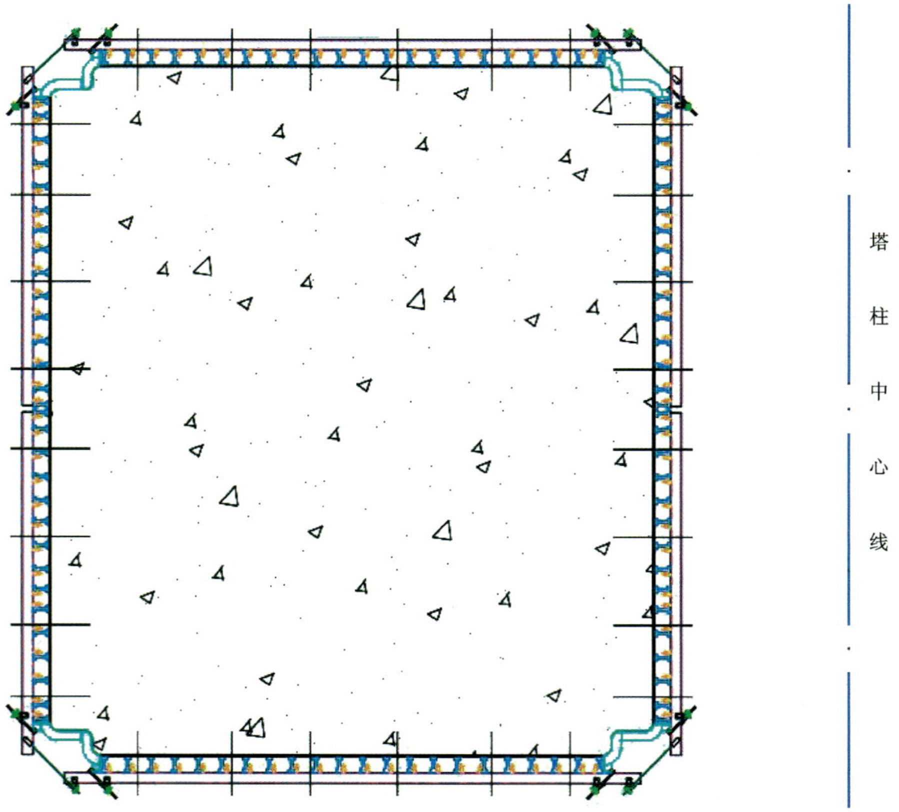

图3.13　北塔下塔柱首节模板平面布置图

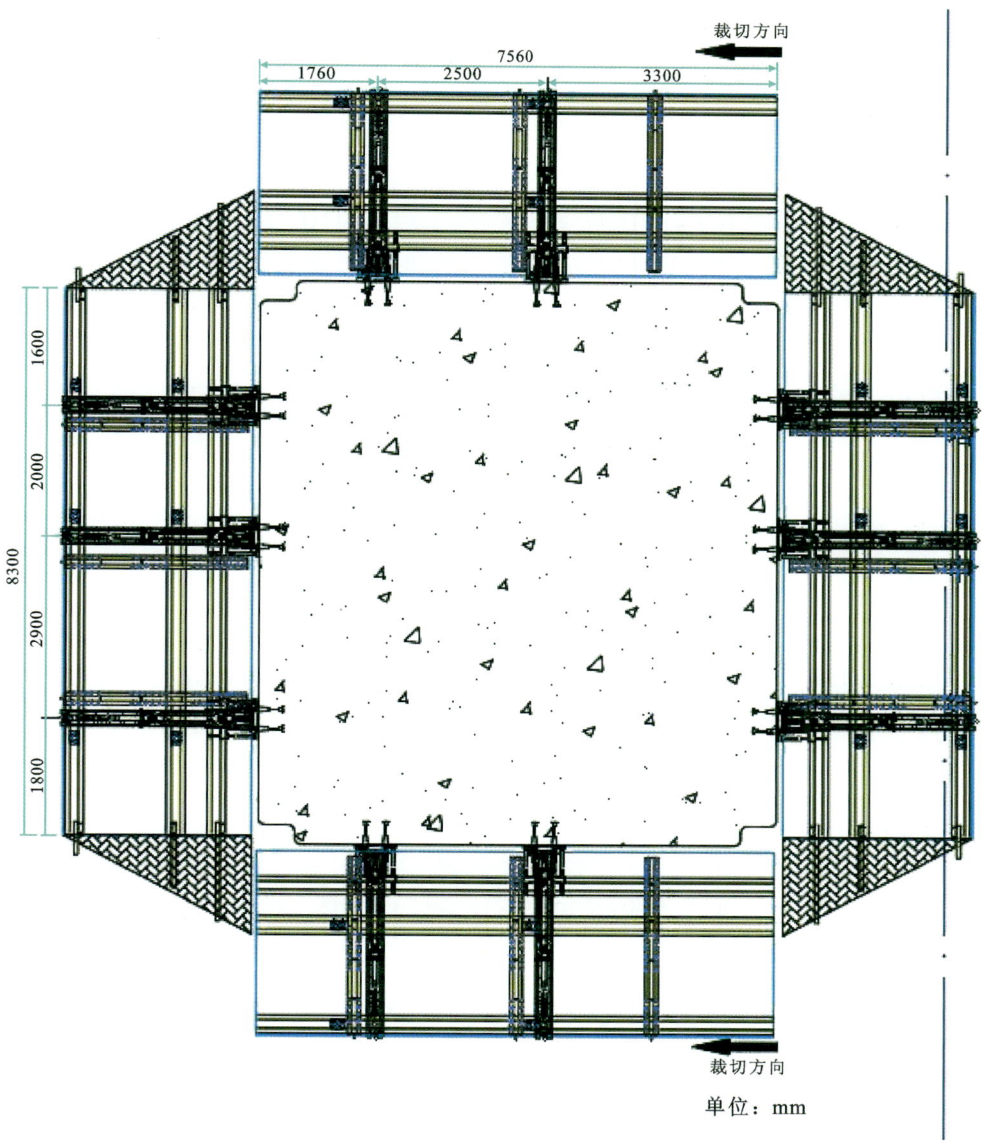

图 3.14　北塔下塔柱架体平面布置图

3.4.2　爬模体系

1. 体系简介

液压自爬模的动力来源是本身自带的液压顶升系统，液压顶升系统包括液压油缸和上下换向盒，换向盒可控制提升导轨或提升架体，通过液压系统可使模板架体与导轨间形成互爬，从而使液压自爬模稳步向上爬升，液压自爬模在施工过程中无需其他起重设备，操作方便，爬升速度快，安全系数高，是高耸建筑物施工时的首选模板体。液压自爬模主要分为上架体、下架体、模板后移装置、模板以及防护平台等设施（图 3.15，表 3.1）。

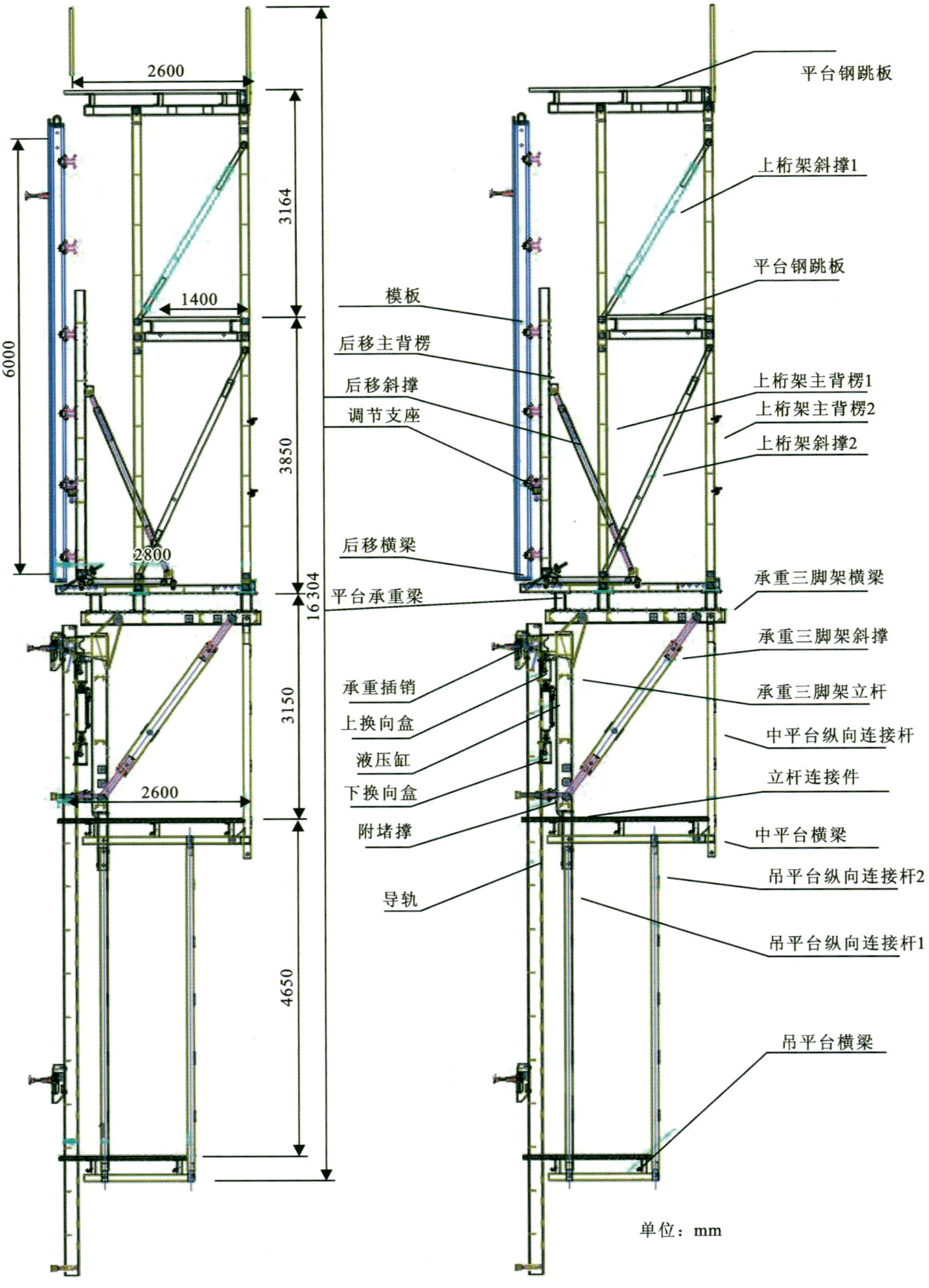

图 3.15　爬模架体结构图

表3.1 液压爬模主要性能指标

序号	项目	性能指标
1	架体宽度	主平台=2.8m(最宽)
2	架体高度	16.5m
3	离墙距离	0.1～0.3m
4	液压油缸	额定荷载125.6kN,极限压力25MPa,油缸行程400mm,伸出速度约300mm/min,双缸同步误差≤20mm
5	泵站功率	15～18kW
6	升降速度	约10min/m
7	支承跨度	≤5m(相邻埋件点之间距离)
8	荷载要求	①施工时,爬模上操作平台施工荷载标准值为4.0kN/m²;模板操作平、主平台、液压操作平台及吊平台施工荷载标准值为0.75kN/m²;②最多允许两层平台同时承载

2.液压爬模爬升过程

(1)混凝土浇筑完后→拆模后移→安装附装置→绑扎钢筋→提升导轨→爬升架体→模板清理刷脱模剂→埋件固定模板上→合模→浇筑混凝土。

(2)预埋件安装,将爬锥用受力螺栓固定在模板上,爬锥孔内抹黄油后拧紧高强螺杆,保证混凝土不能流进爬锥螺纹内。埋件板拧在高强螺杆的另一端。锥面向模板和爬锥呈反方向。

(3)埋件与钢筋有冲突时,将钢筋适当移位处理后进行合模。

(4)提升导轨,请将上下换向盒内的换向装置调整为同时向上,换向装置上端顶住导轨。

(5)爬升架体时上下换向盒同时调整为向下,下端顶住导轨(爬升或提导轨液压控制台有专人操作,每榀架子设专人看管是否同步,发现不同步,可调液压阀门控制)。

(6)导轨提升就位后拆除下层的附墙装置及爬锥,周转使用。注:附墙装置及爬锥共3套,2套压在导轨下,1套周转(图3.16)。

3.模板施工

组装完成的模板需要有规律的堆放在一起。首先,选用一块平坦、坚实的场地,确保模板堆放时不会发生倾斜。将第一块模板面朝上并保持离开地面净高300mm以上,背楞朝下放置平稳,确保水平,不能有晃动余量。然后在面板上放置2～3根长条木方(一般间距为2m),木条长度与模板长边相近即可,接着放第三块模板,一般5、6块为一堆。注意保护面板,防止雨淋和暴晒,储存期超过一周的应用帆布遮盖起来(图3.17)。模板吊升时钢丝绳与面板接触处要垫木块(图3.18)。

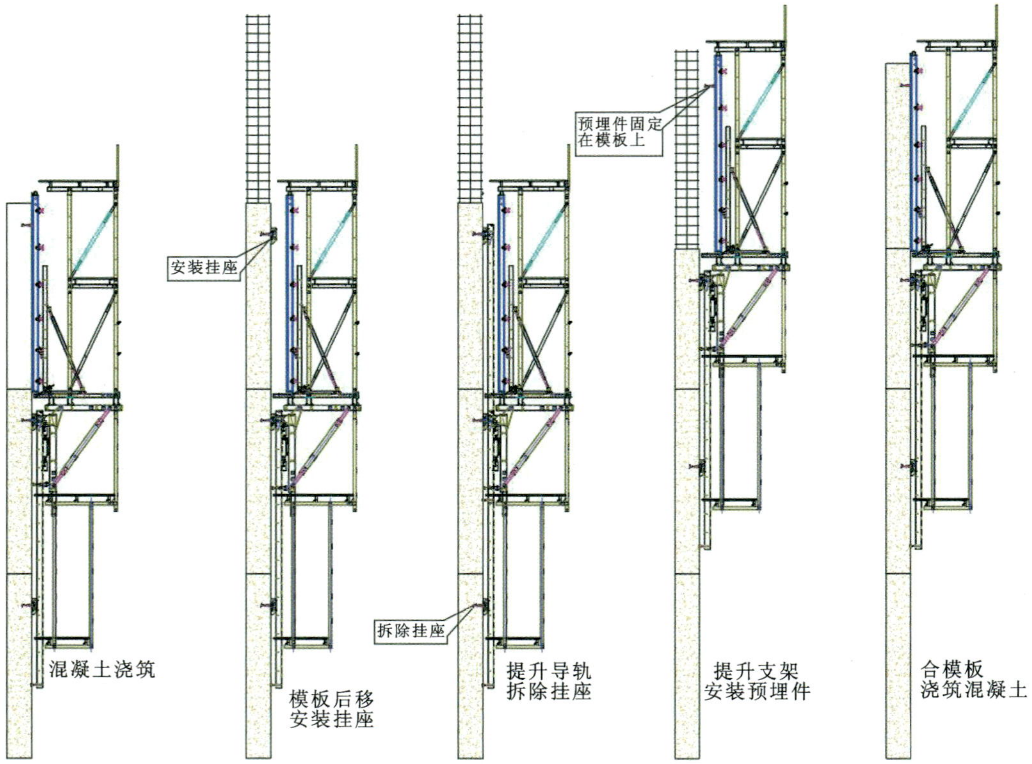

图 3.16　爬模爬升流程图

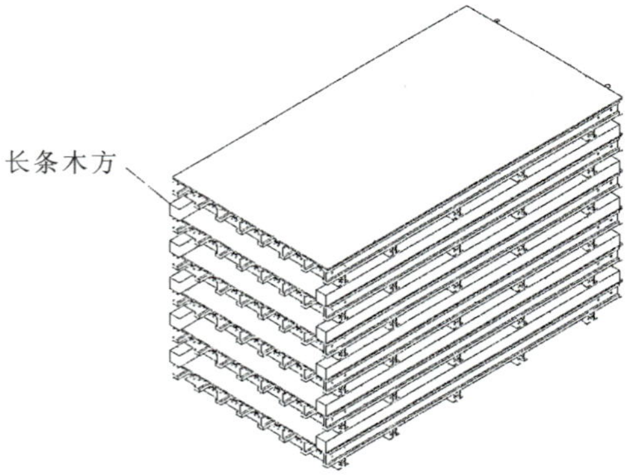

图 3.17　模板堆放

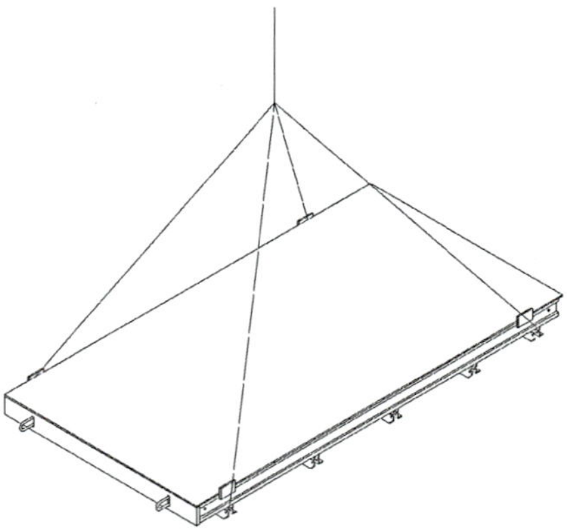

图 3.18　模板吊升

合模前模板需用洗衣粉水清洗面板，清洗面板宜用中等硬度的毛刷刷洗，板面要擦干净，否则模板上的灰尘会沾到混凝土的表面。必须确保本工序在混凝土冲毛之后进行。

合模校正。先将模板边缘用仪器或线坠校正模板的垂直度，并用角尺调整阴阳角模板的角度，确保垂直度与角度达到设计要求。然后穿好套管、拉杆，拧紧螺母。复查模板，调整至符合浇混凝土要求。注意，套管不宜过长，伸出模板背面 20mm 为佳。

浇筑完混凝土后，当混凝土强度达到 6MPa 时，可以松动对拉螺杆一到二扣；当混凝土强度达到 10MPa 时可以进行拆模。拆模时先卸下拉杆螺母，抽出拉杆，堆放在适当位置。卸下芯带，将模板后移或者吊走。如模板内有定位的埋件系统，应先拆卸安装螺栓。

3.4.3　安全防护措施

为保证高空作业时施工人员的安全，架体外防护设计采用定型钢板网（图 3.19）。钢板网在保证外围护的抗冲击性、安全性、耐用性以及采光要求的同时，追求外立面形象美观、整洁（图 3.20）。

图 3.19　钢板网

图 3.20　外防护实例图

为避免架体爬升时与结构冲突，爬模上平台板与混凝土墙面间留有 100～200mm 的间隙，同时，为防止高空坠物，在液压平台和吊平台的架体与混凝土墙面之间空隙处设置翻板，当架体提升时将翻板翻开，架体提升到位后立即将翻板铺好（图 3.21）。在导轨与平台跳板之间的缝隙处同样采用定型翻板对缝隙进行封堵（图 3.22）。

各层平台均设上下人孔，上下人孔周围设护栏，各层平台之间设置钢制步梯，步梯与平台呈 60°（图 3.23、图 3.24）。

图 3.21　架体与结构间缝隙翻板

图 3.22　架体导轨处缝隙处理

图 3.23　平台通道步梯

图 3.24　钢制步梯

3.5　主塔斜撑施工

3.5.1　钢管斜撑

南北塔钢管斜撑施工分下塔柱钢管斜撑施工和上塔柱钢管斜撑施工。

1. 原设计

本桥塔斜撑钢管根据与塔柱的锚固形式，可分为表面锚固式和插入锚固式两种类型。表面锚固式通过锚固端板与塔臂主筋焊接，并通过剪力钉与混凝土咬合，固定与其焊接的钢管，再与中间段通过法兰连接；插入锚固式通过在塔柱内预埋一段钢管，通过端板、钢管四周的剪力钉、套板将预埋段钢管固定，并与中间段通过法兰连接形成一个整体。两种类型构造如图 3.25、图 3.26所示。

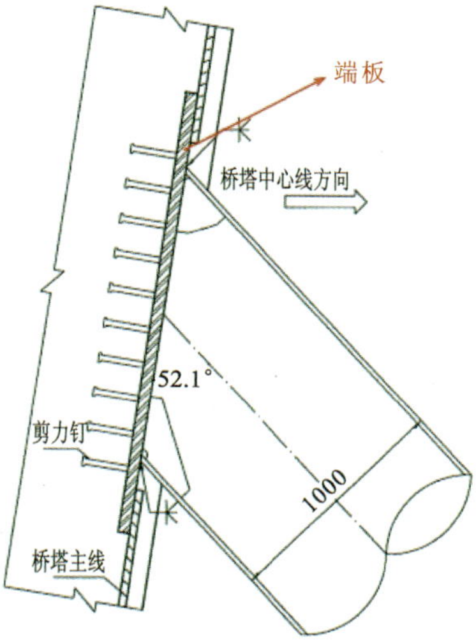

图 3.25　表面锚固式

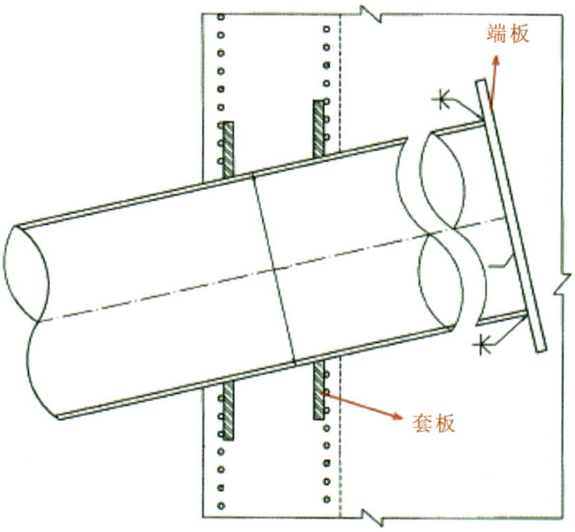

图 3.26　插入锚固式

斜撑钢管的节段统一划分为预埋段(L_2)、中间段(L_0)、法兰连接段(L_1)，原设计节段划分示意如图 3.27 所示。

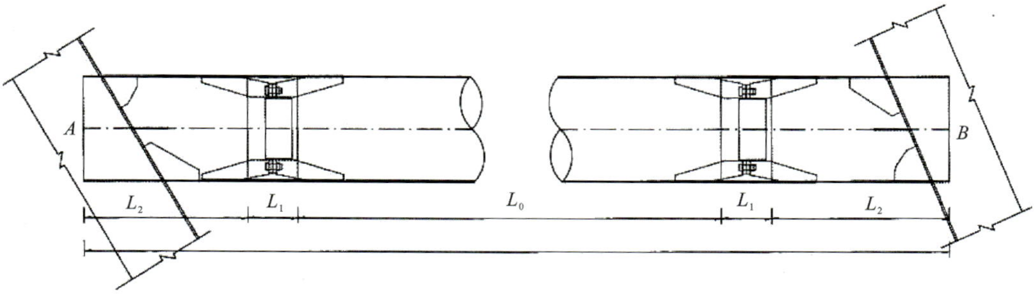

图 3.27　斜撑钢管节段划分示意图

针对原设计斜撑钢管节段划分，不管是表面锚固式还是插入锚固式，预埋段钢管安装后均伸出塔臂面一定长度，一方面塔柱节段爬模安装时必须在模板上开孔，才能保证预埋段钢管的安装，这样会造成爬模模板的损坏，无法再继续爬升施工上一节段。另一方面依据原设计预埋段钢管斜撑长度，伸出塔臂外侧的钢管在预埋时需采取一定的支撑固定措施，否则仅依靠劲性骨架固定存在较大风险，尤其是上塔柱预埋段钢管高空安装作业时，原设计预埋钢管安装存在较大的困难。因此，原设计预埋段钢管节段划分与现场爬模施工冲突，施工风险较高，对此项目部对预埋段钢管的节段划分位置进行重新设计，并匹配相应的连接方案。

2. 优化方案

为保证预埋段钢管安装的同时与爬模施工不冲突，钢管斜撑预埋段节段划分示意如图 3.28所示。

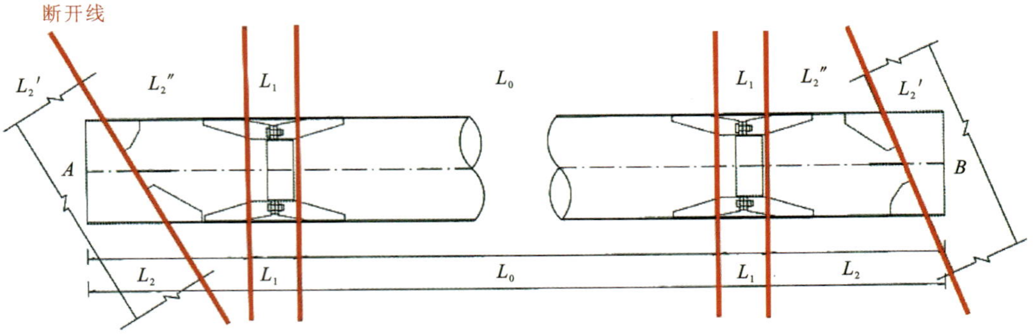

图 3.28　优化后斜撑钢管节段划分示意图

如图 3.28 所示，其他节段划分与原设计保持一致，将 L_2 段从塔臂线断开，分为预埋段 L_2' 和预埋段连接段 L_2''，对应塔柱节段施工时，先预埋安装 L_2' 段，待混凝土浇筑完毕形成一定强度后，再安装 L_2'' 段，同时吊装 L_0 段，通过法兰盘将斜撑钢管连为一个整体。表面锚固式与插入锚固式钢管预埋段划分如图 3.29～图 3.32 所示。

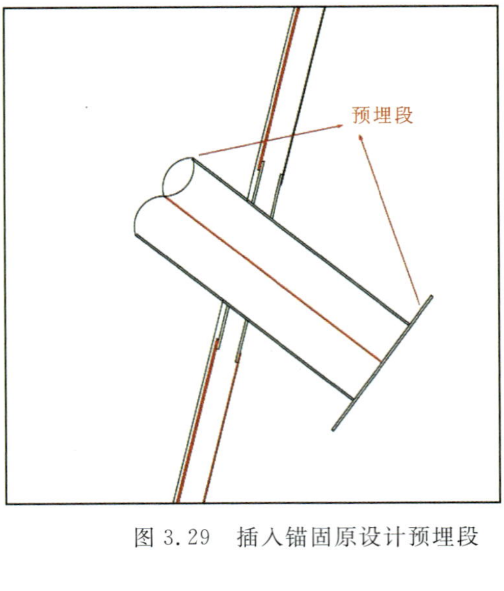

图 3.29　插入锚固原设计预埋段

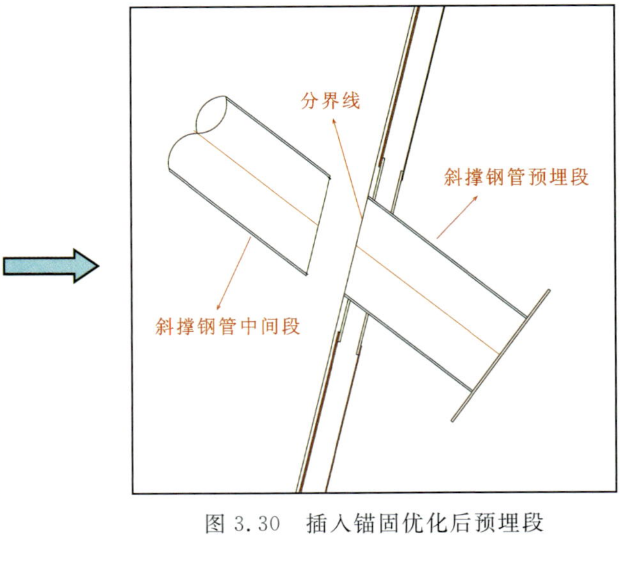

图 3.30　插入锚固优化后预埋段

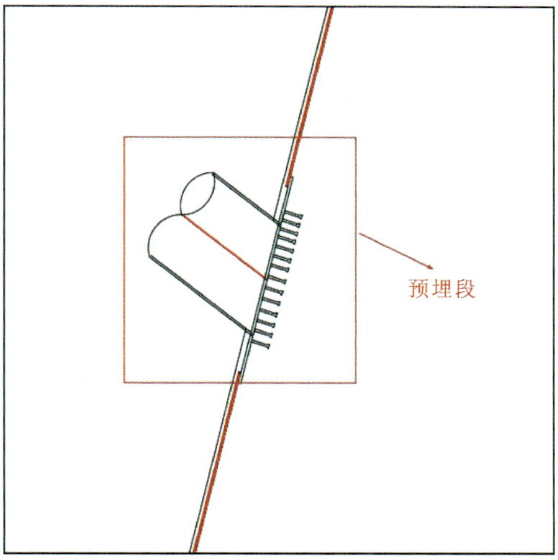

图 3.31　表面锚固原设计预埋段

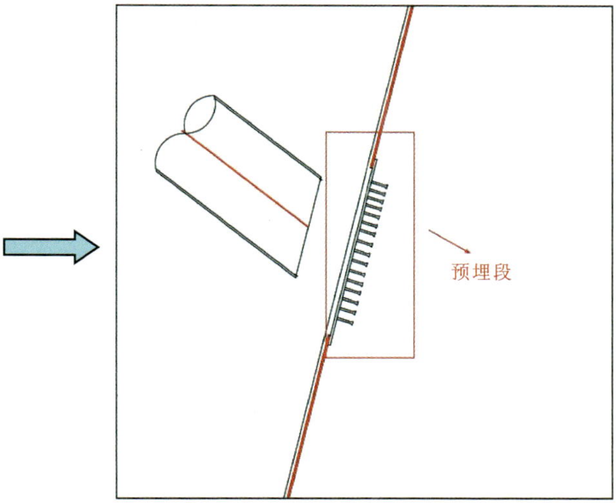

图 3.32　表面锚固优化后预埋段

2. 优化后斜撑钢管安装

优化后斜撑钢管的施工顺序为塔柱节段劲性骨架安装→预埋钢管 L_2'段定位安装→钢筋绑扎及模板安装→混凝土浇筑→L_2''段高强螺栓连→L_0 及 L_1 段连接，现计划将钢管斜撑预埋段分为两段，在浇筑主塔节段时先预埋 A 段(钢管、端板、套板在工厂加工成型)，浇筑完成后，通过螺栓将两个钢板(钢板 A、钢板 B)连接在一起，如图 3.33 所示。

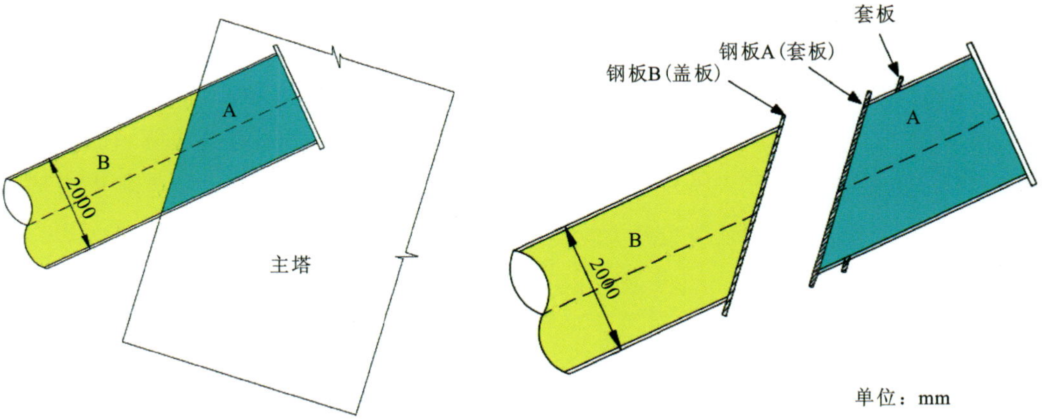

图 3.33　管桩分为两段安装

螺栓连接两钢板时，螺栓规格及布置位置通过受力验算确定，如图 3.34 所示，在钢板中间预留孔洞，便于钢管斜撑中灌入混凝土，孔洞直径暂定 30cm(根据螺栓设计情况预留)。此方案将原钢板“套板”变为连接钢板，将“管管连接”的方式转变为“板板连接”，通过两板间高强螺栓连接的方式将预埋段钢管和伸出塔壁外侧的钢管连接为一个整体，最终按原设计再通过法兰连接中间段，形成一个整体后再灌注钢管斜撑内混凝土。

预埋段安装完毕混凝土浇筑后，L_2''段、L_0 及 L_1 段均采用吊车现场吊装，吊装时严格控制节段拼装的精度，保证法兰盘对接准确。

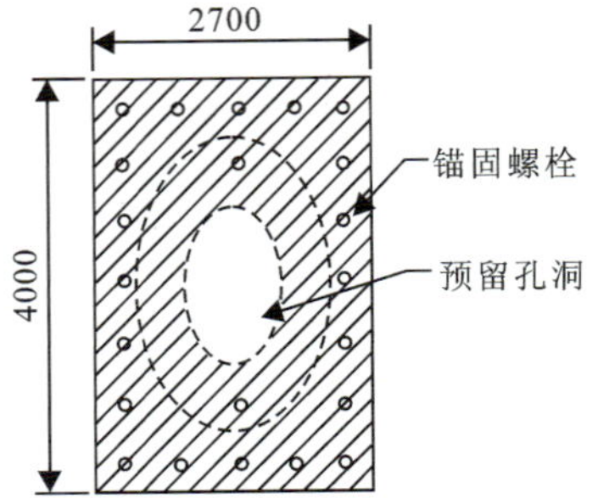

图 3.34 对接钢板螺栓锚固示意图
(单位：mm)

3.5.2 钢箱斜撑

南、北塔柱施工至第 3 节段时，需进行钢箱斜撑施工，钢箱斜撑施工分为预埋件施工、预应力张拉及钢箱斜撑安装三部分。

1. 预埋件施工

塔柱第 3 节段施工时需预埋钢箱斜撑锚固端的预应力体系，内容包括预应力高强螺纹钢筋、波纹管、锚具、锚固端钢板及拼接钢板，并按设计要求在塔臂处预留锚固端槽口，作为预应力张拉的施工空间。施工时应精确放样，通过塔柱节段的劲性骨架定位和固定预应力体系相关的预埋件。

2. 预应力张拉

第 3 节段塔柱混凝土浇筑完毕，混凝土强度达到设计强度的 90%、弹性模量达到混凝土 28d 弹性模量的 90%时，方可张拉预应力筋。预应力筋采用直径 40mm 的高强螺纹钢筋，抗拉强度标准值为 1360MPa，张拉控制应力为 0.85 倍抗拉强度标准值；采用张拉旋钮千斤顶及配套锚具，锚具需满足《预应力筋用锚具、夹具和连接器》(GB/T 14370—2015)的相关规定。

预应力张拉端锚具采用复拉工艺，在高出螺母 4.0cm 时用砂轮锯切割进行封锚。钢筋下料及端头切割均严禁使用电弧切割工艺，预应力粗钢筋管道采用塑料波纹管，内径 6.0cm，外径 6.5cm，要求厚度≥0.25mm。预应力张拉锚固后，孔道注浆采用真空灌浆法辅助施工。注浆需在 48h 内完成，浆液应满足《公路桥涵施工技术规范》(JTG/T 3650—2020)的相关规定。

3. 钢箱斜撑安装

钢箱斜撑安装节段划分示意图如图 3.35 所示，钢箱斜撑在现场采用吊车分段拼装焊接，节段安装的施工顺序为：先安装第 1、2 节段，与承台钢箱系梁进行焊接；随后吊装第 3、4 节段，与槽口内拼接钢板焊接，并搭设支撑架临时支托已焊接好的第 3、4 节段；接着安装第 5 节段，与第 1、2 节段进行焊接固定；最后吊装第 6、7 节段合拢段，完成合拢段的定位安装及焊接固定后完成钢箱系梁的安装(图 3-36)。

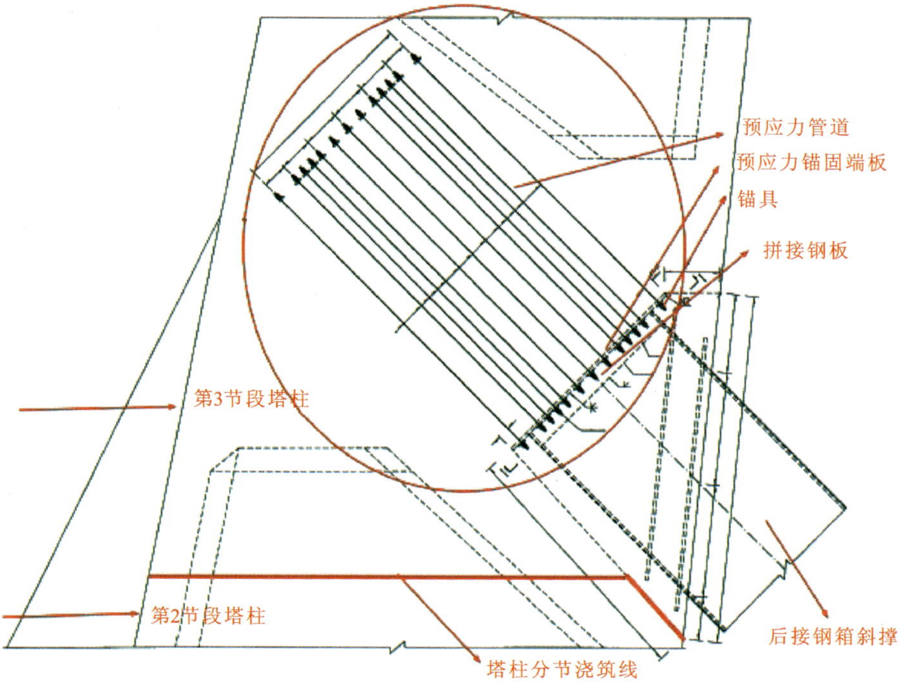

图 3.35　钢箱斜撑预埋件示意图

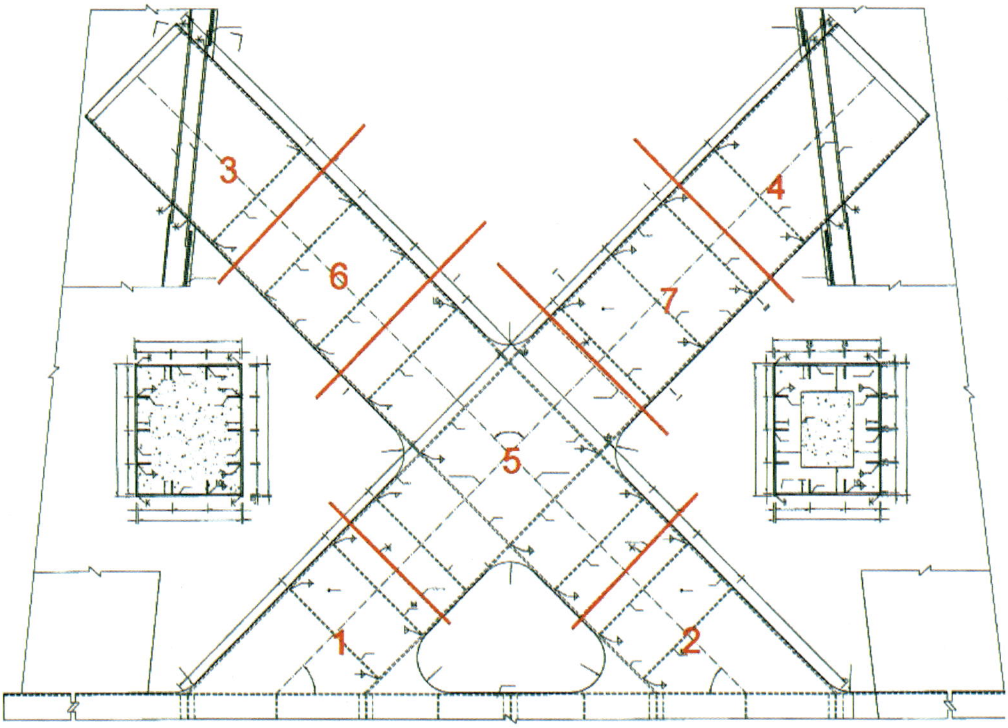

图 3.36　钢箱斜撑安装节段划分示意图

3.6 钢锚梁施工

3.6.1 钢锚梁施工工艺及流程

南塔塔柱第 24 节开始设钢锚梁，南塔共 32 套。北塔塔柱第 20 节开始设钢锚梁，北塔共 32 套。钢锚梁工厂内加工完成后运输至现场进行整体吊装。由于本桥塔钢锚梁支撑牛腿为混凝土牛腿，且塔柱为倾斜塔柱，钢锚梁安装时无需搭设支架，待牛腿与塔柱同时浇筑后再吊装对应节段钢锚梁。故钢锚梁安装的顺序为：对应塔柱节段塔柱与牛腿混凝土同时浇筑→养护并拆除牛腿模板→吊装对应节段钢锚梁→下一节段塔柱及牛腿混凝土浇筑→下一节段钢锚梁吊装。具体流程见图 3.37。

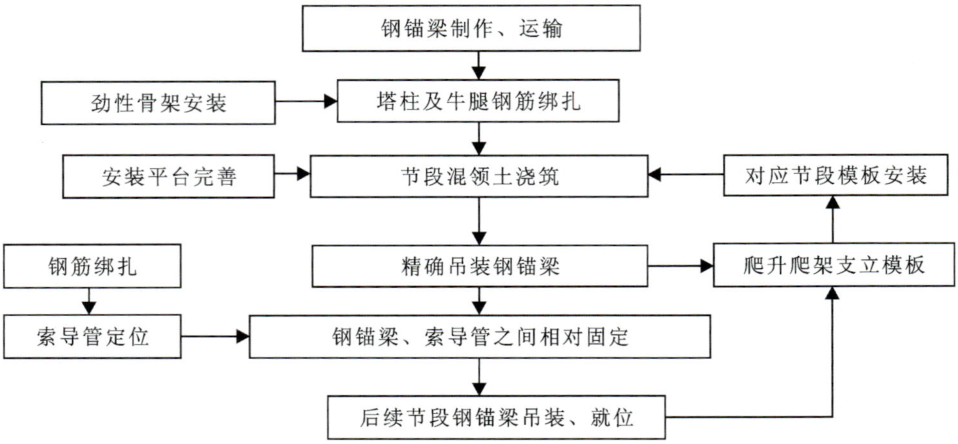

图 3.37 钢锚梁安装工艺流程图

如图 3.38、图 3.39 所示，上塔柱施工至有钢锚梁的节段时，根据钢锚梁、塔柱预埋钢筋、牛腿及混凝土加强环的相对位置，塔柱节段内钢锚梁划分为：

南塔节段划分时第 24 节段安装首节钢锚梁，第 25 节段安装②、③节钢锚梁，第 26 节段安装④、⑤节钢锚梁，第 27 节段安装⑥、⑦节钢锚梁，第 28 节段安装⑧节钢锚梁。

北塔节段划分时第 20 节段安装首节钢锚梁，第 21 节段安装②、③节钢锚梁，第 22 节段安装④、⑤节钢锚梁，第 23 节段安装⑥、⑦节钢锚梁，第 24 节段安装⑧节钢锚梁。

1. 塔柱施工与钢锚梁安装顺序

本桥塔钢锚梁牛腿为混凝土牛腿，牛腿与塔柱混凝土同时浇筑。南塔第 23 节段和北塔第 19 节段起，空腔内模、牛腿及混凝土加强环采用钢模板。各节段塔柱混凝土浇筑与钢锚梁的安装顺序叙述如下：

(1)南塔第 24 节段塔柱混凝土与支撑首节钢锚梁的牛腿与混凝土加强环同时浇筑完毕后，待牛腿混凝土强度达到设计强度的 75%后，安装首节钢锚梁。

(2)南塔第 25 节段高 5.9m，分两次浇筑，外模模板与塔柱钢筋一次成型。第一次浇筑

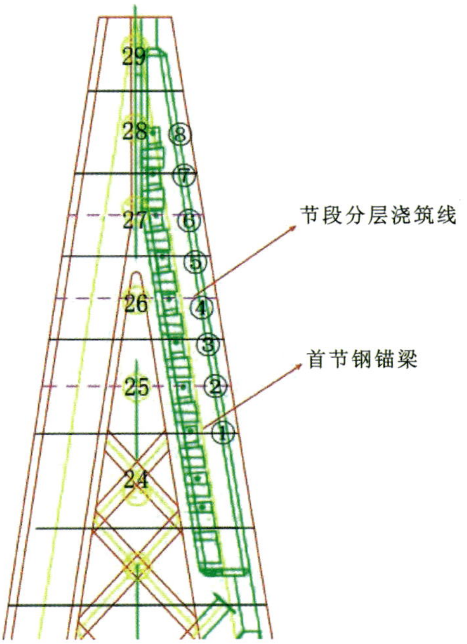

图 3.38 南塔钢锚梁节段布置图

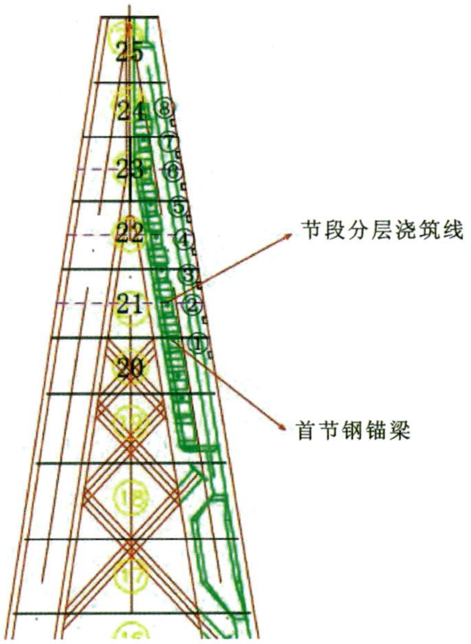

图 3.39 北塔钢锚梁节段布置图

3.0m,绑扎浇筑范围内牛腿及混凝土加强环钢筋并安装钢模板,混凝土浇筑后待牛腿混凝土强度达到设计强度的 75%后,安装②号钢锚梁。第二次浇筑 2.9m,②号钢锚梁安装完毕后绑扎浇筑范围内牛腿及混凝土加强环钢筋并安装钢模板,混凝土浇筑后待牛腿混凝土强度达到设计强度的 75%后,安装③号钢锚梁。

(3)南塔第 26 节段高 5.2m,分两次浇筑,外模模板与塔柱钢筋一次成型。第一次浇筑 2.6m,绑扎浇筑范围内牛腿及混凝土加强环钢筋并安装钢模板,混凝土浇筑后待牛腿混凝土强度达到设计强度的 75%后,安装④号钢锚梁。第二次浇筑 2.6m,④号钢锚梁安装完毕后绑扎浇筑范围内牛腿及混凝土加强环钢筋并安装钢模板,混凝土浇筑后待牛腿混凝土强度达到设计强度的 75%后,安装⑤号钢锚梁。

(4)南塔第 27 节段高 5.2m,分两次浇筑,外模模板与塔柱钢筋一次成型。第一次浇筑 2.6m,绑扎浇筑范围内牛腿及混凝土加强环钢筋并安装钢模板,混凝土浇筑后待牛腿混凝土强度达到设计强度的 75%后,安装⑥号钢锚梁。第二次浇筑 2.6m,⑥号钢锚梁安装完毕后绑扎浇筑范围内牛腿及混凝土加强环钢筋并安装钢模板,混凝土浇筑后待牛腿混凝土强度达到设计强度的 75%后,安装⑦号钢锚梁。

(5)南塔第 28 节段高 5.2m,一次浇筑,塔柱混凝土与支撑⑧号钢锚梁的牛腿与混凝土加强环同时浇筑完毕后,待牛腿混凝土强度达到设计强度的 75%后,安装⑧号钢锚梁。

(6)北塔第 20 节段塔柱混凝土与支撑首节钢锚梁的牛腿与混凝土加强环同时浇筑完毕后,待牛腿混凝土强度达到设计强度的 75%后,安装首节钢锚梁。

(7)北塔第 21 节段高 5.5m,分两次浇筑,外模模板与塔柱钢筋一次成型。第一次浇筑 2.8m,绑扎浇筑范围内牛腿及混凝土加强环钢筋并安装钢模板,混凝土浇筑后待牛腿混凝土强度达到设计强度的 75%后,安装②号钢锚梁。第二次浇筑 2.7m,②号钢锚梁安装完毕后绑扎浇筑范围内牛腿及混凝土加强环钢筋并安装钢模板，混凝土浇筑后待牛腿混凝土强度达到设计强度的75%后，安装③号钢锚梁。

(8)北塔第22节段高5.5m，分两次浇筑，外模模板与塔柱钢筋一次成型。第一次浇筑2.8m，绑扎浇筑范围内牛腿及混凝土加强环钢筋并安装钢模板，混凝土浇筑后待牛腿混凝土强度达到设计强度的75%后，安装④号钢锚梁。第二次浇筑2.7m，④号钢锚梁安装完毕后绑扎浇筑范围内牛腿及混凝土加强环钢筋并安装钢模板，混凝土浇筑后待牛腿混凝土强度达到设计强度的75%后，安装⑤号钢锚梁。

(9)北塔第23节段高5.2m，分两次浇筑，外模模板与塔柱钢筋一次成型。第一次浇筑2.6m，绑扎浇筑范围内牛腿及混凝土加强环钢筋并安装钢模板，混凝土浇筑后待牛腿混凝土强度达到设计强度的75%后，安装⑥号钢锚梁。第二次浇筑2.7m，⑥号钢锚梁安装完毕后绑扎浇筑范围内牛腿及混凝土加强环钢筋并安装钢模板，混凝土浇筑后待牛腿混凝土强度达到设计强度的75%后，安装⑦号钢锚梁。

(10)北塔第24节段高6.0m，一次浇筑，塔柱混凝土与支撑⑧号钢锚梁的牛腿与混凝土加强环同时浇筑完毕后，待牛腿混凝土强度达到设计强度的75%后，安装⑧号钢锚梁。

2. 钢锚梁吊装

南北塔钢锚梁结构形式均相同，单个钢锚梁重4.6t，钢锚梁安装采用塔吊吊装，塔吊的吊距(图3.40)及吊重参数(表3.2)如下。

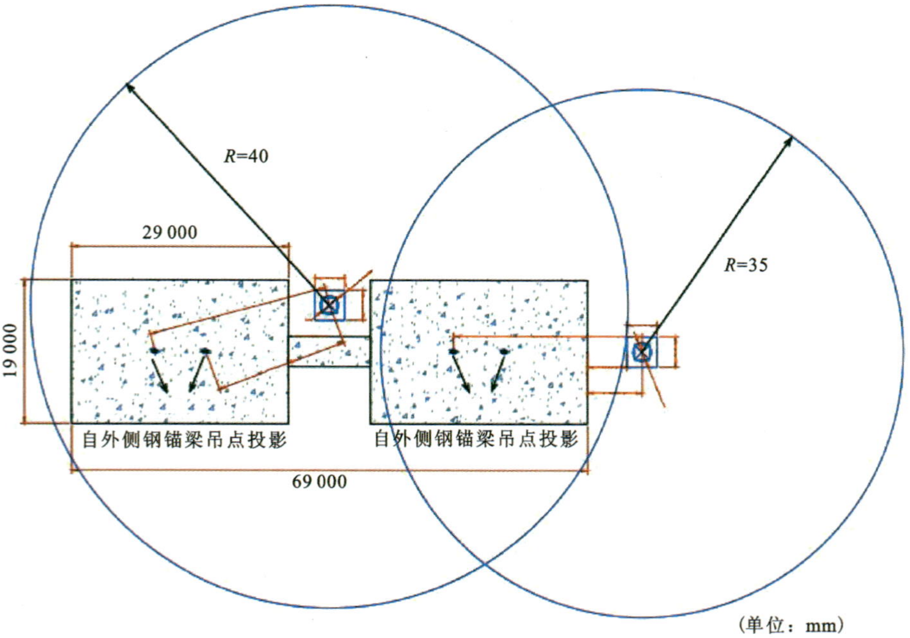

图3.40 南北塔钢锚梁最远吊距示意图

钢锚梁在工厂进行整体组装，采用四点起吊，吊具采用钢扁担结构，以减小钢锚梁的变形。钢锚梁结构最大吊重4.6t，T7530型塔吊中心至安装点最大距离25.3m，吊重12.65～12.78t，塔吊的起重性能可满足钢锚梁安装要求。

表 3.2　塔吊起重性能参数表

臂长/m	倍率	最大吊重		工作幅度/m									
		起重量/t	幅度/m	17.5	20.0	22.5	25.0	27.5	30.0	32.5	35.0	37.5	40.0
75	2	10.0	29.4	10.00	10.00	10.00	10.00	10.00	9.76	8.87	8.11	7.46	6.89
	4	20.0	15.6	17.35	14.71	12.70	11.11	9.83	8.77	7.88	7.13	6.48	5.91
70	2	10.0	30.5	10.00	10.00	10.00	10.00	10.00	10.00	9.28	8.49	7.82	7.23
	4	20.0	16.2	18.15	15.40	13.31	11.66	10.32	9.22	8.30	7.51	6.83	6.24
65	2	10.0	32.3	10.00	10.00	10.00	10.00	10.00	10.00	9.94	9.11	8.39	7.76
	4	20.0	17.1	19.43	16.51	14.28	12.53	11.11	9.94	8.96	8.12	7.40	6.77
60	2	10.0	33.5	10.00	10.00	10.00	10.00	10.00	10.00	10.00	9.51	8.76	8.11
	4	20.0	17.7	20.00	17.24	14.92	13.10	11.63	10.41	9.39	8.52	7.78	7.13
55	2	10.0	34.6	10.00	10.00	10.00	10.00	10.00	10.00	10.00	9.86	9.09	8.42
	4	20.0	18.2	20.00	17.88	15.49	13.61	12.09	10.83	9.78	8.88	8.11	7.43
50	2	10.0	35.4	10.00	10.00	10.00	10.00	10.00	10.00	10.00	10.00	9.33	8.65
	4	20.0	18.6	20.00	18.35	15.90	13.98	12.42	11.14	10.06	9.14	8.35	7.66
45	2	10.0	35.7	10.00	10.00	10.00	10.00	10.00	10.00	10.00	10.00	9.45	8.75
	4	20.0	18.8	20.00	18.57	16.10	14.15	12.58	11.28	10.19	9.26	8.46	7.77
40	2	10.0	35.9	10.00	10.00	10.00	10.00	10.00	10.00	10.00	10.00	9.50	8.80
	4	20.0	18.9	20.00	18.67	16.19	14.23	12.65	11.35	10.25	9.32	8.51	7.82
35	2	10.0	35.0	10.00	10.00	10.00	10.00	10.00	10.00	10.00	10.00		
	4	20.0	19.0	20.00	18.85	16.34	14.37	12.78	11.46	10.36	9.42		
30	2	10.0	30.0	10.00	10.00	10.00	10.00	10.00	10.00				
	4	20.0	19.1	20.00	18.93	16.42	14.44	12.84	11.52				

钢锚梁吊装采用专用吊具进行。吊具采用型钢加工成框架结构，主框架与斜撑均采用 HW175×175 截面形式的 H 型钢，构造及吊装如图 3.41 所示。

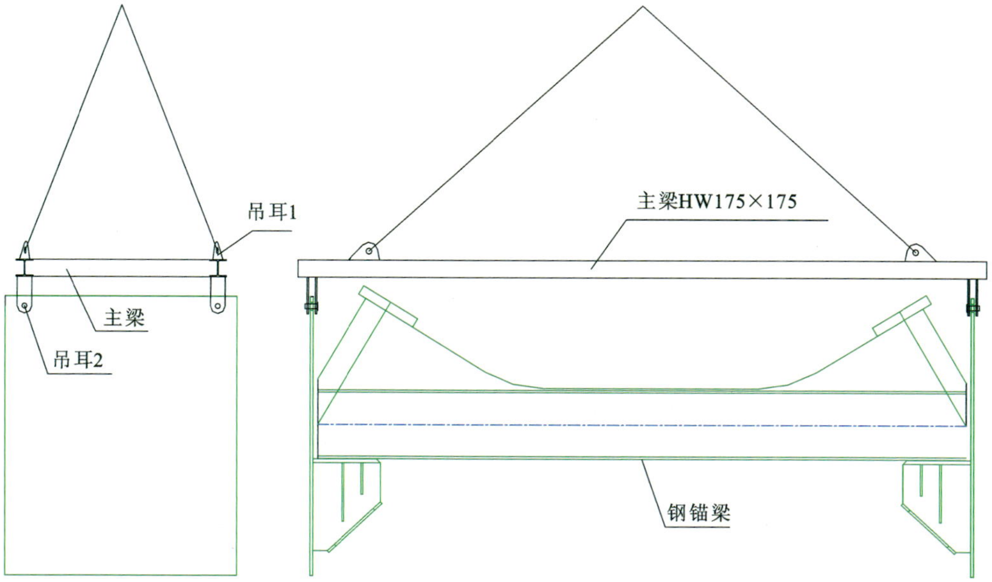

图 3.41　吊具吊装示意图

3.6.2 钢锚梁安装

1. 起吊及初定位

利用塔吊及吊具起吊每一节段塔柱对应钢锚梁，缓慢提升至对应的塔肢上方，采用 4 台 5t 手拉葫芦导向，塔吊开始缓慢落钩，下落过程中 4 台手拉葫芦协调导向，使钢锚梁缓慢平稳降落至牛腿上。下落过程中应注意参照预先的标线位置，使钢锚梁尽量精确下落。落位完成后，塔吊脱钩，完成初定位。

2. 精定位

若初定位后在竖向、横桥向、顺桥向存在偏差，可设置千斤顶及反力架，对钢锚梁平面位置及高程进行精确调整，钢锚梁标高及平面位置调整方式可根据现场情况灵活设置，本方案建议调整措施如下。

(1)标高精确调整。钢锚梁及钢牛腿完成初定位后，对斜拉索锚固点、钢锚梁顶标高进行测量，确定标高偏差数值。若偏差超过允许值范围，则应通过支架上设千斤顶顶升来实现钢锚梁的标高调整，通过反复调整，直至钢锚梁标高满足设计要求为止。钢锚梁标高精确调整如图 3.42 所示。

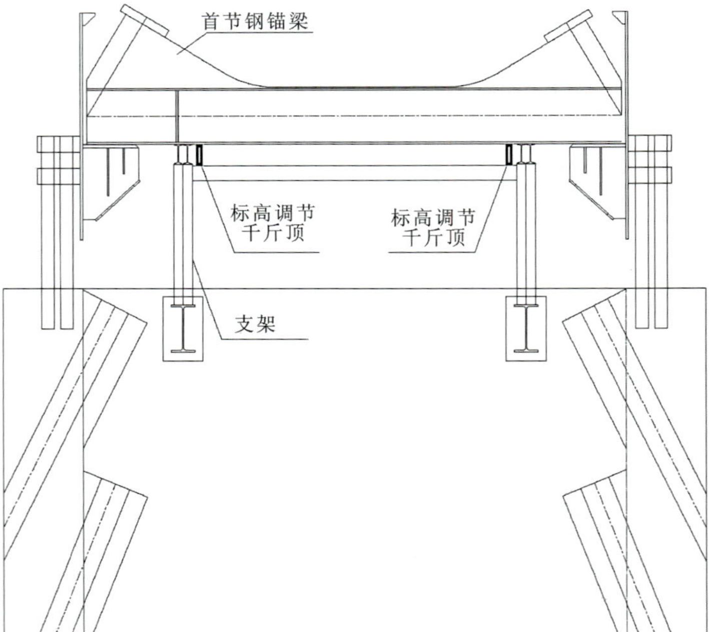

图 3.42 钢锚梁标高精确调整示意图

(2)平面位置精确调节。标高调整完成后进行钢锚梁横桥向、纵桥向精确调节。调整之前需根据测量确定钢锚梁横桥向、纵桥向偏差值，然后利用手拉葫芦和千斤顶反复微调，直至精度满足设计要求。钢锚梁横桥向调整如图 3.43 所示。调节完成后设置横向与纵向的限位楔块进行限位，将钢锚梁与牛腿的预埋钢板进行焊接固定，确定最终的钢锚梁位置。

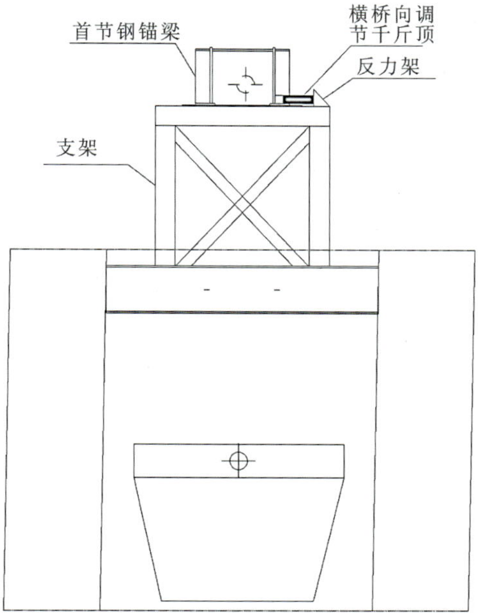

图 3.43　钢锚梁横桥向调节示意图

(3)索导管定位。索导管在塔柱施工时予以预埋。塔柱混凝土节段划分与钢锚梁安装时，钢锚梁索导管的安装定位均在混凝土浇筑前完成。依据图纸放样预埋索导管与塔柱内外壁的交点的上下端口坐标，控制安装轴线与理论轴线拟合。索导管定位支架沿索导管上下端口坐标控制点，在先期完成安装的劲性骨架上进行焊接设置，长度小于 1m 的索导管在两端口各焊设一道定位支架，大于 1m 的索导管中间再加设一道定位支架。

3.6.3　钢锚梁安装质量及安全控制措施

1. 质量控制措施

(1)钢锚梁吊装时，吊点布置应对称，保证锚固钢横梁水平下放。为不损坏钢锚梁，吊装时采用软吊带。吊装时禁止发生碰撞，以免钢锚梁发生变形和损坏防锈涂层。

(2)施工前到场的钢锚梁应严格管理，严禁露天堆放，防止雨淋、油污和腐蚀。

(3)磨耗超标的吊钩、钢丝绳、吊具等用具要及时清理出现场，以免误用，保证吊装安全。

(4)起重人员要严格遵守安全操作规程，吊运杆件时要“轻、稳、准”，严禁碰撞和拖拽。

(5)在装车过程中，当构件每层之间不能以平面接触时应加草垫。在装车时构件之间、构件与汽车之间应相互固定，避免在运输过程中因构件产生位移而相互碰撞造成损伤。

2. 安全控制措施

(1)参加施工的人员，必须熟知本工种的安全技术操作规程，特种作业人员必须持证上岗并具备相应的技术素质和安全应变技能。

(2)施工人员应实行统一管理,凡上爬架人员必须持有项目部统一印制的施工作业证挂牌上岗,每天由电梯操作人员负责检查。

(3)规范使用劳动保护用品。进入施工现场必须戴安全帽,进行高空作业时应系好安全带,扣好保险并穿防滑靴。

(4)在工作前和检查工作前,检查起重所用的一切工具、设备是否良好,如不符合规定,必须修理或更换,机具设备在使用前必须试车,加润滑油。

(5)工作前应了解吊物尺寸、重量和起吊高度等,安全选用机械工具;不得冒险作业,不得超负荷操作。

(6)事先应看好吊车信道,吊运方向和地点,如有障碍必须清理。夜间作业应有足够的照明。起重作业应有专人指挥,指挥应按规定的哨声和信号,必须清楚准确,指挥者应站在所有施工人员全能看到的位置,同时指挥者本人应清楚地看到重物吊装的全部过程。

(7)禁止在风力达 6 级以上时吊装作业。吊物应按规定的方法和吊点进行绑扎起吊,当用一条绳扣绑扎吊物时,绑扣应在重心位置。用两条绳扣吊物时,绳扣与水平夹角应大于 45°。

3.7 本章总结

本桥为双幅联塔结构形式,南塔左、右幅结构形式相同,北塔左、右幅结构形式相同。根据南北塔各自特点,南塔塔柱共分为 29 个节段,北塔塔柱共分为 25 个节段,在此基础上,明确塔柱钢筋、混凝土、爬模、斜撑、钢锚梁的施工方法及控制措施。

第 4 章　桑园子黄河大桥主梁施工关键技术

桑园子黄河大桥主梁采用双边工字形边主梁结合桥面板的整体断面，主要由钢主梁和混凝土桥面板两部分组成。钢主梁由两侧边主梁和中间工字形纵横梁组成。每隔 4m 设一道钢横梁，可以保证主梁有足够的横向刚度和抗扭刚度。混凝土桥面板与钢主梁通过剪力钉连接成整体，分为预制板和纵横向湿接缝（图 4.1）。

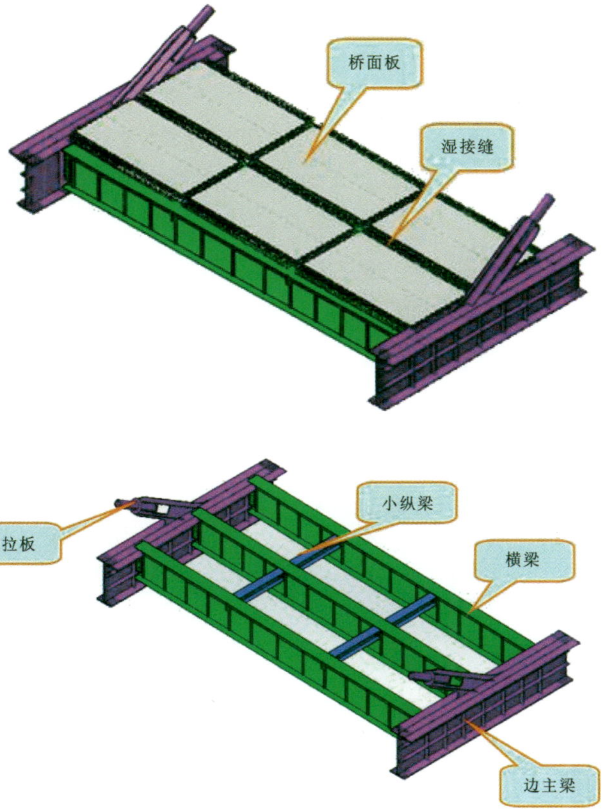

图 4.1　主桥主梁工字形标准断面三维示意图

钢主梁共分为 A、B、C1、C2、D、E1、E2、F、G 共 9 种，梁段类型 27 段，53 个施工号块，全桥 106 个施工号块。F 段长度为 12.5m，其余每段长度均为 12m。

4.1 总体施工工艺及流程

4.1.1 原设计施工流程

原设计施工流程为：墩旁托架安装→0＃块架设→桥塔附近拼装提升架→钢梁安装（边纵梁、横梁、小纵梁）→CN＃斜拉索1张→安装混凝土桥面板→CN＃斜拉索2张→浇筑湿接头混凝土→CN＃斜拉索3张→吊机前移→跨中合拢段→边、中跨预应力钢束→二期恒载→索力调整。

4.1.2 优化后施工流程

在原设计施工流程的基础上，根据组合梁特点，提出了"两段一浇"施工工艺，预计可以节省42d施工工期，具体的施工流程可分为0、1＃块施工、2～4＃块施工及标准施工节段。

1.0、1＃块施工

0、1＃块施工流程主要为：墩旁托架安装→边跨侧桥面吊机安装→0＃块钢梁及桥面板安装→桥面吊机移至0＃块→1＃块钢梁安装→C1＃索1张→1＃块桥面板安装→边跨1＃块安装吊机→C1＃索2张→0、1＃块湿接缝浇筑→1＃块预应力张拉。0、1＃块施工流程如图4.2所示。

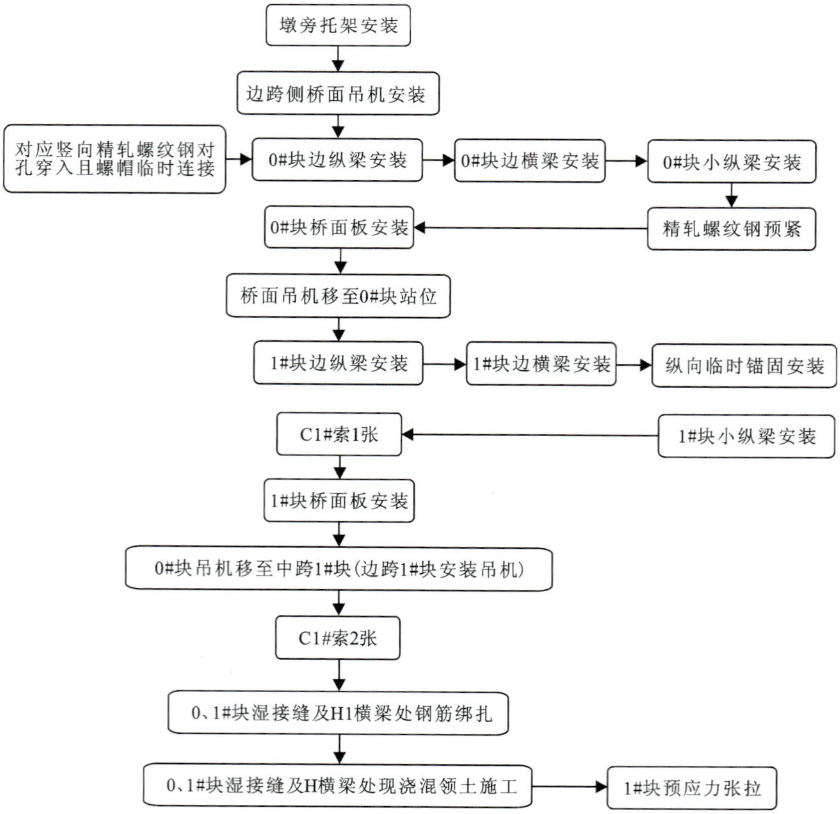

图4.2 0、1＃块施工流程图

2. 2～4＃块施工

2～4＃块流程主要为：2＃块钢梁安装→2＃索 1 张→拆除墩旁托架→2＃块桥面板→1＃块吊机前移→2＃索 2 张→3＃块钢梁安装→3＃索 1 张→3＃块桥面板安装→2＃块吊机前移→提升站安装→3＃索 2 张→4＃块钢梁安装→4＃索 1 张→4＃块桥面板安装→3＃块吊机前移→2、3＃块湿接缝浇筑→4＃索 2 张。2～4＃块施工流程如图 4.3 所示。

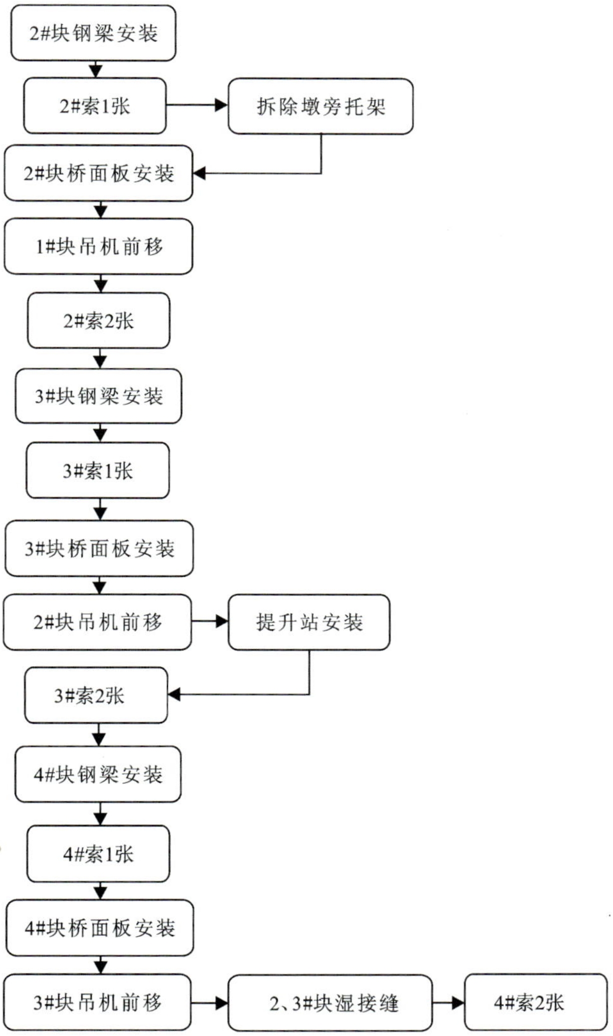

图 4.3　2～4＃块施工流程图

3. 标准施工节段

标准施工段流程主要为：N＃块钢梁安装→N＃索 1 张→N＃块桥面板安装→(N－1)＃块吊机前移→N＃索 2 张→(N＋1)＃块钢梁安装→(N＋1)＃索 1 张→(N＋1)＃块桥面板安装→N＃块吊机前移→(N－1)、N＃块湿接缝浇筑→(N＋1)＃索 2 张。标准施工段流程如图 4.4 所示。

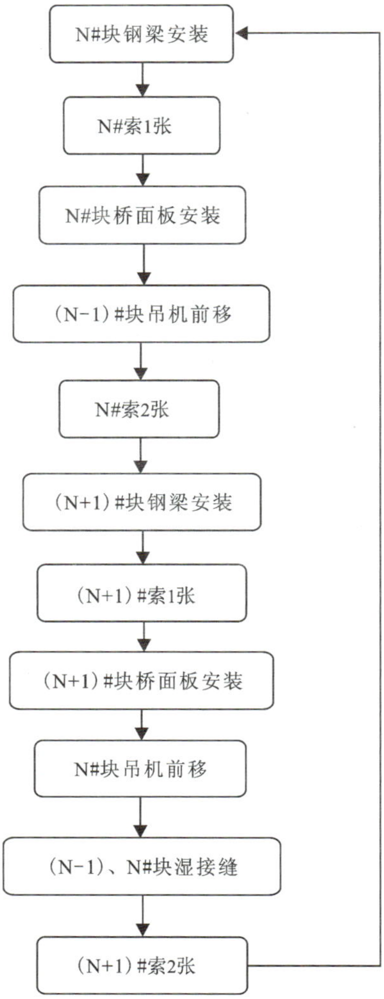

图 4.4　标准施工段流程图

4.2　主梁对称悬臂施工

4.2.1　墩旁托架安装

南北塔的墩旁托架结构相同，高度略有不同。以南塔为例，塔架采用钢管型材焊接而成，主肢截面为 820×10，材质为 Q235B，辅肢截面为 426×8，材质为 Q235B。单件为分配梁 B，最大质量为 12.3t。塔架按桁片放样在工厂内制造预拼，在桥位现场焊接。南塔墩旁托架尺寸详见图 4.5。

承台施工阶段，在承台、塔座顶部预埋钢管立柱预埋件，塔柱施工过程中预埋平联预埋件及牛腿预埋件，待索塔下横梁支架拆除后可将钢管立柱进行周转使用，搭设塔区主梁支架。

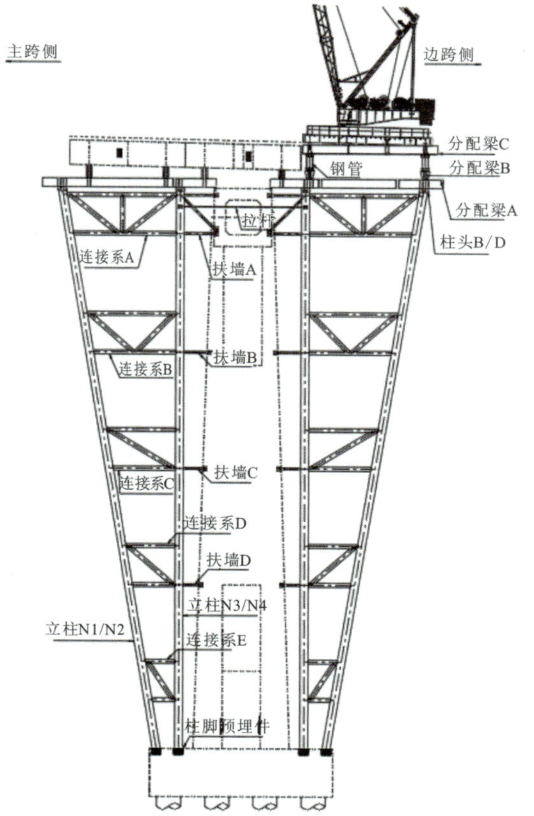

(a)墩旁托架立面布置图

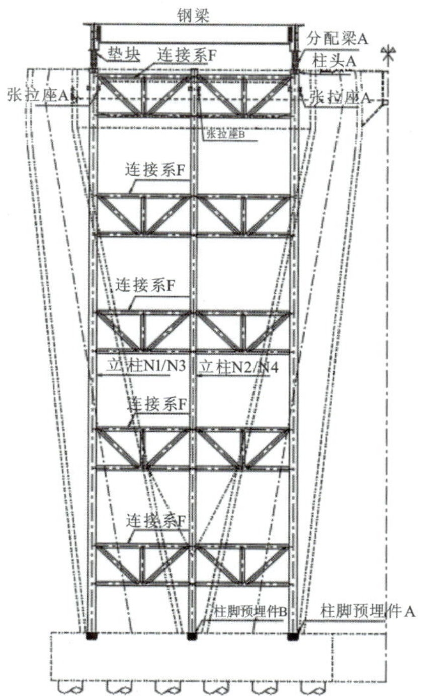

(b)1/2墩旁托架侧面布置图

图 4.5　南塔墩旁托架示意图

1. 钢管立柱施工

采用螺栓法兰盘及竖向劲板方式接长钢管立柱，单根 12m，分次接长至桩顶。用全站仪放样出钢管柱纵、横轴线，安装底节钢管。底节钢管严格对中后，用两台全站仪按交会法（夹角约 90°）调整钢管两个方向的倾角。在倾角均达到要求后，固定钢管柱脚，并及时施做平联。柱脚与预埋件钢板焊接固定，必要时设置加劲板，保证焊接质量。按同样的方法安装其他底节钢管立柱。上下管节之间通过端板顶部设置的导向板及外侧竖向劲板临时固定后，用两台全站仪按 90°夹角交会法调整钢管两个方向的倾角，在倾角均满足要求后，完成与端板及剩余竖向劲板的焊接。在使用全站仪监控钢管的倾角时，起始照准点均为底节钢管根部。按同样的方法施工其他管节至柱顶。为确保施工安全，节段顶均设置井字形操作平台，铺设钢跳板并安装 1.2m 高钢管护栏。

2. 平联、斜撑施工

平联及斜撑均采用 426×10mm 钢管，平联及斜撑与钢管立柱采用焊接，平联与塔柱预埋件采用焊接配合劲板进行连接。在各管节相应位置，利用塔吊吊装平联及斜撑等材料，工人在吊篮操作平台进行焊接施工，平联、斜撑与钢管接触面均满焊，焊缝厚度不小于 8mm。

3. HN900 工字形钢横纵承重梁安装

先安装底层纵向分配梁 A 和横向分配梁 B，北塔在边跨侧安装中跨桥面吊机，南塔在中跨侧安装边跨侧桥面吊机，故南、北塔分配梁 B 均应装在塔的北边。用塔吊吊装分配梁 B 完毕，调整尺寸后按图纸要求施工。分配梁 B 安装完成后在其上方安装桥面吊机支撑座，包含调平柱头 E 和方框形分配梁 C、D 的安装。桥面吊机临时支撑支座安装完成后，在分配梁 C 对应桥面吊机锚固位置焊接吊耳，安装桥面吊机。

4.2.2 桥面吊机安装

由于场地和塔吊的制约，每个桥塔的两台桥面吊机不能同时安装，需分先后安装，在北塔，需要将用于中跨的吊机先安装在北塔的边跨侧，然后走行到中跨侧，腾出位置后，再在北塔边跨侧安装第二台桥面吊机。在南塔，需要将用于边跨的吊机先安装在南塔的中跨侧，然后走行到边跨侧，腾出位置后，再在南塔中跨侧安装第二台桥面吊机，具体安装顺序如表 4.1 所示。

表 4.1 边跨桥面吊机安装关键步骤示意

工况	示例	工况	示例
(1)桥面吊机临时支撑安装		(2)桥面吊机轨道安装	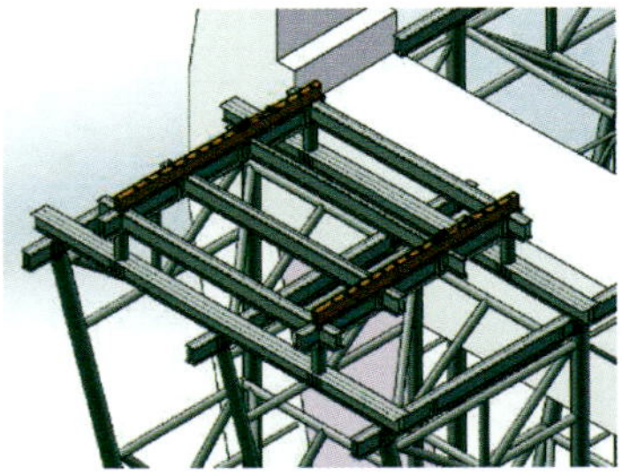
(3)纵横梁、井字梁等安装		(4)液压系统等安装	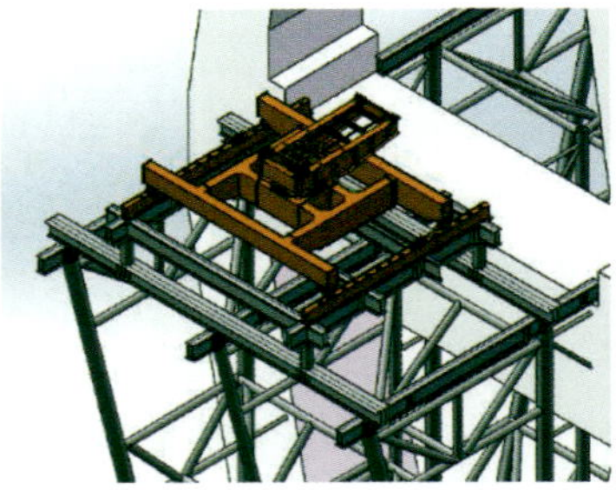
(5)将牵引转台旋转 90°		(6)回转机构、电气系统、三角架等全部安装	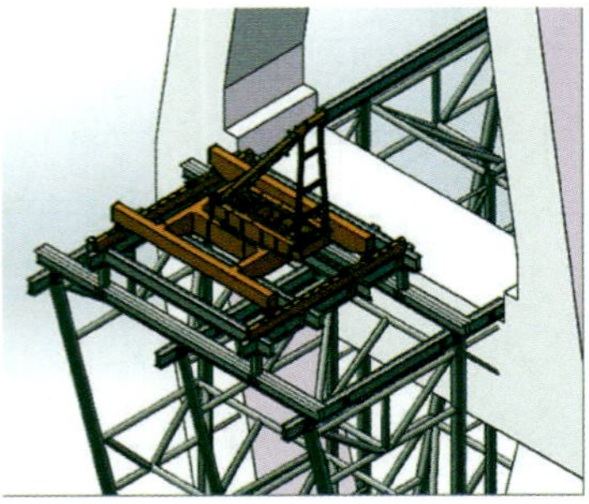

续表 4.1

工况	示例	工况	示例
(7)完成吊臂销轴等安装		(8)完成边跨桥面吊机安装	

4.2.3　0、1＃块梁端施工

0、1＃块施工的重点在于 0＃块 3 向锚固及 1＃块桥面吊机安装，以北塔为例，其特点如表 4.2 所示。

表 4.2　0、1＃块梁段安装关键步骤示意　　单位：mm

工况	示例	工况	示例
(1)安装边主梁的横移轨道，并将永久支座定位	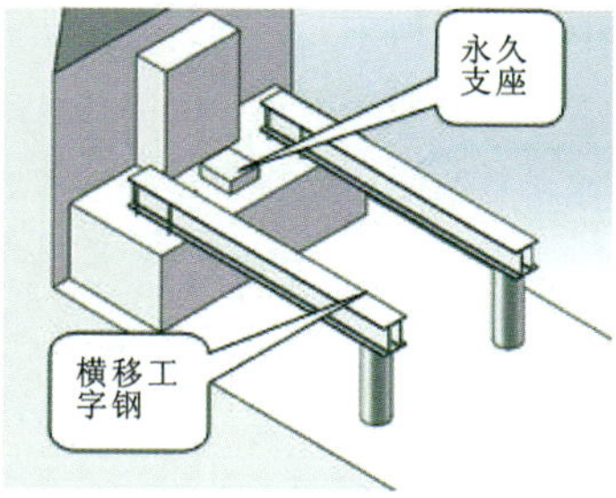	(2)使用桥面吊机将梁放置在横移轨道上	
(3)使用 2 个 5t 手动葫芦及机械千斤顶，牵引边主梁到安装位置		(4)抄垫 0＃边主梁，下放边主梁，使用精轧螺纹钢筋进行锚固	
(5)安装横梁、小纵梁，连接不少于 50％ 冲钉和普通螺栓		(6)塔梁临时锚固能顺利安装	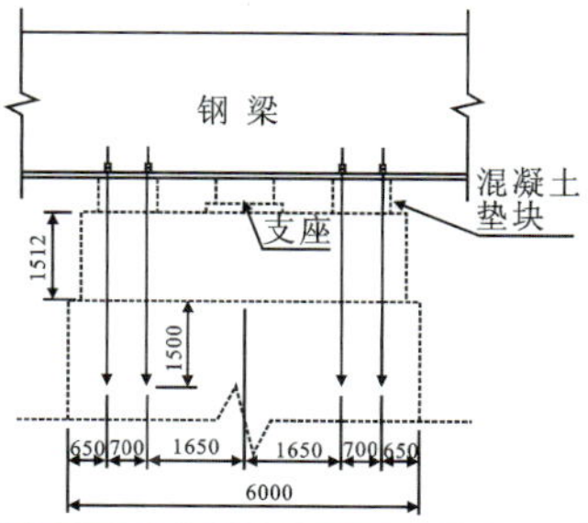

续表 4.2

工况	示例	工况	示例
(7)利用阻尼器耳座，临时安装杆件进行纵向锚固限位	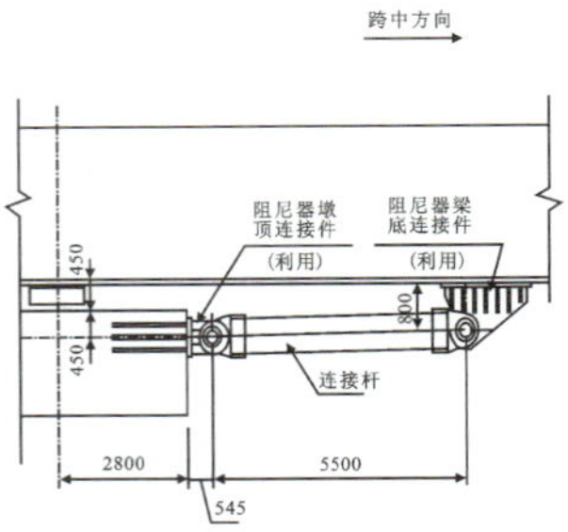	(8)横向临时限位设置工字形钢性支撑	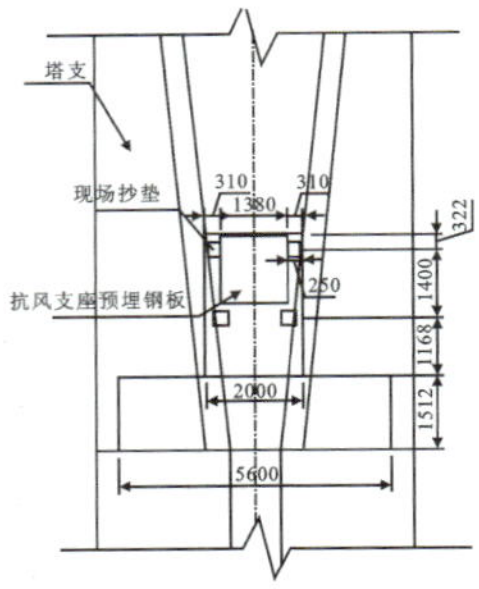
(9)0＃块桥面板安装		(10)吊机前进12m，此时占位在0＃节段	
(11)吊装中跨1＃梁段边主梁、横梁、小纵梁及3块预制桥面板	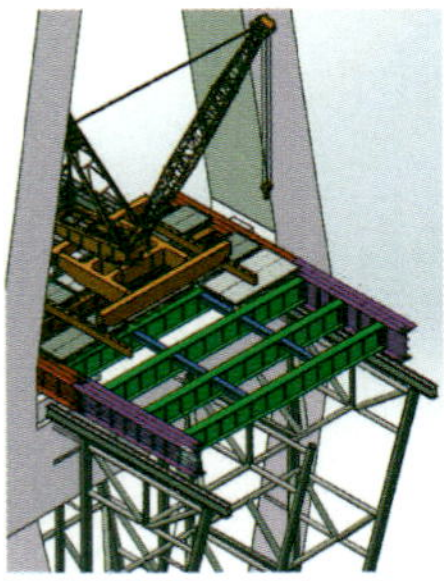	(12)桥面吊机中跨方向走行4m，锚固，反向拆除桥面吊机墩旁托架临时支撑	
(13)吊装边跨1＃梁段边主梁、横梁、小纵梁	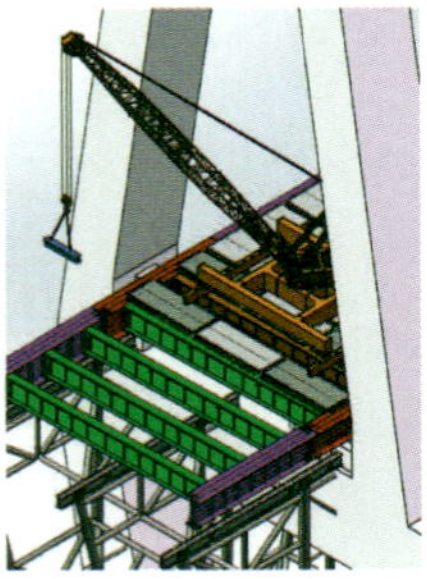	(14)安装C1索1张，1张完成后吊装1＃块剩余桥面板	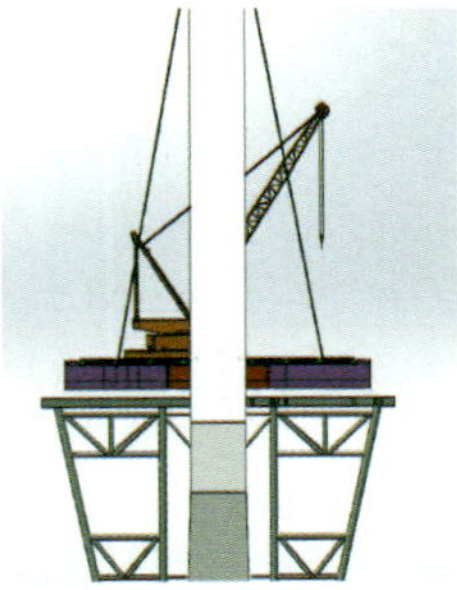
(15)桥面吊机前移到中跨1＃块，然后反过来安装边跨1＃块桥面吊机	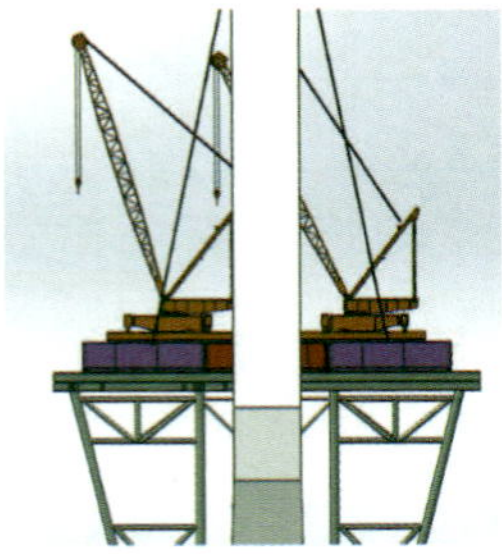	(16)0、1＃块压重及湿接缝浇筑，养护完成后C1索2张，1＃块预应力张拉	

4.2.4　2～4＃块梁端施工

2～3＃块施工的重点在于提升站安装、墩旁托架拆除及“两段一浇”，其安装关键步骤如表 4.3 所示。

表 4.3　2～3＃块梁段安装关键步骤示意

工况	示例	工况	示例
(1)2＃钢梁对称悬拼，不少于 30%冲钉		(2)高强螺栓终拧，C2 索 1 张安装	
(3)C2 索 1 张后，拆除塔区主塔墩旁托架		(4)对称吊装 2＃块桥面板	
(5)桥面吊机前移至 2＃块后，C2 索 2 张		(6)3＃钢梁对称悬拼，不少于 30%冲钉	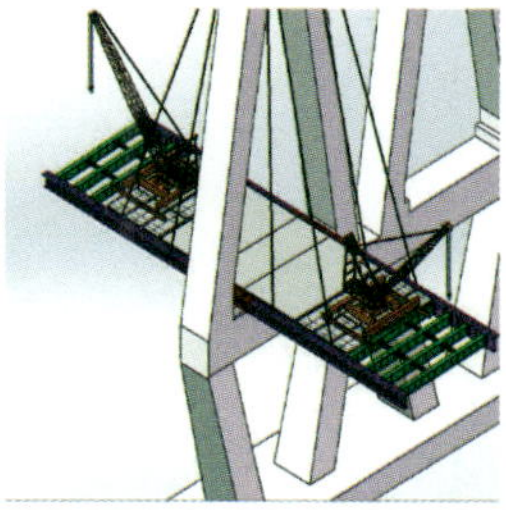
(7)C3 索 1 张	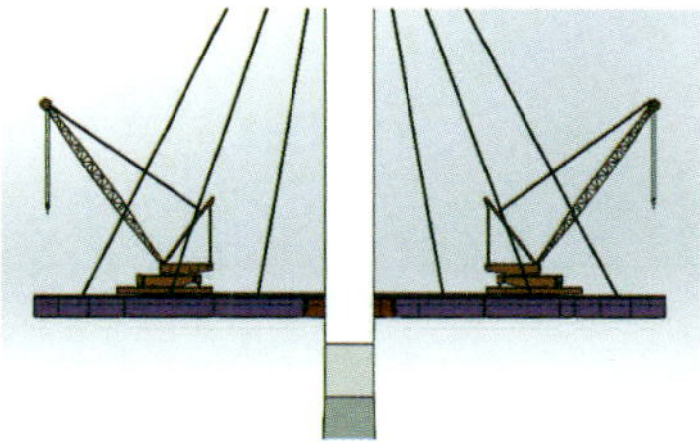	(8)对称吊装 3＃块桥面板后，桥面吊机前移至 3＃块	
(9)大里程侧提升站安装后，C3 索 2 张	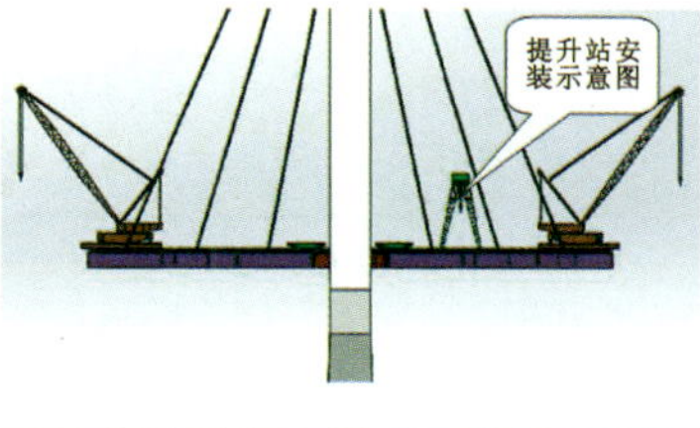	(10)4＃钢梁对称悬拼，不少于 30%冲钉	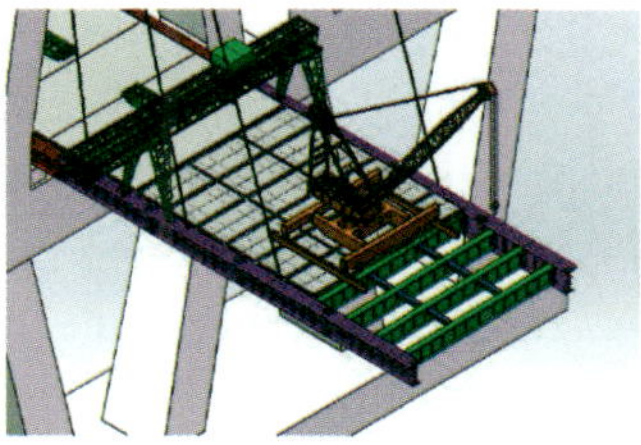

续表 4.3

工况	示例	工况	示例
(11)C4 索 1 张	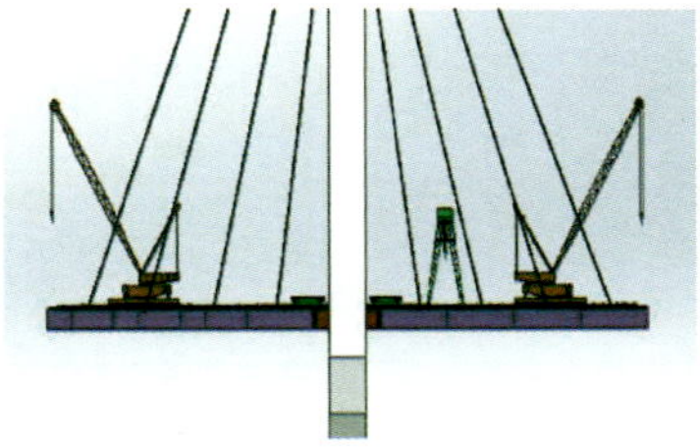	(12)对称吊装 4#块桥面板后，桥面吊机前移至4#块	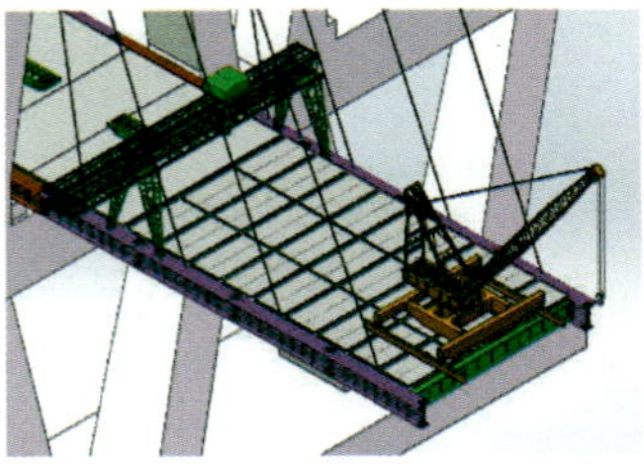
(13)2#、3#湿接缝浇筑	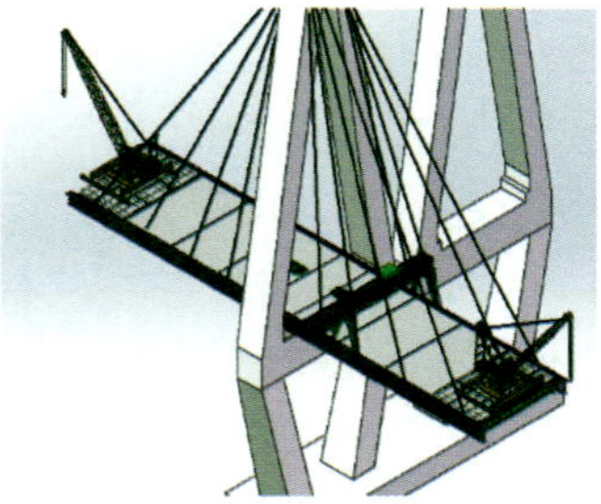	(14)C4 索 2 张	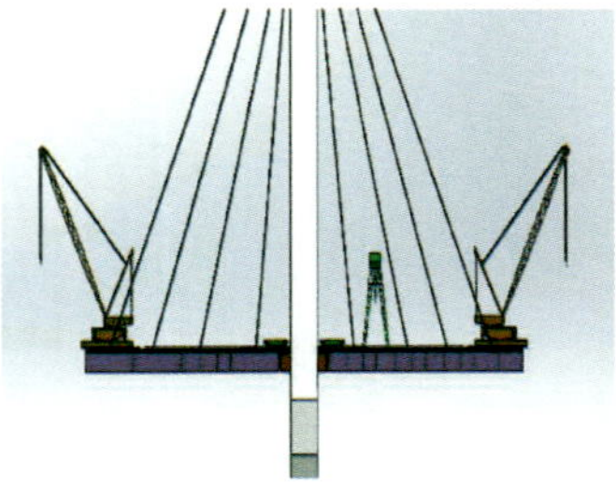

4.2.5 标准施工节段

标准施工节段的重点在于“两段一浇”，N#≥5，其安装关键步骤如表 4.4 所示。

表 4.4 标准施工段安装关键步骤示意

工况	示例	工况	示例
(1)N#块边纵梁拼装	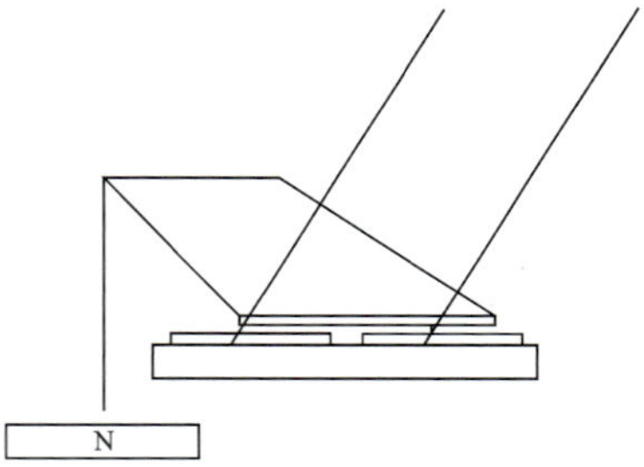	(2)N#块横梁、小纵梁拼装	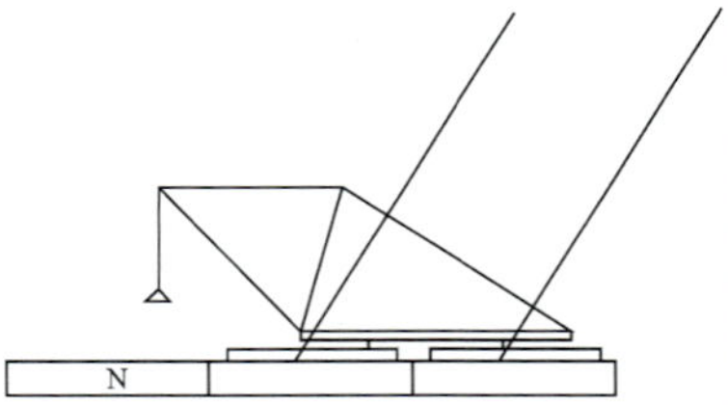
(3) CN 索 1张	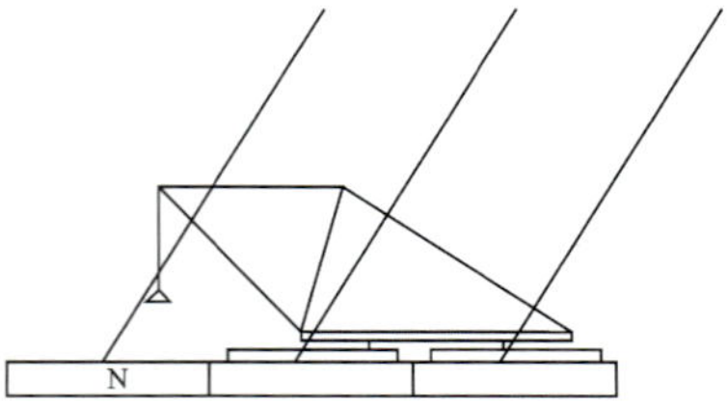	(4)N#块桥面板安装	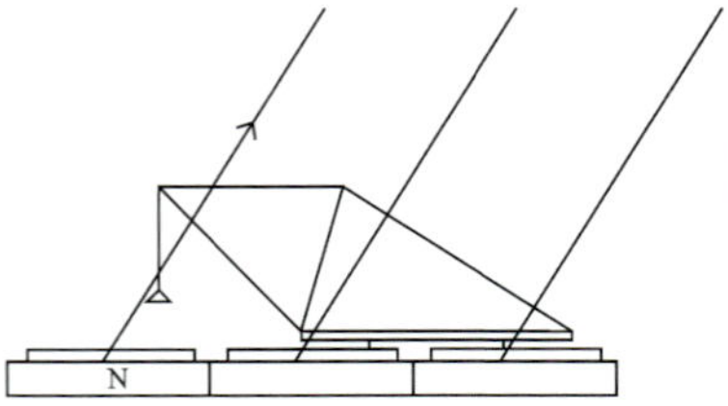

续表 4.4

工况	示例	工况	示例
(5)吊机前移至 N#块	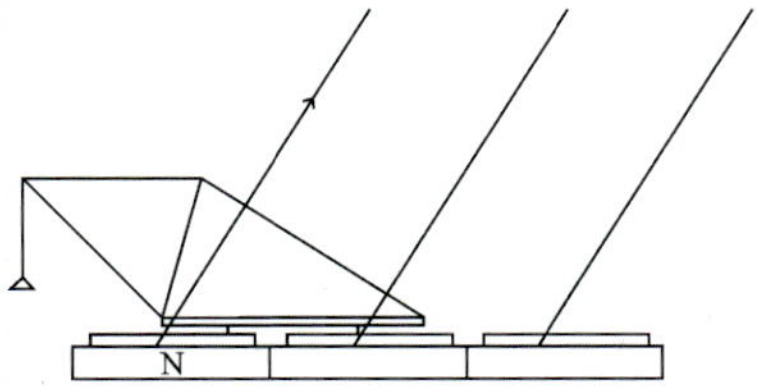	(6)CN 索 2 张	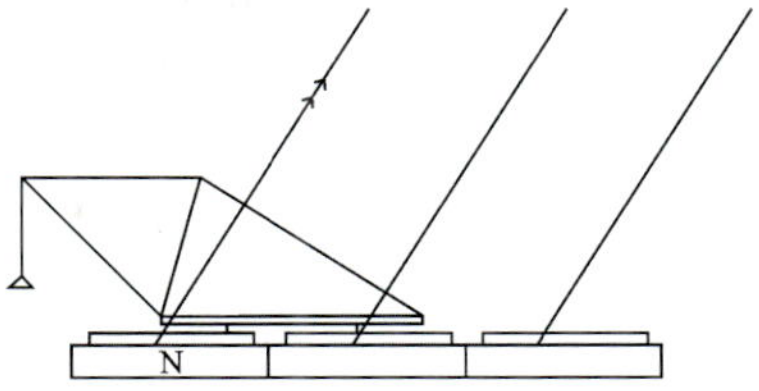
(7)N+1#块边纵梁拼装	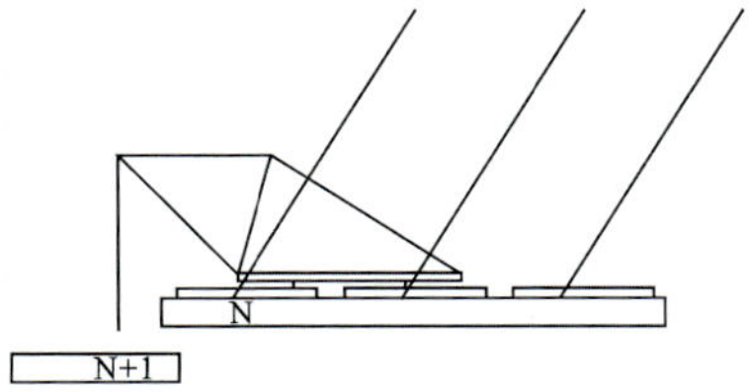	(8)N+1#块横梁、小纵梁拼装	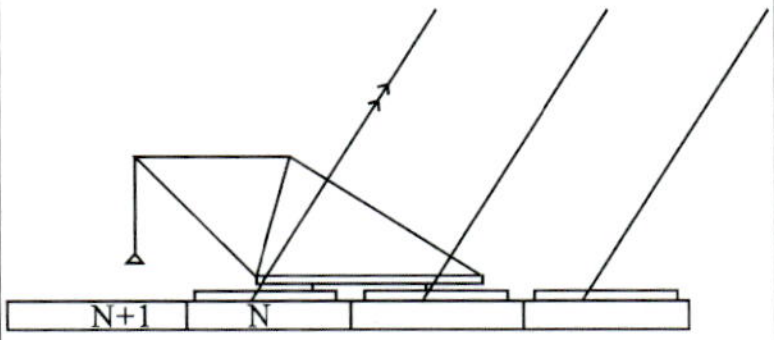
(9)CN+1 索 1 张	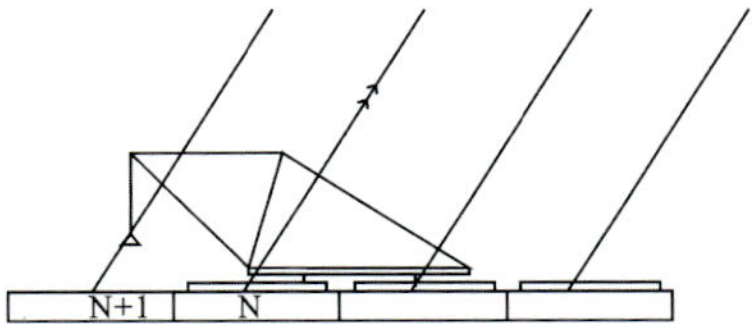	(10)N+1#块桥面板板安装	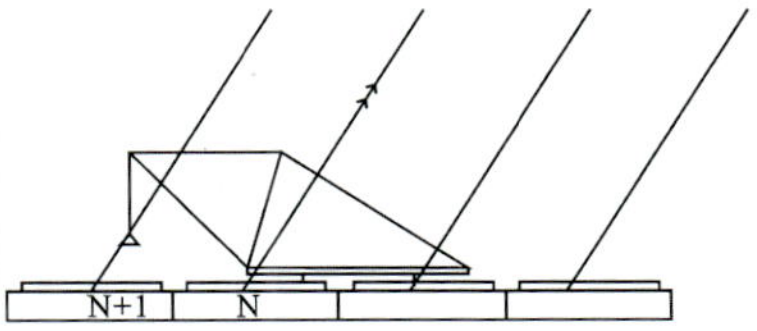
(11)吊机前移至 N+1#块	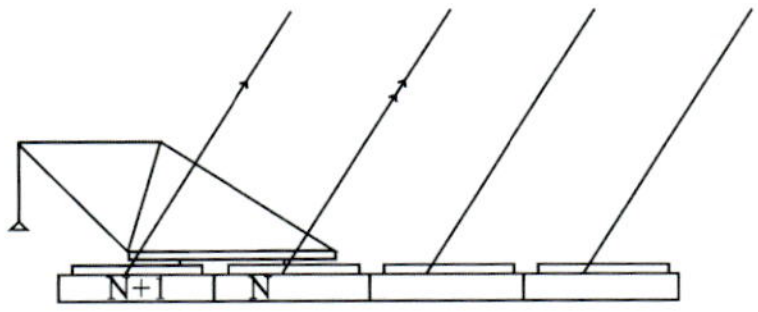	(12)N−1、N 湿接缝浇筑	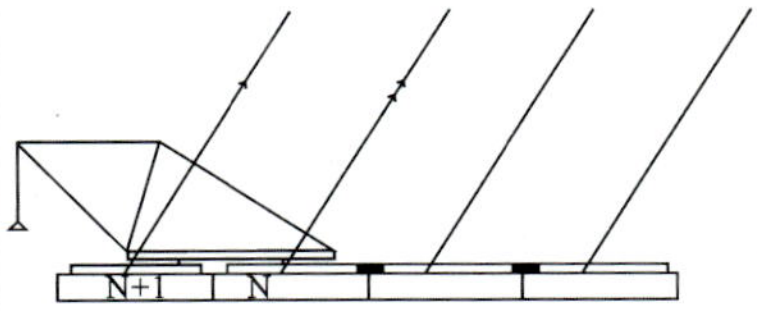
(13)CN+1 索 2 张	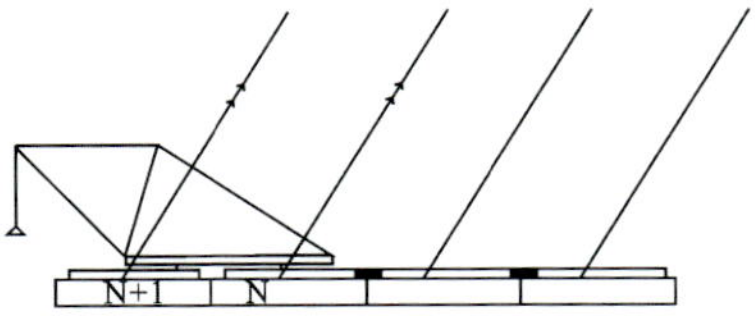	(14)循环步骤(1)	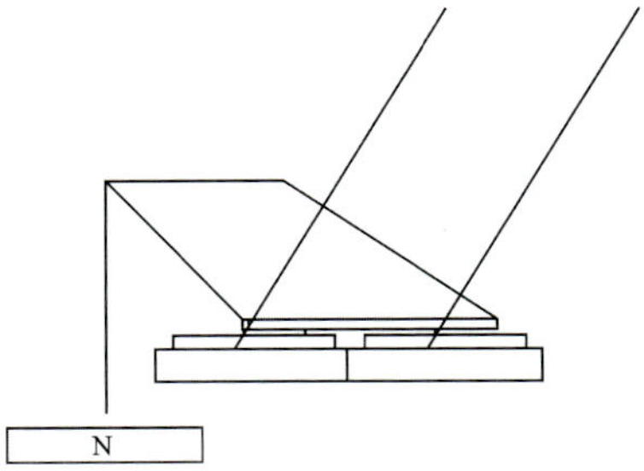

4.3　辅助墩梁段(8#块)拼装

按照标准施工段工序架设 6#、7#梁段后，架设辅助墩 8#块工序如下：桥面吊机移至 7#块→C7 索 2 张→吊装 8#块边主梁→安装辅助墩支座→吊装 8#块横梁及小纵梁→辅助墩压重(根据监控指令)→C8 索 1 张→吊装 8#块桥面板→桥面吊机移至 8#块→浇筑 6#、7#块湿接缝混凝土→C8 索 2 张→完成 8#块施工。辅助墩梁段(8#块)安装关键步骤如表 4.5所示。

表 4.5　辅助墩梁段(8＃块)安装关键步骤示意

工况	示例
(1)C7 索 2 张后,进行辅助墩临时支座安装	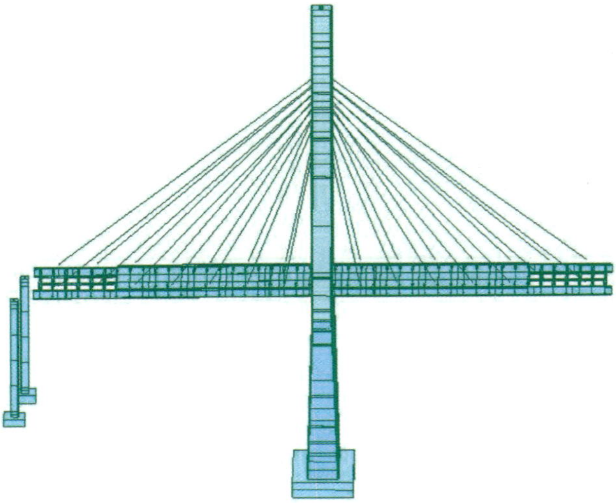
(2)安装 8＃块边纵梁,调节 C7 索、垫石标高或配重,使临时支座受力	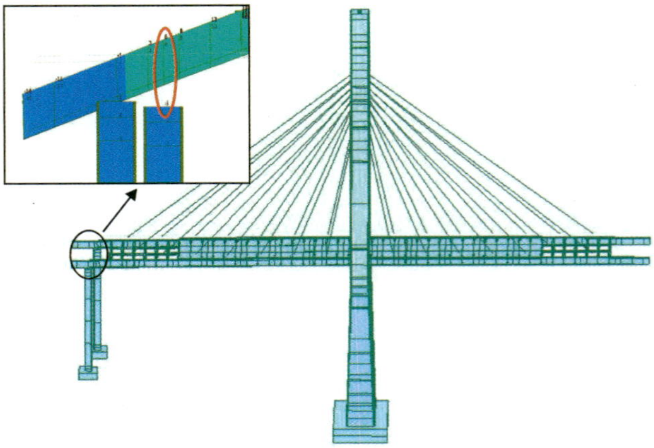
(3)安装 8＃块横梁、小纵梁、横梁现浇混凝土浇筑及 C8 索 1 张	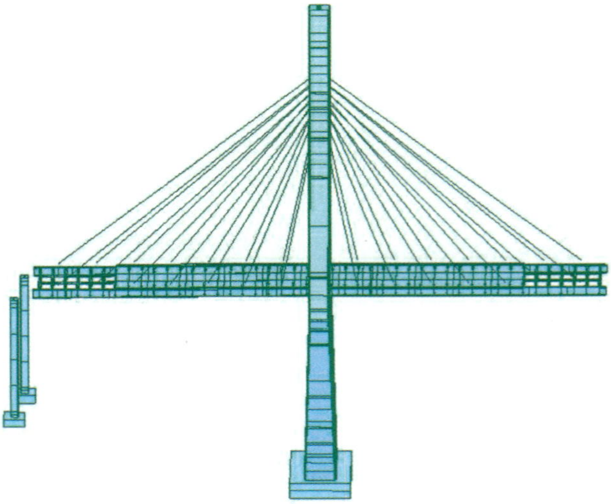

4.4　过渡墩梁段(12＃块)拼装

按照标准施工段工序架设完成 10＃、11＃梁段，架设过渡墩 12＃块工序如下：

桥面吊机移至 11＃块→C11 索 2 张→边墩压重(根据监控指令，调整边跨 11＃块标高)→安装过渡墩临时支座→吊装 12＃块边主梁→吊装 11＃块横梁及小纵梁→过渡墩压重(根据监控指令)→C12 索 1 张→吊装 12＃块桥面板→桥面吊机移至 12＃块→浇筑 10＃、11＃块湿接缝混凝土→C12 索 2 张→完成 12＃块施工。过渡墩梁段(12＃块)安装关键步骤如表 4.6 所示。

表 4.6　过渡墩梁段(12＃块)安装关键步骤示意

工况	示例
(1)C11 索 2 张后完成过渡墩临时支座安装	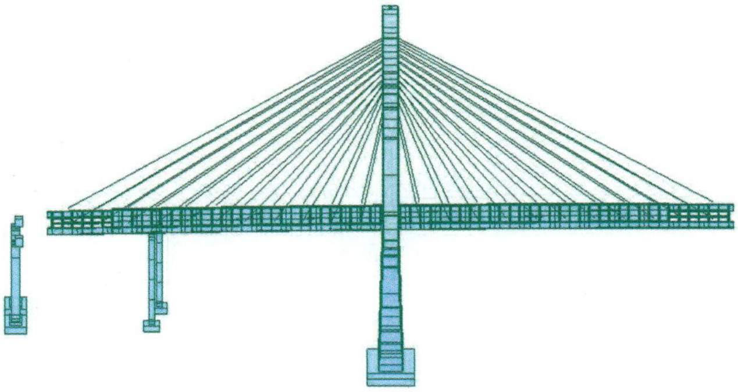
(2)安装 12＃块边纵梁，调节 C11 索力或配重，使临时支座受力	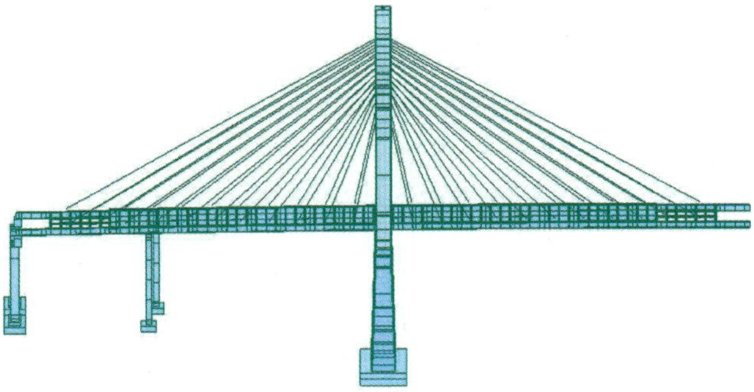
(3)安装 12＃块横梁、小纵梁、横梁现浇混凝土浇筑及 C12 索 1 张	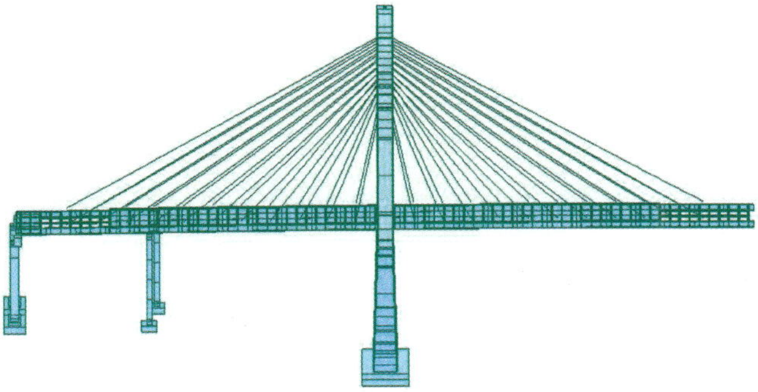

4.5 合拢梁段(14#块)拼装

1. 合拢方法选择

每幅主梁共设一个合拢段，即中跨合拢段，常规的合拢方法有温度配切法和顶推法，现对这两种方法进行对比，结合桑园子黄河大桥桥址情况，选择温度配切法，如表 4.7 所示。

表 4.7 中跨合拢方法对比示意

对比内容	合拢方法	
	温度配切	顶推
优点	塔梁临时锚固无需解除	①合拢口宽度可调； ②施工时间充裕
缺点	①受环境影响较大； ②对合拢温度要求较高	①塔梁临时锚固需解除； ②顶推力、顶推距离较大； ③施工难度大、风险高
案例	 ①重庆万州三桥，双塔双索面漂浮体系混合梁斜拉桥，主跨 730m； ②设计合拢温度为 20±5℃； ③桥址处白天温度在 24～31℃之间，夜间温度在 16～22℃之间，且夜间 22:00—凌晨 6:00 温度变化较小，气温在设计允许温度范围内	 ①福建琅岐闽江大桥，双塔双索面漂浮体系混合梁斜拉桥，主跨 680m； ②设计合拢温度为 20℃； ③钢主梁白天最高温度接近 50℃，夜间降温较快，气温在 25～30℃之间，预计合拢期间实际环境温度高于设计合拢温度超过 5℃

2. 中跨合拢施工

按照标准施工段工序架设完成 11#、12#梁段，架设合拢段 14#块工序如下：

C12 索 2 张→吊装 13#块边主梁、横梁及小纵梁→C13 索 1 张→吊装 13#块桥面板→桥面吊机前进 4m，完成合拢段站位工作→C13 索 2 张→合拢段配重(根据监控指令)→确定合拢段尺寸→吊装合拢段(14#块)边主梁，完成螺栓初拧终拧工序→安装横梁，小纵梁→解除塔梁临时固结，体系转化→安装阻尼器→吊装合拢段桥面板→浇筑 12#、13#、14#块湿接缝→预应力张拉→调索。合拢段（12#块）安装关键步骤如表 4.8 所示。

表 4.8　合拢段（12#块）安装关键步骤示意

工况	示例
(1)C13 索 1 张后，桥面吊机前移 4m，完成合拢段站位	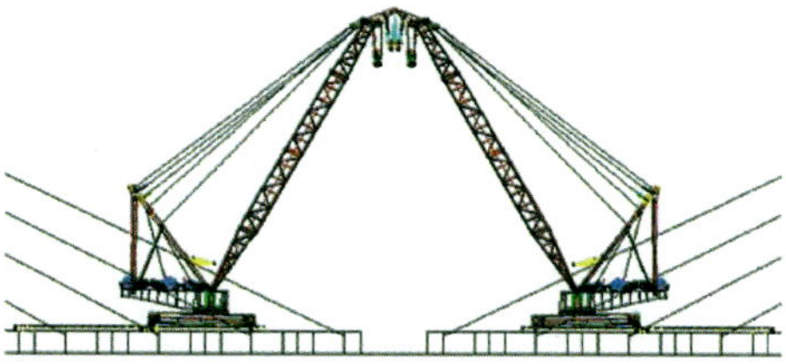
(2)C13 索 2 张后，施加配重（合拢段桥面板＋合拢段钢梁）	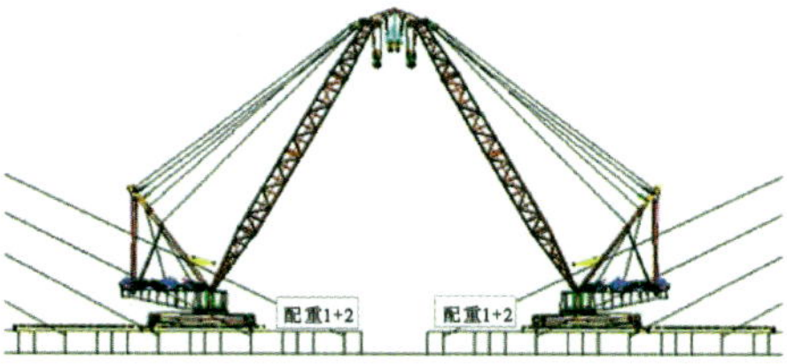
(3)合拢口 72h 实时观测	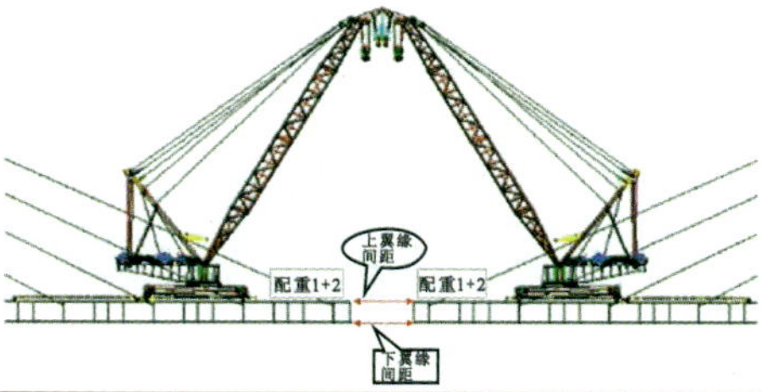
(4)根据测量数据确定合拢段尺寸，同步进行两片边纵梁（14#块）吊装	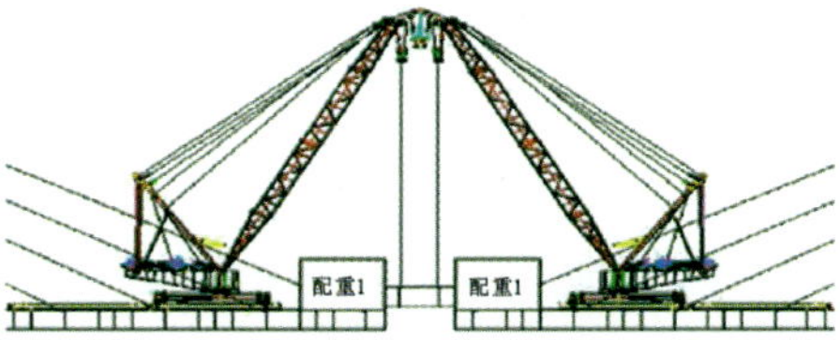

4.6　体系转换

1. 支座垫石

在下横梁第二次浇筑时预埋支座垫石钢筋，支座垫石施工前先按照设计完成钢筋安装施工，模板采用木模，竖向布置方木背楞，横向设置 3 道槽钢背楞。支座地脚螺栓孔位置精确放样后采用合成材料（PVC）管进行固定预埋。因支座垫石钢筋较为密集，为保证混凝土浇筑质量，振捣棒采用 D30 型振捣棒，混凝土分层进行浇筑，分层厚度不得大于 30cm。混凝土浇筑至垫石顶面标高以下 3cm（3cm 为灌浆料调平层），浇筑完成后采用土工布进行覆盖洒水养生。过渡墩墩顶、辅助墩墩顶支座垫石施工同主墩支座垫石，支座地脚螺栓预留孔采用 PVC 管进行预埋。

2. 支座安装

全桥共设置40个支座；其中塔区8个竖向支座，8个横向支座；辅助墩8个竖向支座；过渡墩8个竖向支座，8个横向支座。梁段吊装前施工支座垫石并将支座摆放在相应位置，垫石结构与支座结构应相符合。支座安装前，应再次检查预埋锚固螺栓的平面位置及垫石平面平整度，平整度不满足要求时须用无收缩砂浆找平，并提前组装好支座。

支座在钢梁梁段吊装前安放在垫石位置，梁段定位完成后，将支座上预埋钢板固定在主梁底，精确调整梁段标高和平面位置，待中跨合拢后，用灌浆料填筑下锚固螺栓预留孔和支座与主梁间的缝隙，达到设计强度后先解除塔区竖向临时固结，后解除塔区横向临时固结，最后解除纵向固结，安装阻尼器，完成塔区体系转换。

辅助墩、过渡墩墩顶梁段支座在钢梁吊装前安放在垫石位置，待墩顶梁段完成与悬拼段对接后，调整好平面及高程位置，使用灌浆料灌注支座下套筒预埋孔，达到设计强度后解除竖向临时支撑完成体系转换。

3. 阻尼器安装

主梁在索塔处的纵向阻尼限位装置待全桥合拢并拆除临时固结后定位安装。具体安装步骤如下。

(1)索塔下横梁上阻尼器垫石浇筑时预埋阻尼器预埋件(图4.6)。预埋件采用钢筋支撑骨架固定，测量精确定位，浇筑混凝土前进行复测，确保预埋件的平面位置、高程满足设计要求。

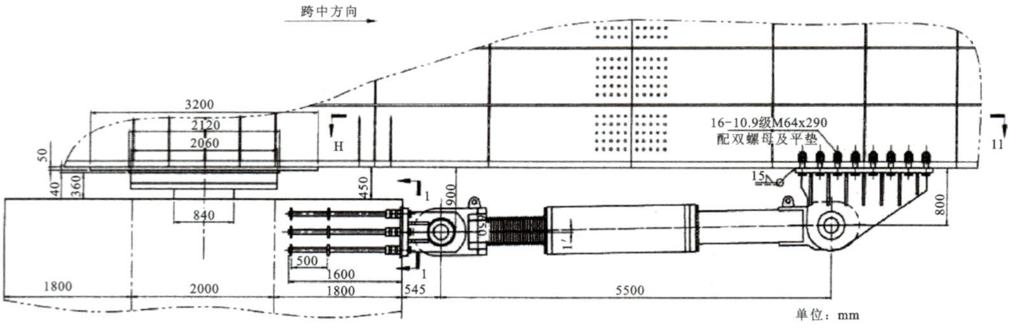

图4.6 纵向阻尼器构造图

(2)阻尼器与主梁及横梁均采用螺栓连接。

(3)主桥全部合拢后安装阻尼器。阻尼器安装精度控制是保证阻尼器限位力均匀性的重要环节之一，由测量进行精确放样控制，保证阻尼器轴线平行于梁底。

(4)纵向阻尼器生产时预留了长度伸缩量，安装完成后，要求钢梁上的耳板销轴孔中心至索塔下横梁上耳板销轴孔中心的纵桥向距离应等于阻尼器活塞处于油缸中位时，球铰中心的距离安装误差小于±8mm。

4.7　预应力施工

4.7.1　桥面板预应力概述

根据结构受力需要，在中跨 141.6m 范围内及两边边跨各 83.15m 范围内桥面板中布置几种长度的纵向预应力，中跨处布置 30 束 15-9 预应力钢束，边跨处布置 16 束 15-12 及 8 束 15-9 预应力钢束。全桥均未设置横向预应力。预应力钢束均采用两端整束张拉，锚下张拉控制应力 0.72fpk＝1340MPa。边跨预应力待边跨现浇段完成(提前预留边跨侧张拉端)，达到强度后进行张拉。中跨预应力待中跨合拢后进行张拉，张拉原则为预应力张拉应在混凝土强度达到设计强度的 90％(不得使用早强剂)，弹性模量达 85％以上且并必须养护 7d 以后进行。坚持先边跨再中跨，先长短束后短束，对称张拉的原则。

4.7.2　纵向预应力穿束

为防止预应力钢绞线分散穿束过程中存在的钢绞线互相打搅、长短不一、钢绞线之间的内摩阻增加、整体受力性差、伸长值降低、预应力的有效性降低的问题，钢绞线采用焊接牵引整体穿束。

由于钢梁底部操作空间受限制，钢绞线穿束在桥面上进行。纵向预应力在桥面板预制时，在对应齿块位置预埋 PVC 斜管，作为后续钢束安装的预留孔道。穿束之前利用横梁底板搭设施工操作平台，操作平台搭设的材料运输和施工人员通过检修小车到达施工位置。在脚手架搭设过程中，检修小车不得行走离开搭设区下方，以确保施工人员安全。

操作平台搭设完成后，先利用人工将单根钢绞线从牵引端穿出孔道，利用钢绞线将牵引钢丝绳穿过孔道，为保证钢绞线在孔道中能顺利通过，牵引钢丝绳头部应保证平顺。

采用卷扬机作为牵引动力，钢丝绳作为牵引绳，将卷扬机钢丝绳牵引端挂在钢绞线牵引头上，锁定牢固，启动卷扬机缓慢匀速拉动钢绞线。当牵引头被牵出孔道后，拆除牵引装置，解除钢丝绳，进行下一钢束施工。钢绞线预留孔道及工作平台布置示意如图 4.7 所示。

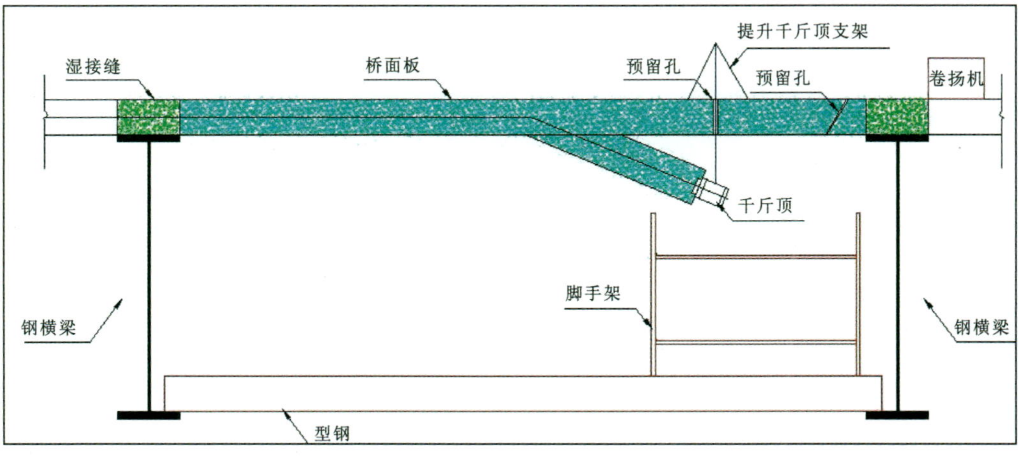

图 4.7　钢绞线预留孔道及工作平台布置示意图

4.7.3 千斤顶安装及张拉

1. 预应力张拉前准备工作

(1)桥面板预制施工时,在桥面板上距离齿板端30cm处预留出预应孔,便于张拉千斤顶安装时的吊装。

(2)利用上下横梁千斤顶作为纵向预应力千斤顶。

(3)油表选用防振型产品,油表精度不低于1.0级,最大表读数应为张拉力的1.5~2.0倍。

(4)张拉用的千斤顶与压力表应配套标定,配套使用,标定应在经国家授权的法定计量技术机构定期进行专业检测机构进行。

(5)复核钢束伸长量与设计是否相符,计算钢束实际伸长量和油表读数。

2. 千斤顶安装

钢束使用砂轮机切除钢绞线焊接区段,根据编号情况,逐根穿入锚具的对应孔道位置,安装时使工作锚落入锚垫板上的预留槽口中,并与孔道轴线同心。安装工作夹片,用钢管将工作锚夹片打紧,然后安装张拉限位板及千斤顶。千斤顶通过检修小车运至待张拉钢束下方,利用小孔穿过钢丝绳,通过2t手拉倒链葫芦将千斤顶提升至齿块处进行安装。

千斤顶对位后在后端安装工具锚,从钢绞线端头沿钢绞线送到工具锚孔中并用钢管将工具锚夹片打紧。以上工作全部完成后对千斤顶供油,使千斤顶受力并与齿块锚面垂直,再次检查锚具、千斤顶、孔道三者轴心是否同心,有偏差时应用手锤轻击锚环调整位置,检查合格后,做好张拉的准备。

3. 预应力张拉

张拉采用穿心千斤顶,纵向预应力钢束锚下控制应力均为1395MPa,同种类型钢束沿桥梁中心线两侧对称两端张拉,张拉顺序为先长束后短束。张拉过程采用张拉吨位和引伸量双控,以张拉吨位为主,实测引伸量与计算引伸量之差在±6%以内,若张拉吨位与相应引伸量值误差过大,应及时检查原因,研究处理方法。

钢绞线束在达到控制应力时,持荷5min后锚固。张拉完成后,在锚圈口处的钢绞线上作记号,以作为张拉后对钢绞线锚固情况的观察依据。

4. 预应力孔道压浆

(1)预应力张拉完成后48h内进行压浆。管道压浆要求密实,宜采用不收缩浆体,在出浆口设置接浆桶,需待管道一端饱满连续出浆且排出的与压浆进口浓度相同的浆体后方可停止压浆。

(2)压浆结束后,立即用水对表面进行冲洗,防止浮浆黏结。

(3)张拉压浆后及时按设计要求进行封锚施工。

(4)压浆人员应详细记录压浆全过程,包括每个管道的压浆日期、水灰比及掺加料、压浆压力、试块强度、障碍事故细节及需要补做的工作。

(5)压浆过程应连续进行,中途不应停顿。

4.8　本章总结

桑园子黄河大桥主桥为(151＋328＋151)m 半漂浮体系斜拉桥。桥塔采用菱形“双子塔”;主梁为钢-混组合结构,其中钢梁之间通过螺栓连接,钢梁与桥面板通过剪力钉相结合;根据组合梁特点,提出了“两段一浇”施工工艺,大大节约施工工期过渡墩及辅助墩梁段采用悬拼施工,避免了合拢带来内力集中及合拢方法选择等问题,施工效果较好。对比分析中跨合拢方法,根据桑园子黄河大桥主梁为混凝土与工字钢的组合形式、桥梁桥址所处环境气候,选择温度配切的合拢方式。

第5章 桑园子黄河大桥斜拉索施工关键技术

斜拉索结合主梁和桥塔形式呈空间扇形四索面布置，采用φ7mm 高强低松弛镀锌钢丝，钢丝抗拉强度不低于1770MPa，锚具采用PESM7冷铸墩头锚固体系。主塔拉索锚固采用混合形式。Cl～C5塔根拉索与水平面夹角大，其水平分力较小，采用直接锚固在塔壁，井字形预应力筋平衡拉索力产生于塔壁的内力的方案（图5.1）。C6～C13采用刚性连接的钢锚梁，由于采用刚性连接，钢锚梁与塔壁共同受力，井字形精轧螺纹钢筋平衡拉索力产生于塔壁的内力（图5.2）。斜拉索与钢主梁连接采用锚拉板的锚固构造形式。

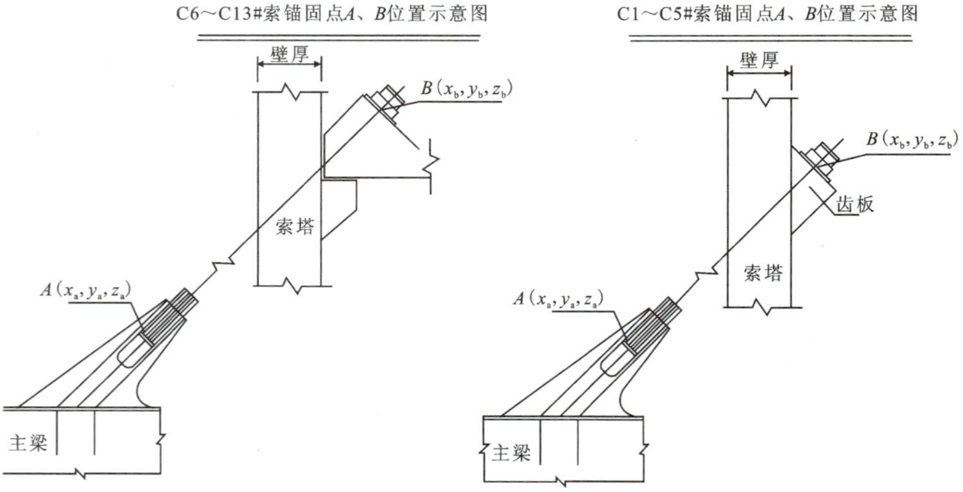

图5.1 塔内锚固结构示意图

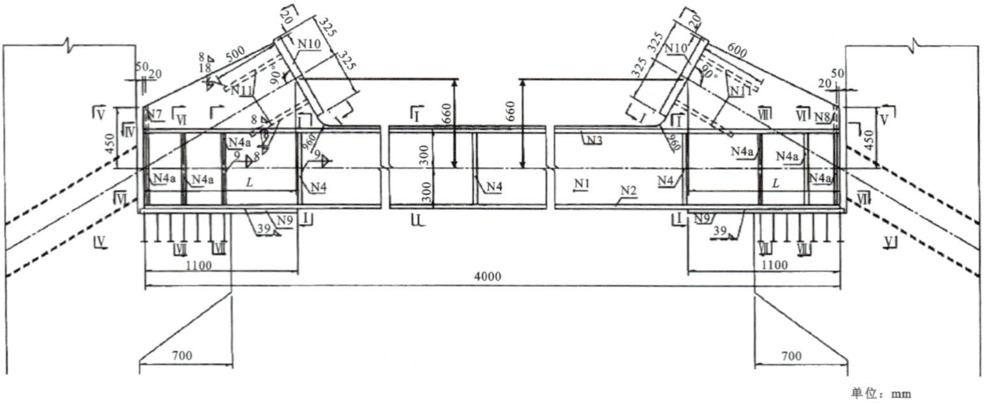

图5.2 塔内钢锚梁结构立面图

5.1　不对称张拉施工工艺选择

5.1.1　张拉空间

桑园子黄河大桥斜拉索张拉端设置在塔端，主塔斜拉索锚固采用混合形式。结合设计图纸，对塔内各索号锚垫板处张拉空间进行模拟计算，得出斜拉索塔端实际锚固点（锚垫板位置）至名义锚固点（索体中心线与桥塔中心线交点）距离 L_1。C1～C5 直接锚固在塔壁，L_1 值较大(2414～4056mm)，塔内作业空间相对充足；C6～C13 直接锚固在钢锚梁上，L_2 值较小(777～1699mm)，受钢锚梁结构及空间的影响，塔内作业空间有限。塔内张拉空间示意及张拉空间长度如图 5.3、表 5.1、表 5.2 所示。

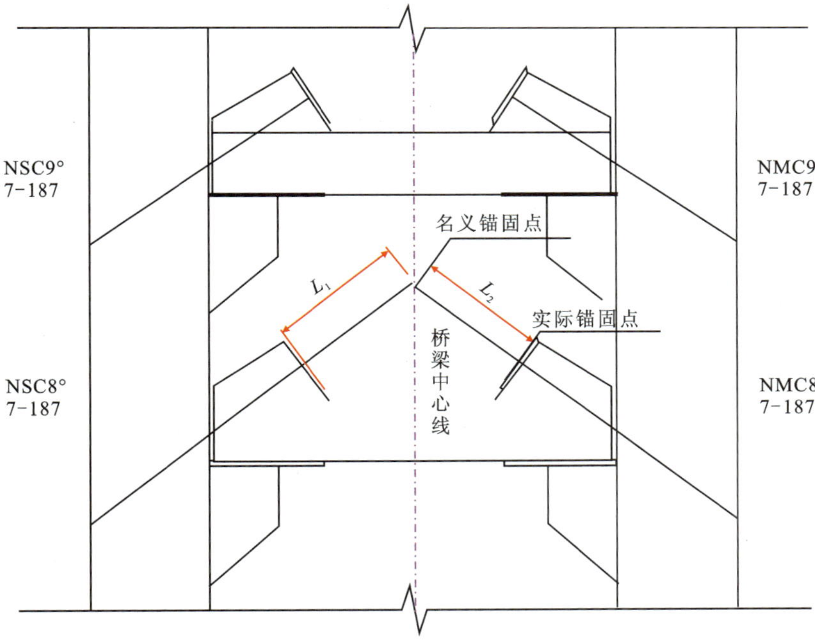

图 5.3　塔内张拉空间示意图

表 5.1　南塔塔内张拉空间长度表　　单位：mm

斜拉索编号	实际锚固点至名义锚固点距离 L_1	斜拉索编号	实际锚固点至名义锚固点距离 L_2
SSC1′	2485	SMC1′	2483
SSC2′	4046	SMC2′	3984
SSC3′	3173	SMC3′	3110
SSC4′	2716	SMC4′	2655
SSC5′	2474	SMC5′	2419

续表 5.1

斜拉索编号	实际锚固点至名义锚固点距离 L_1	斜拉索编号	实际锚固点至名义锚固点距离 L_2
SSC6′	1676	SMC6′	1642
SSC7′	1485	SMC7′	1443
SSC8′	1337	SMC8′	1291
SSC9′	1213	SMC9′	1165
SSC10′	1106	SMC10′	1056
SSC11′	1014	SMC11′	961
SSC12′	931	SMC12′	876
SSC13′	937	SMC13′	799
SSC1	2498	SMC1	2501
SSC2	4056	SMC2	4016
SSC3	3150	SMC3	3125
SSC4	2688	SMC4	2663
SSC5	2446	SMC5	2428
SSC6	1685	SMC6	1644
SSC7	1494	SMC7	1453
SSC8	1346	SMC8	1301
SSC9	1221	SMC9	1175
SSC10	1115	SMC10	1065
SSC11	1022	SMC11	969
SSC12	938	SMC12	882
SSC13	945	SMC13	808

表 5.2 北塔塔内张拉空间长度表　　单位:mm

斜拉索编号	实际锚固点至名义锚固点距离 L_1	斜拉索编号	实际锚固点至名义锚固点距离 L_2
NSC1′	2490	NMC1′	2482
NSC2′	4043	NMC2′	3981
NSC3′	3145	NMC3′	3102
NSC4′	2687	NMC4′	2648
NSC5′	2447	NMC5′	2414

续表 5.2

斜拉索编号	实际锚固点至名义锚固点距离 L_1	斜拉索编号	实际锚固点至名义锚固点距离 L_2
NSC6′	1688	NMC6′	1620
NSC7′	1500	NMC7′	1426
NSC8′	1353	NMC8′	1281
NSC9′	1230	NMC9′	1148
NSC10′	1124	NMC10′	1039
NSC11′	1033	NMC11′	941
NSC12′	949	NMC12′	856
NSC13′	957	NMC13′	777
NSC1	2508	NMC1	2484
NSC2	4061	NMC2	4011
NSC3	3160	NMC3	3115
NSC4	2695	NMC4	2655
NSC5	2455	NMC5	2421
NSC6	1699	NMC6	1632
NSC7	1510	NMC7	1439
NSC8	1361	NMC8	1285
NSC9	1237	NMC9	1157
NSC10	1132	NMC10	1046
NSC11	1038	NMC11	949
NSC12	957	NMC12	863
NSC13	964	NMC13	785

5.1.2　张拉设备

结合塔内空间及张拉索力，全桥选用 650t 千斤顶（ϕ580×408）＋撑脚（ϕ540×710）形式，根据斜拉索规格，选用 5 种规格的张拉杆进行张拉，每种规格张拉至设计位置时，张拉系统组装尺寸为 1522～1670mm。由塔端张拉空间表及张拉系统组装尺寸可知，混凝土齿块位置最小的张拉空间为 2414mm，张拉空间满足施工要求。张拉空间狭小区域主要集中在钢锚梁处，由下往上张拉空间依次减小，因此从 6＃索开始，塔端张拉采用不对称的张拉方式。张拉设备及 5 种规格斜拉索张拉系统组装尺寸如图 5.4～图 5.9 所示。

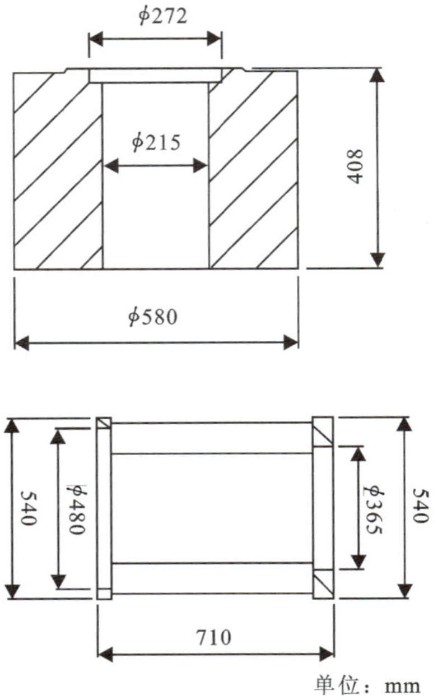

图 5.4　650t 千斤顶及撑脚尺寸示意图

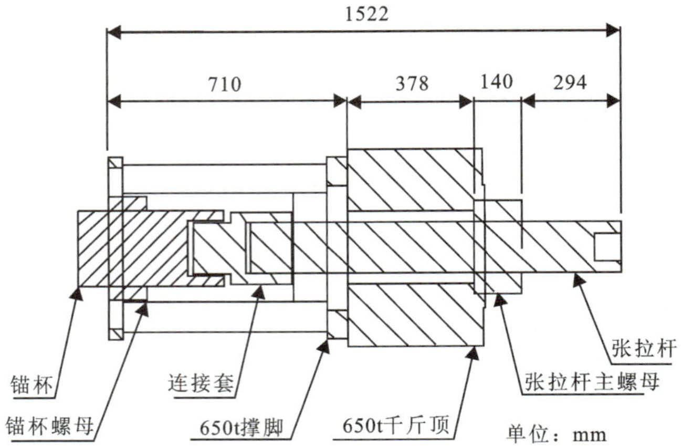

图 5.5　PES7-109 索张拉系统组装尺寸示意图

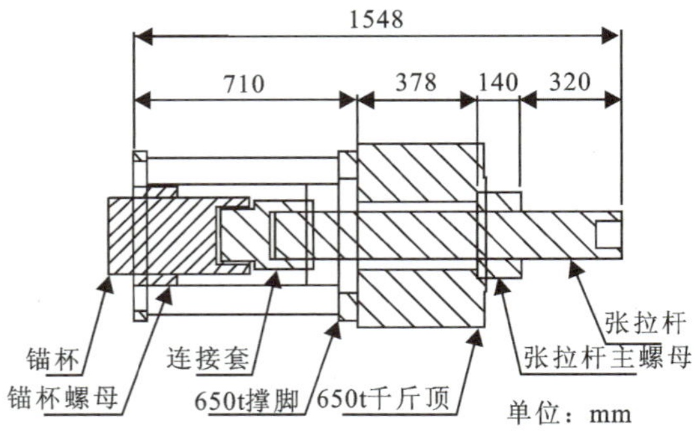

图 5.6　PES7-127 索张拉系统组装尺寸示意图

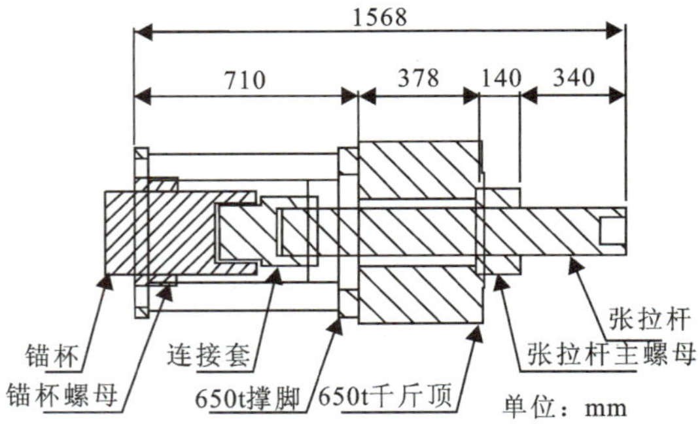

图 5.7　PES7-151 索张拉系统组装尺寸示意图

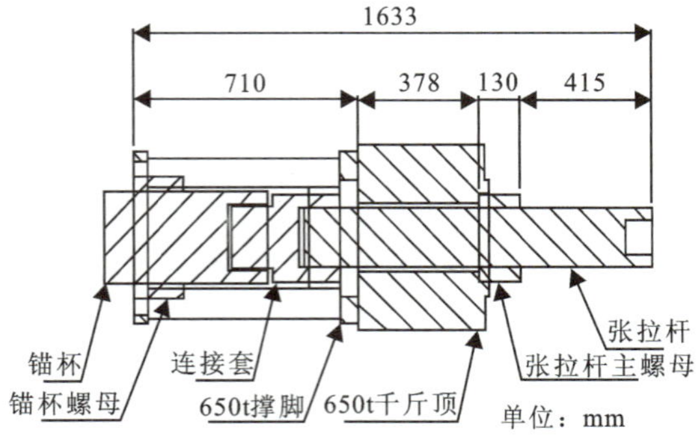

图 5.8　PES7-187 索张拉系统组装尺寸示意图

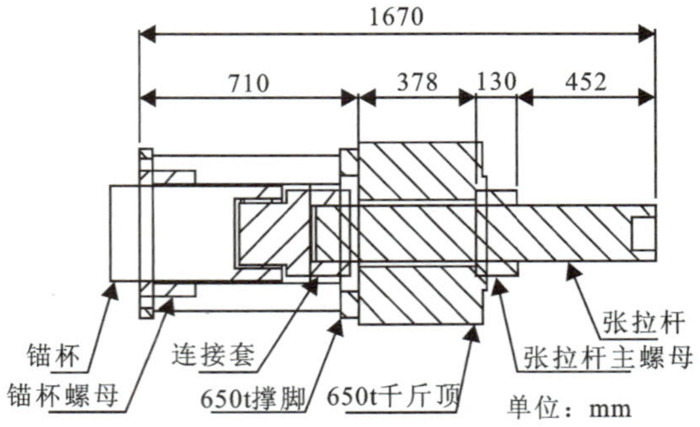

图 5.9　PES7-211 索张拉系统组装尺寸示意图

5.1.3　不对称张拉分级

桑园子黄河大桥斜拉索张拉端设置在塔端，主塔斜拉索锚固采用混合形式。结合设计图纸，对塔内各索号锚垫板处张拉空间进行模拟计算，得出斜拉索塔端实际锚固点（锚垫板位置）至名义锚固点（索体中心线与桥塔中心线交点）距离有限，且从 C6 索开始采用边、中跨不对称张拉方式。

在斜拉桥悬臂施工过程中，一般要求边、中跨荷载对称，有利于施工控制；不对称张拉过程中易造成边、中跨荷载不对称，不利于塔梁临时固结受力要求。针对桑园子黄河大桥这个特点，3 级张拉（中跨张拉→边跨张拉→中跨张拉→边跨张拉）为 C6～C13 张拉方式。

5.2　张拉前准备

对于平行钢丝索体张拉前，需要进行斜拉索安装，主要包括塔端挂设、桥面展索及梁段牵引等。

5.2.1　塔端挂设

塔端挂设主要是将索体塔端锚点挂设到指定位置的过程，其主要的施工步骤如表 5.3 所示。

表 5.3　塔端挂设关键步骤示意

工况	示例	工况	示例
（1）索体放出 8m 长度		（2）安装牵引板	
（3）拆除索体外包装层		（4）索体上设置吊装带	

续表 5.3

工况	示例	工况	示例
(5)安装连接套		(6)安装张拉杆	
(7)卷扬机钢丝绳与牵引板相连		(8)塔吊提升索体	
(9)塔吊提升索体,锚杯进入索导管		(10)安装锚杯螺母,带平帽	

5.2.2 桥面展索

塔端挂设完毕后,放索盘上还剩余的索体,采用脱空展索的方式将剩余索体在桥面上展开,施工步骤如表 5.4 所示。

表 5.4　桥面展索关键步骤示意

工况	示例	工况	示例
(1)剩余索体脱空吊起		(2)梁端锚杯脱离放索盘	
(3)锚杯放置在锚杯小车进行展索		(4)梁端锚杯临时固定	

5.2.3　梁端牵引

全桥斜拉索采用梁面 30t 卷扬机牵引系统，可直接将梁端锚杯牵引至设计位置，施工方法如表 5.5 所示。

表 5.5　梁端牵引关键步骤示意

工况	示例	工况	示例
(1)安装牵引哈弗夹		(2)设置牵引点	
(3)桥面吊机辅助提升索体		(4)安装梁端锚杯螺母	

5.3 梁端硬牵引及张拉

5.3.1 梁端硬牵引

索体随着长度加长，重量逐渐变重，需要硬牵引，桑园子黄河大桥从 7 号索开始需采用塔端硬牵引的方式将塔端锚杯安装至平帽状态，施工方法见图 5.10。

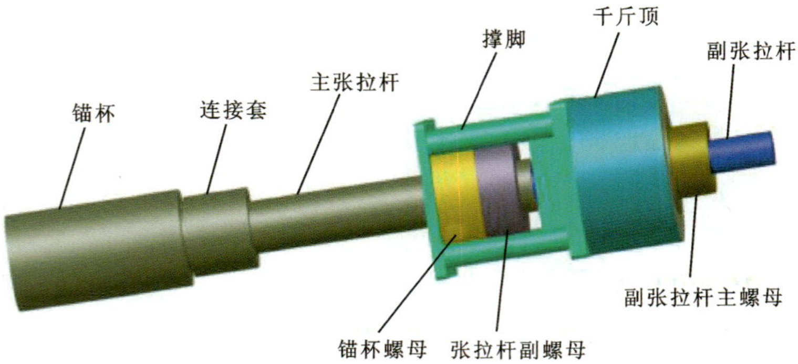

图 5.10 塔端硬牵引三维示意图

(1)在张拉杆内丝扣上安装相应长度的副张拉杆。

(2)利用倒链将撑脚固定在锚垫板上并调整居中，固定千斤顶至撑脚顶板位置，最后安装副张拉杆主螺母。

(3)调整张拉设备至居中状态，接通油管并开动油泵进行张拉。

(4)当主张拉杆牵引出千斤顶后，拆除副张拉杆，安装主张拉杆主螺母。

(5)当塔端锚杯牵引到与锚垫板平齐后，完成一次回油操作。再进行牵引，将塔端锚杯牵引出锚垫板，当千斤顶的油缸达到最大行程后，安装并锁紧锚杯螺母。

(6)油泵回油，千斤顶的油缸收缩，同步旋紧张拉杆螺母，继续牵引至锚杯螺母旋至平帽，塔端硬牵引结束。

5.3.2 索体张拉

1. 斜拉索分级张拉流程

每节段梁体分级张拉关键步骤如表 5.6 所示，每次张拉分级流程如下：

(1)CN 索一次张拉 Z3-1 级。

(2)CN 索一次张拉 B3-1、B3-2 级。

(3)CN 索一次张拉 Z3-2、Z3-3 级。

(4)CN 索一次张拉 B3-3 级。

表 5.6　分级张拉关键步骤示意

工况	示例	工况	示例
(1)中跨张拉 Z3-1	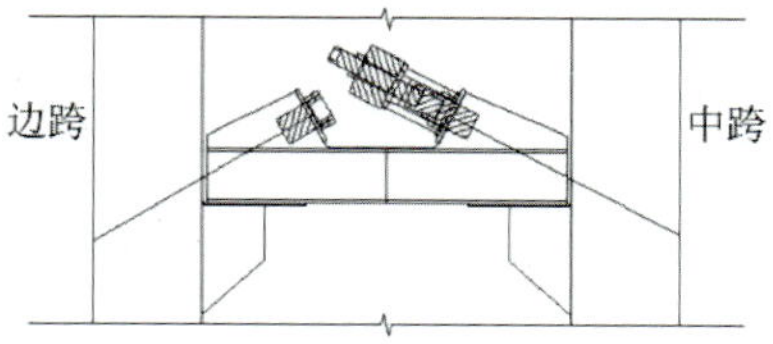	(2)边跨张拉 B3-1、B3-2	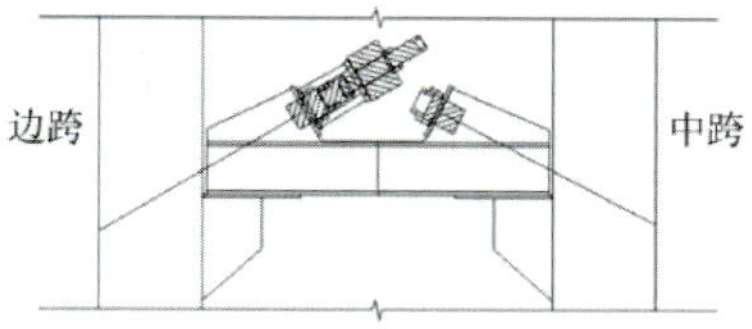
(3)中跨张拉 Z3-2、Z3-3	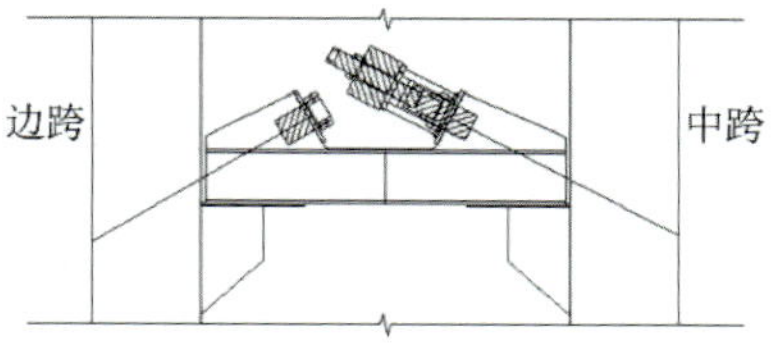	(4)边跨张拉 B3-3	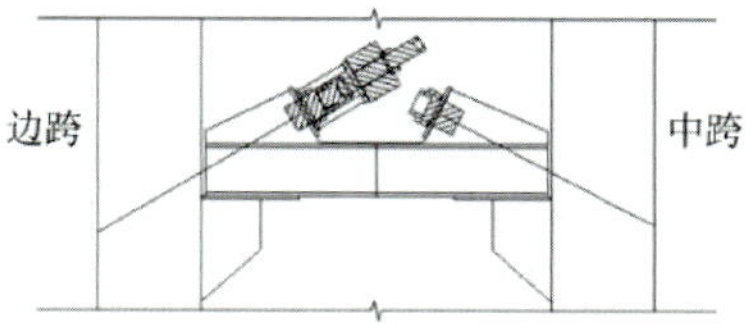

注:Z3-1 表示中跨索力平均分 3 级张拉第 1 级索力,B3-2 表示中跨索力平均分 3 级张拉第 2 级索力。

2. 斜拉索张拉设备安装

塔内张拉设备由塔顶卷扬机配合完成安装及拆除,张拉设备利用倒链微调和固定。

3. 索力张拉

斜拉索张拉时,应根据监控单位下达的张拉指令进行张拉。做好伸长量、油表读数记录,张拉顺序按设计要求进行,张拉所需千斤顶,油泵、油表应配套标定和配套使用,张拉记录应完整齐全。斜拉索张拉以设计规定的张拉应力值或监控单位的指令值控制,伸长量作为校核。张拉过程中,要详细记录油表读数、索力、伸长量,便于相互校核,张拉前后应量取索头与锚垫板的相对位置。油泵操作人员读取油表读数时,视线应与油表面垂直,保证读数精确。斜拉索张拉前后,必须对桥梁和索塔的应力和变位进行监控,测量索力时应在温度均匀时进行,一般情况应在日出前测量完毕(图 5.11)。

为保证斜拉索张拉力准确,张拉及调索时采取下列方法:

(1)斜拉索进油表选用高精度的 0.4 级油压表,保证油表读数精确。

(2)斜拉索张拉时,应根据监控单位下达的张拉指令进行张拉。

(3)张拉过程中,要详细记录油表读数-索力-伸长量,填写斜拉索张拉记录表并上报监理。

(4)读表时,操作人员视线应与油表表面垂直,保证读数精确。

(5)塔内施工人员对锚头外露量测量时,应精确控制,控制误差为±1mm。

(6)规范油泵、千斤顶等设备的操作,避免操作不当而引起张拉设备异常。

图 5.11　塔端张拉施工照片

4. 索力调整

调索应遵循的原则如下：

(1)调整后索力满足设计或规范要求。

(2)调索前计算各级调整值并列出相应的延伸量。

(3)调索前做好索力检测和其他各种观测的准备工作。

调索按预定级次的相应张拉力，通过电动油泵进油或回油逐级调整索力。如果是降低索力，则先进油拉动斜拉索，使锚杯螺母能够松动，在旋开锚杯螺母后可回油使斜拉索索力降低。

5.4　本章总结

本桥斜拉索张拉端设置在塔端，主塔斜拉索锚固采用混合形式。C1～C5 直接锚固在塔壁，塔内作业空间相对充足；C6～C13 直接锚固在钢锚梁上，受钢锚梁结构及空间的影响，塔内作业空间有限，需选用合适的张拉系统及张拉方式。

在斜拉桥悬臂施工过程中，一般要求边、中跨荷载对称，有利于施工控制；不对称张拉过程中易造成边、中跨荷载不对称，不利于塔梁临时固结受力要求。针对桑园子黄河大桥这个特点，3 级张拉（中跨张拉→边跨张拉→中跨张拉→边跨张拉）为 C6～C13 张拉方式。在此基础上，塔端挂设、桥面展索及梁端牵引等准备工作保证了索体的顺利张拉。

第三篇

计算分析篇

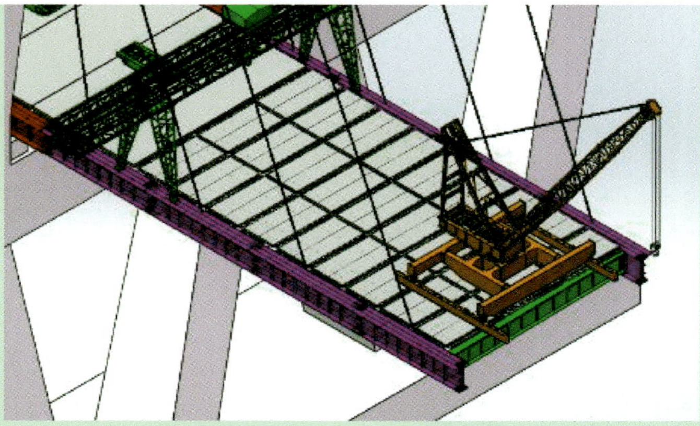

第6章 桑园子黄河大桥塔间钢箱斜撑预留槽口计算分析

6.1 塔间钢箱斜撑施工概述

根据桑园子黄河大桥设计图纸相关要求，塔柱第3节施工时，将在该节段预留槽口，以备安装塔间钢箱斜撑，预留槽口大样图如图6.1、图6.2所示。预留塔间钢箱斜撑槽口后，势必会对第3节塔柱截面造成一定程度的削弱，在继续爬模施工时需加以考虑，在适当时机对塔间斜撑锚固段进行及时施工，下面对采取此方案情况下继续爬模施工的结构安全性进行说明。

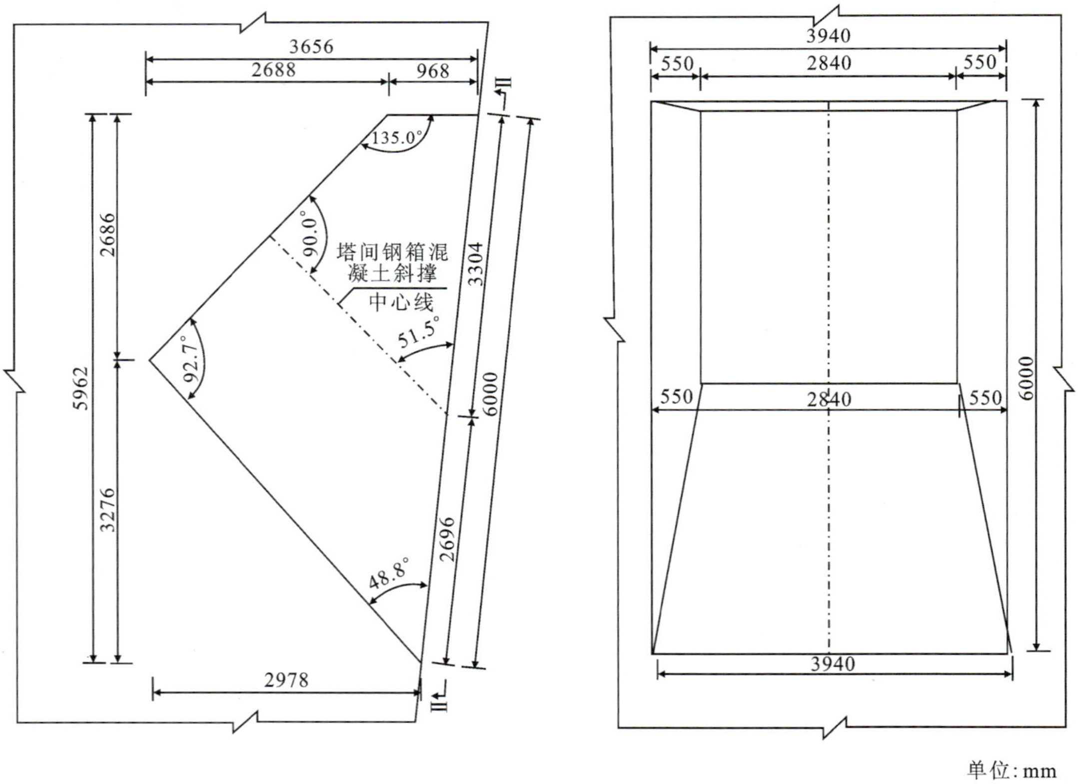

图6.1 塔间钢箱斜撑槽口示意图

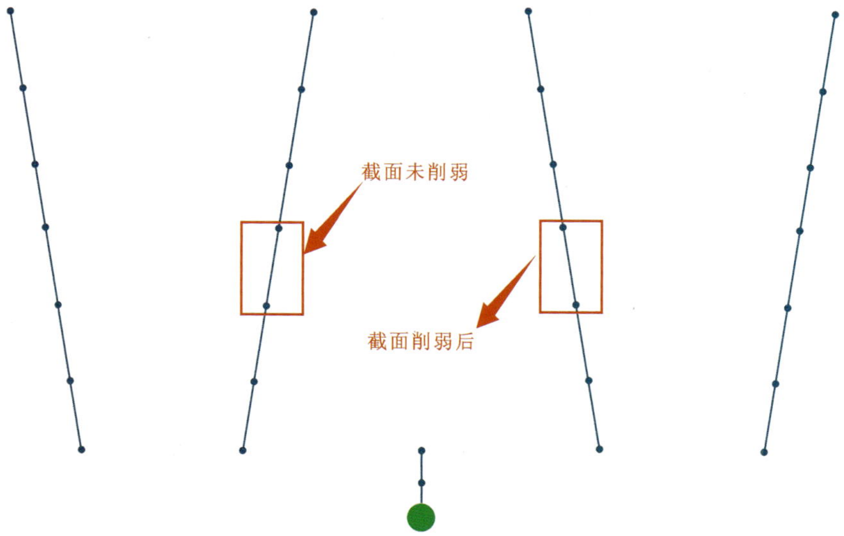

图 6.2　南塔下塔柱第 1～6 节施工计算模型图

6.2　计算材料参数

6.2.1　材料参数

塔柱混凝土材料为 C50，混凝土设计指标如下：

(1)容重，$\gamma=25\mathrm{kN/m^3}$。

(2)混凝土轴心抗拉强度标准值，$f_{tk}=2.64\mathrm{MPa}$。

(3)混凝土轴心抗压强度标准值，$f_{ck}=32.4\mathrm{MPa}$。

为确保结构受力安全，在确保不利于 $k=2$ 的材料安全系数前提下，混凝土抗拉允许值 $f_t=1.32\mathrm{MPa}$，混凝土抗压允许值 $f_c=16.2\mathrm{MPa}$。

6.2.2　荷载参数

1. 塔柱自重

塔柱混凝土容重为 $\gamma=25\mathrm{kN/m^3}$，考虑塔柱混凝土浇筑量误差，在计算分析时，塔柱自重根据程序自行计算，建议使用 1.05 倍的偏差系数。

2. 爬模重量

根据爬模施工厂家提供的数据，南塔下塔柱爬模重量为 699.9kN，爬模荷载以节点荷载形式加载于塔柱单元上。

3. 其他施工荷载

施工设备及施工人员荷载标准值为 2.5kN/m^2，荷载以节点荷载形式加载于塔柱单元上。

6.2.3 计算说明

采用 Midas Civil 有限元计算软件，通过建立梁单元模型进行计算，在计算模拟时对塔柱内肢第 3 节进行截面刚度削弱，南塔塔柱第 3 节预留槽口范围及尺寸详见图 6.1，且下塔柱第 3 节上、下缘处于变截面，为便于有限元分析计算，对塔柱截面削弱进行保守计算，南塔塔柱第 3 节上、下缘截面惯性矩在削弱前、后的参数取值如表 6.1 所示，其余节段尺寸参数按照设计参数进行取值。

表 6.1 南塔塔柱第 3 节上、下缘截面惯性矩在削弱前、后的参数取值 单位：mm^4

参数取值位置		未削弱参数取值	削弱后参数取值
塔柱第 3 节下缘	I_{xx}	5.660×10^{14}	2.830×10^{14}
	I_{yy}	3.293×10^{14}	1.646×10^{14}
	I_{zz}	3.944×10^{14}	1.972×10^{14}
塔柱第 3 节上缘	I_{xx}	4.693×10^{14}	2.347×10^{14}
	I_{yy}	2.655×10^{14}	1.327×10^{14}
	I_{zz}	3.331×10^{14}	1.665×10^{14}

注：在计算分析时，将塔柱第 3 节的一侧截面进行削弱处理，另一侧截面不进行削弱处理，以便进行对比分析。

为分析南塔下塔柱第 3 节在预留塔间钢箱斜撑槽口，了解后续继续施工第 4 节、第 5 节等情况时，分析以下 4 种工况下的塔柱结构应力情况：工况 1 为第 3 节塔柱施工完成，工况 2 为第 4 节塔柱施工完成，工况 3 为第 5 节塔柱施工完成，工况 4 为第 6 节塔柱施工完成（表 6.2）。

表 6.2 南塔下塔柱第 3 节预留塔间钢箱斜撑槽口计算分析工况

序号	工况名称
工况 1	第 3 节塔柱施工完成
工况 2	第 4 节塔柱施工完成
工况 3	第 5 节塔柱施工完成
工况 4	第 6 节塔柱施工完成

6.3 塔间钢箱斜撑预留槽口应力计算

南塔下塔柱第 3 节在工况 1～4 情况下的塔柱内侧和外侧应力计算结果如表 6.3 所示。

表 6.3　预留塔间钢箱斜撑槽口后第 3 节塔柱下缘应力计算结果　　单位:MPa

工况	截面未削弱		截面削弱后	
	内侧	外侧	内侧	外侧
工况 1:第 3 节塔柱施工完成	−0.12	−0.21	−0.08	−0.25
工况 2:第 4 节塔柱施工完成	−0.16	−0.40	−0.04	−0.52
工况 3:第 5 节塔柱施工完成	−0.15	−0.66	0.11	−0.92
工况 4:第 6 节塔柱施工完成	−0.08	−0.95	0.35	−1.39

注:应力值正值表示结构受拉,应力值负值表示结构受压。

由表 6.3 可得出以下分析结论:

(1)在预留塔间钢箱斜撑槽口后,下塔柱第 3 节的内侧为结构受力薄弱点,在第 3 节施工完成时,塔柱第 3 节下缘的内侧应力为−0.08MPa(受压),第 4 节施工完成时,第 3 节下缘的内侧应力为−0.04MPa(受压),下塔柱第 5 节施工完成时,第 3 节下缘的内侧应力为 0.11MPa(受拉),下塔柱第 6 节施工完成时,第 3 节下缘的内侧应力为 0.35MPa(受拉)。刚度削弱的塔柱第 3 节外侧以及刚度未削弱的塔柱第 3 节内、外侧均为受压状态。

(2)在预留塔间钢箱斜撑槽口后,下塔柱第 5 节施工完成后,塔柱受力最薄弱位置出现略微受拉状态 $f_{t\max}=0.11\text{MPa}<[f_t]=1.32\text{MPa}$,尚能满足塔柱混凝土材料抗拉强度允许值。

(3)在预留塔间钢箱斜撑槽口后,下塔柱第 6 节施工完成后,塔柱受力最薄弱位置 $f_{t\max}=0.35\text{MPa}$,虽未超过混凝土材料抗拉强度允许值,但截面刚度削弱后此位置受力复杂多变,有限元计算分析不能完全准确反映该位置的受力情况,从结构受力安全角度考虑,不建议继续施工下塔柱第 6 节,应在下塔柱第 6 节施工前选择合适时机对塔间斜撑锚固段进行及时施工。

6.4　本章总结

在预留塔间钢箱斜撑槽口后,由理论分析结果可知,下塔柱第 5 节施工完成后,第 3 节内侧结构受力薄弱位置偏安全,结构最大拉、压应力未超过结构允许应力值。从结构受力安全角度考虑,不建议继续施工下塔柱第 6 节,应在下塔柱第 6 节施工前选择合适时机对塔间斜撑锚固段进行及时施工。

第7章 桑园子黄河大桥主塔横梁预应力预张拉施工工序

7.1 横梁预应力概述

根据大桥设计图纸要求，横梁处设置体内预应力，横梁预应力钢束编号分为 N1～N24，其中 N5～N20 为直线束，所有钢束钢绞线规格为 $22\phi^{s}15.2$。桥塔横梁预应力钢束立面和平面布置详见图 7.1、图 7.2。

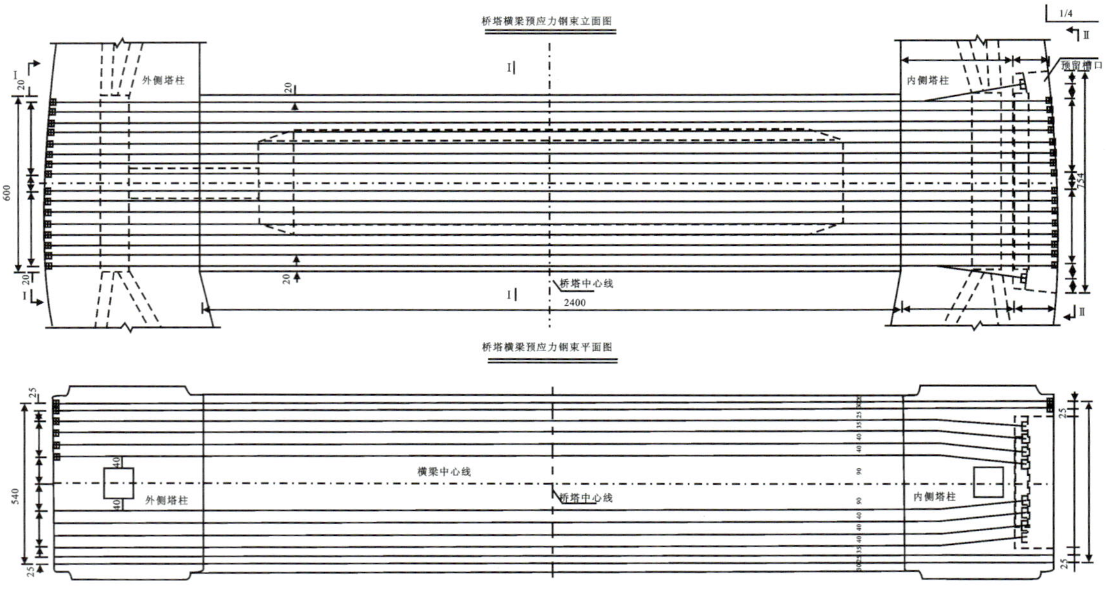

图 7.1　桥塔横梁预应力钢束布置图(单位:cm)

横梁总高度为 600cm，拟分为两次进行浇筑，每次浇筑高度为 300cm。根据已有施工监控经验，在横梁混凝土分次浇筑后，体内预应力钢束张拉至设计控制应力前，拟在第一层、第二层混凝土浇筑完成后适时张拉部分预应力至指定控制应力，使混凝土早期凝固期间具有一定压应力储备，防止混凝土早期收缩开裂情况发生，以下对横梁预应力预张拉施工进行计算。

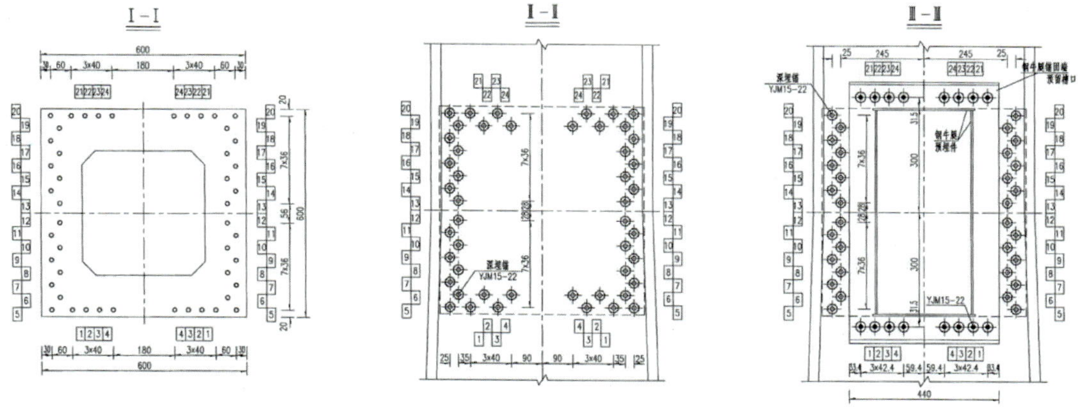

图 7.2 桥塔横梁预应力钢束横断面图(单位:cm)

7.2 计算材料参数

7.2.1 材料参数

塔柱混凝土材料为 C50,混凝土设计指标如下:

(1)容重,$\gamma=25\text{kN/m}^3$。

(2)混凝土轴心抗拉强度标准值,$f_{tk}=2.64\text{MPa}$。

(3)混凝土轴心抗压强度标准值,$f_{ck}=32.4\text{MPa}$。

为确保结构受力安全,在确保不利于 $k=2$ 的材料安全系数前提下,混凝土抗拉允许值 $f_t=1.32\text{MPa}$,混凝土抗压允许值 $f_c=16.2\text{MPa}$。

7.2.2 荷载取值

1. 横梁自重

横梁混凝土容重为 $\gamma=25\text{kN/m}^3$,考虑混凝土浇筑量误差,在计算分析时,横梁自重根据程序自行计算,建议使用 1.05 倍的偏差系数。

2. 其他施工荷载

施工设备及施工人员荷载标准值为 2.5kN/m^2。

3. 风荷载

兰州地区基本风速为 $U_{10}=27.9\text{m/s}$,根据《公路桥梁抗风设计规范》(JTG/T 3360-01—2018),桥塔风荷载按下式计算:

$$F_H=\frac{1}{2}\rho U_g^2 C_H H \tag{7-1}$$

式中：F_H——作用在主梁单位长度上的静阵风荷载(kN/m)；

ρ——空气密度(kg/m^3)，取 1.25kg/m^3；

C_H——主梁的横向力系数；

H——主梁投影高度(m)，盖梁顶部距承台 21.5m。

$$U_g = G_V U_d \tag{7-2}$$

式中：U_g——静阵风风速(m/s)；

G_V——静阵风系数，地表类别为 C，取 $G_V = 1.48$；

U_d——高度 Z 处的设计基准风速(m/s)。

$$U_d = K_f K_t K_h U_{10} \tag{7-3}$$

式中：K_h——风速高度变化修正系数，地表类别为 C，取 $K_h = 1.14$；

K_f——抗风风险系数，24.5m/s$\leqslant U_{10} <$32.6m/s，R2 风险区域，$K_f = 1.02$；

K_t——地形条件系数，取 $K_t = 1.2$；

U_{10}——基本风速(m/s)，$U_{10} = 27.9$m/s。

因此，各取值代入式(7-2)、式(7-3)可得：

$$\begin{aligned} U_d &= K_f K_t K_h U_{10} \\ &= 1.02 \times 1.2 \times 1.14 \times 27.9 \\ &= 38.93(\text{m/s}) \end{aligned}$$

$$\begin{aligned} U_g &= G_V U_d \\ &= 1.48 \times 38.93 \\ &= 57.62(\text{m/s}) \end{aligned}$$

横梁高度处的风荷载为

$$\begin{aligned} F_H &= \frac{1}{2}\rho U_g^2 C_H H \\ &= \frac{1}{2} \times 1.25 \times 57.62^2 \times 2.1 \times 21.5 \\ &= 1\ 626.0(\text{N/m}) \end{aligned}$$

风荷载以均布荷载加载在横梁横向上。

荷载组合采用以下规范取值方法：

(1)荷载组合 1(正常施工组合)。1.0×横梁自重+1.0×其他施工荷载。

(2)荷载组合 2(承载能力组合)。1.2×横梁自重+1.4×其他施工荷载+1.1×风荷载。

7.2.3 计算说明

采用 Midas Civil 有限元计算软件，通过建立梁单元模型进行计算，如图 7.3 所示。

本次横梁预应力钢束预张拉计算采用以下规定。

(1)横梁预应力钢束预张拉计算时，混凝土和预应力钢绞线材料性质根据设计文件说明规定取值，单股钢绞线直径 15.20mm，钢绞线面积 140mm^2，钢绞线标准强度 1860MPa，弹性模量 1.95×10^5MPa，钢绞线极限抗拉强度：f_{pk}=1860MPa，张拉控制应力：0.75f_{pk}=1395MPa。

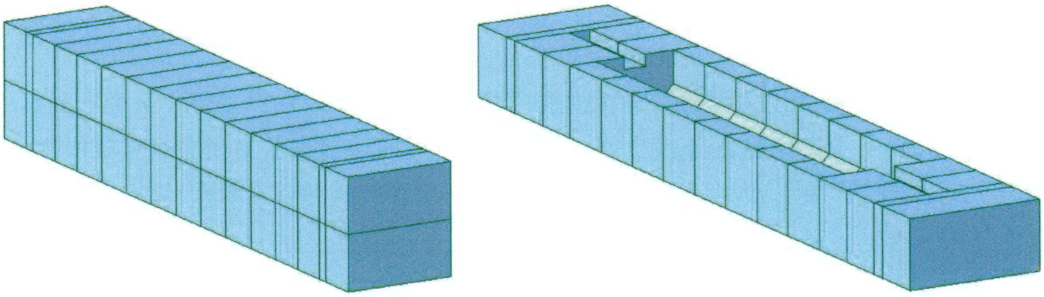

图 7.3　横梁第一层、第二层混凝土浇筑后预应力预张拉计算模型图

(2)钢绞线主要力学性能及计算参数的规定。预应力钢束与管道的摩阻系数 $\mu=0.17$,预应力管道的偏差系数 $k=0.0015$,一端锚具变形及钢束回缩值为 6mm。预应力损失计算方法采用《公路钢筋混凝土及预应力混凝土桥涵设计规范》(JTG 3362—2018)中 6.2 节钢筋预应力损失的相应计算方法。

(3)根据《公路钢筋混凝土及预应力混凝土桥涵设计规范》(JTG 3362—2018)附录 F 混凝土收缩应变和徐变系数计算及钢筋松弛损失中间值与终极值的比值中 F.2 节徐变系数计算方法,绘制计算考虑龄期为 t 时的 C55 混凝土徐变系数如图 7.4 所示,混凝土收缩应变随时间变化曲线如图 7.5 所示。

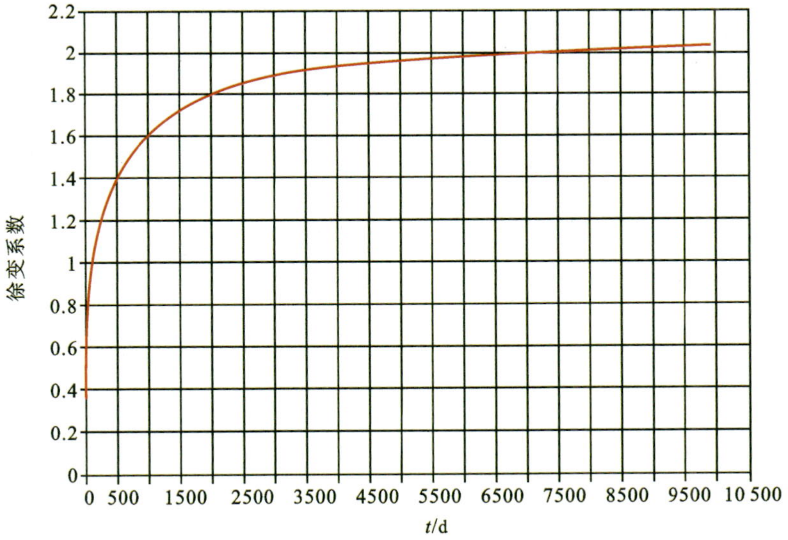

图 7.4　混凝土徐变系数随时间变化曲线

(4)理论计算考虑施工过程,为模拟计算横梁结构实际位移发生情况,在横梁第一层混凝土浇筑完成后,横梁自重荷载开始由底部模板承担,对模型单元梁底设置只受压弹性连接,限制横梁向下位移,但不限制横梁向上位移。

(5)根据横梁第一层混凝土浇筑高度(300cm)情况,以及预应力钢束的位置信息,确保横梁第一层有一定压应力储备时,拟选定 N1、N3、N8、N11 钢束进行预张拉;确保横梁第二层有一定压应力储备时,拟选定 N21、N23、N17、N14 钢束进行预张拉。同时根据监控经验,预张拉的控制应力为 45%设计张拉控制应力,具体施工工序如下:

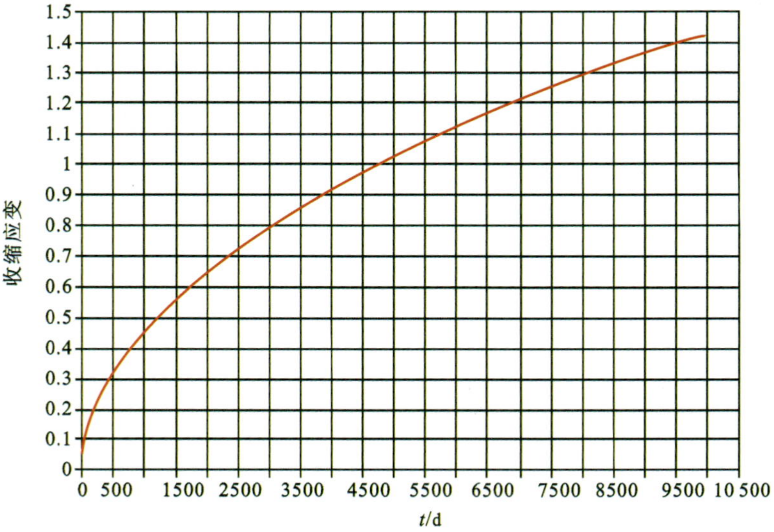

图 7.5 混凝土收缩应变随时间变化曲线

a. 浇筑横梁第一层混凝土；

b. 当混凝土强度达到 50%后，张拉 N1 钢束，锚下张拉应力为 627.75MPa(45%设计张拉控制应力)；

c. 张拉 N3 钢束，锚下张拉应力为 627.75MPa(45%设计张拉控制应力)；

d. 张拉 N8 钢束，锚下张拉应力为 627.75MPa(45%设计张拉控制应力)；

e. 张拉 N11 钢束，锚下张拉应力为 627.75MPa(45%设计张拉控制应力)；

f. 浇筑横梁第二层混凝土；

g. 当混凝土强度达到 50%后，张拉 N21 钢束，锚下张拉应力为 627.75MPa(45%设计张拉控制应力)；

h. 张拉 N23 钢束，锚下张拉应力为 627.75MPa(45%设计张拉控制应力)；

i. 张拉 N17 钢束，锚下张拉应力为 627.75MPa(45%设计张拉控制应力)；

j. 张拉 N14 钢束，锚下张拉应力为 627.75MPa(45%设计张拉控制应力)；

k. 当混凝土强度达到 90%、弹性模量达到混凝土 28d 弹性模量的 90%后，对称交错进行 N1～N25 预应力钢束张拉，锚下张拉应力为 1395MPa(100%设计张拉控制应力)。

7.3 横梁预应力预张拉计算

7.3.1 横梁应力计算

横梁在预张拉施工过程中的应力情况如表 7.1 所示。由表 7.1 可知，第一层横梁预应力钢束预张拉后压应力储备为 1.52MPa，第二层横梁预应力钢束预张拉后压应力储备为 2.04MPa，因此，在第一层、第二层混凝土浇筑完成后，适时张拉部分钢束至预张拉控制应力，使混凝土早期凝固期间具有一定压应力储备，可防止混凝土早期收缩开裂情况发生。

表 7.1　横梁各施工工序下结构应力情况

序号	施工工序	结构压应力储备/MPa
1	浇筑横梁第一层混凝土	－0.03
2	张拉 N1 钢束至 45%控制应力	－0.69
3	张拉 N3 钢束至 45%控制应力	－1.37
4	张拉 N8 钢束至 45%控制应力	－1.66
5	张拉 N11 钢束至 45%控制应力	－1.52
6	浇筑横梁第二层混凝土	－1.52
7	张拉 N21 钢束至 45%控制应力	－1.57
8	张拉 N23 钢束至 45%控制应力	－1.72
9	张拉 N17 钢束至 45%控制应力	－1.89
10	张拉 N14 钢束至 45%控制应力	－2.04
11	张拉 N1～N25 钢束至 100%控制应力	－9.77

注:应力值为正值表示结构受拉,应力值为负值表示结构受压。

7.3.2　横梁底部支反力计算

对横梁第一、二层混凝土浇筑后预张拉完成时底部支反力情况进行分析,在预张拉完成后横梁底部均存在支反力,因此,横梁钢束预张拉施工不会让横梁拱起,使得横梁与底模间发生脱空现象(图 7.6、图 7.7)。

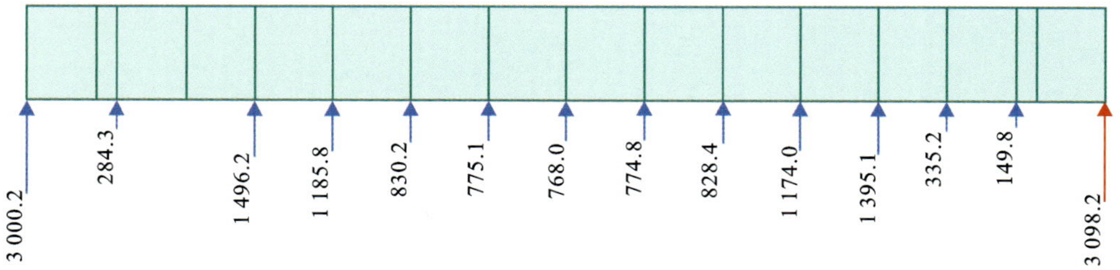

图 7.6　横梁第一层混凝土浇筑后预张拉完成时底部支反力(单位:kN)

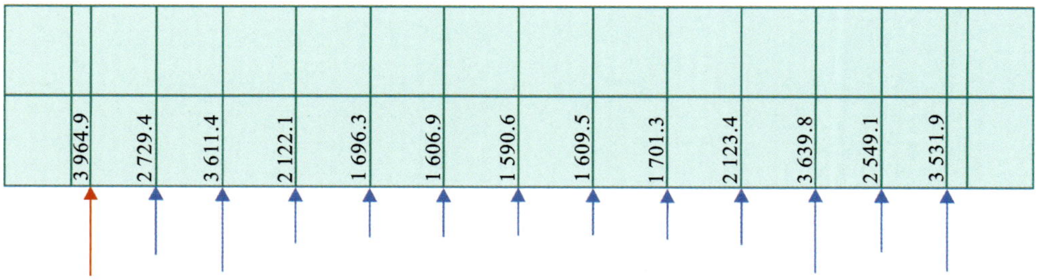

图 7.7　横梁第二层混凝土浇筑后预张拉完成时底部支反力(单位:kN)

7.4 本章总结

在对桑园子黄河大桥塔柱横梁混凝土分层浇筑后，适时张拉部分钢束至预张拉控制应力，对结构进行分析计算，可得到以下结论：

(1)根据计算，塔柱横梁在钢束预张拉后，横梁底部支撑仍存在支反力，因此横梁钢束预张拉施工不会让横梁拱起，使得横梁与底模间发生脱空现象。

(2)根据计算，第一层横梁预应力钢束预张拉后压应力储备为1.52MPa，第二层横梁预应力钢束预张拉后压应力储备为2.04MPa，因此，混凝土浇筑完成后，适时张拉部分钢束至预张拉控制应力，使混凝土早期凝固期间具有一定压应力储备，可防止混凝土早期收缩开裂情况发生。

针对计算结果，对塔柱横梁混凝土分层浇筑后钢束预张拉施工提出以下建议：

(1)横梁预张拉时机不宜过早，张拉时机过早可能会导致横梁结构内部损伤，张拉时机过晚则达不到防止混凝土早期收缩开裂的效果。根据监控经验，建议当混凝土强度达到50%后才可进行横梁预张拉施工。当混凝土强度达到90%、弹性模量达到混凝土28d弹性模量的90%后，对称交错张拉钢束至设计张拉控制应力。

(2)本次计算预张拉控制应力为45%的设计张拉控制应力，即预张拉控制应力为1395×45%=627.75(MPa)，控制应力需在施工过程中加以严格控制。

第 8 章　桑园子黄河大桥上塔柱主动横撑设置及拆除计算分析

8.1　上塔柱施工节段划分

南塔塔柱共分为 29 个节段，上塔柱第 13～21 节段高度均为 6m，第 22 节段高度为 5m，第 23 节段高度为 4.666m，第 24 节段高度为 4.5m，第 25～26 节段高度为 5.5m，第 27 节段高度为 5.2m，第 28 节段高度为 6m，第 29 节段高度为 3.634m(图 8.1)。

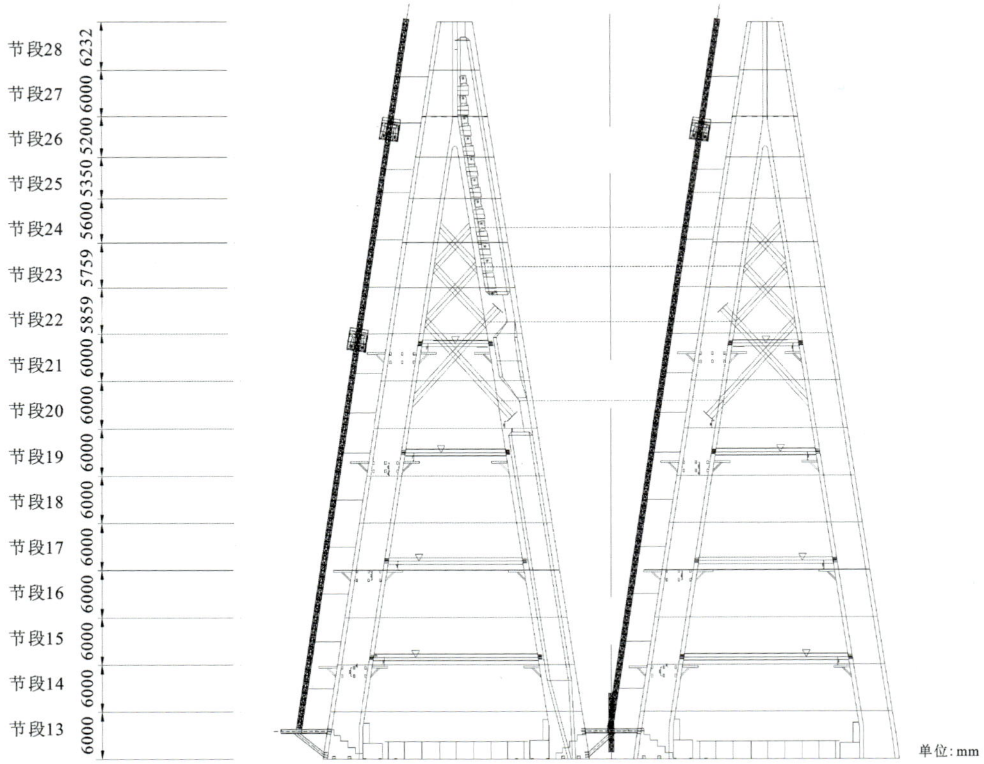

图 8.1　南塔上塔柱节段划分示意图

北塔塔柱共分为 25 个节段，上塔柱第 9～17 节段高度均为 6m，第 18 节段高度为 5m，第 19 节段高度为 4.666m，第 20 节段高度为 4.5m，第 21～22 节段高度为 5.5m，第 23 节段高度为 5.2m，第 24 节段高度为 6m，第 25 节段高度为 3.634m(图 8.2)。

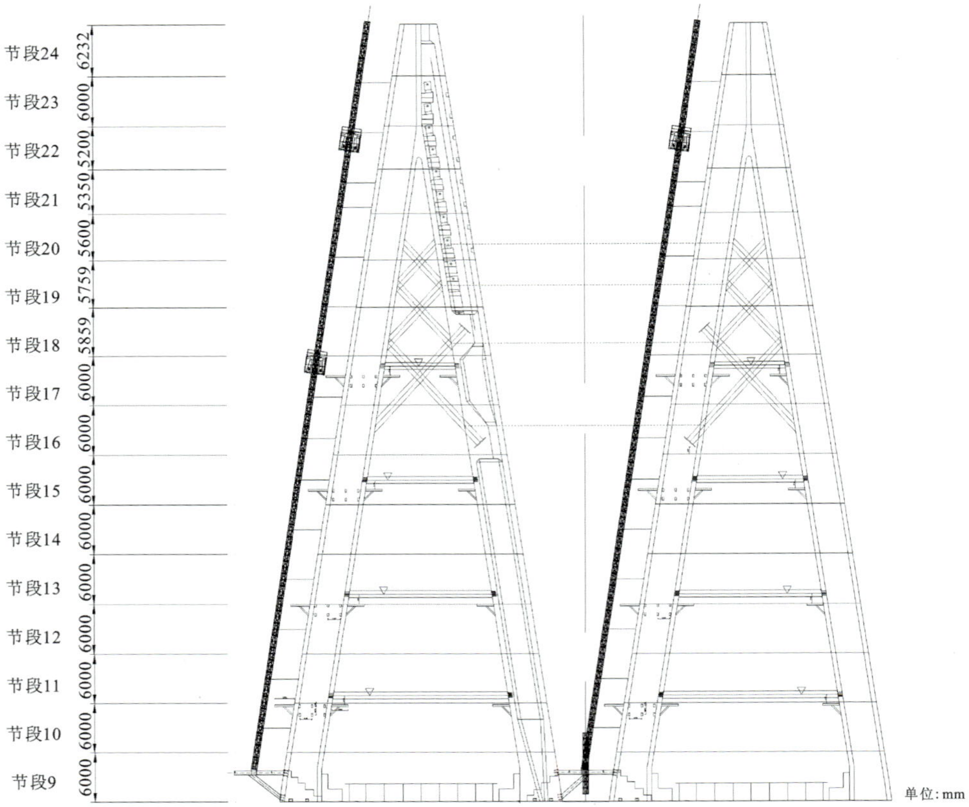

图 8.2 北塔上塔柱节段划分示意图

8.2 计算材料参数

8.2.1 材料参数

塔柱混凝土材料为 C50，混凝土设计指标如下：

(1)容重，$\gamma=25\text{kN/m}^3$。

(2)混凝土轴心抗拉强度标准值，$f_{tk}=2.64\text{MPa}$。

(3)混凝土轴心抗压强度标准值，$f_{ck}=32.4\text{MPa}$。

为确保结构受力安全，在确保不利于 $k=2$ 的材料安全系数前提下，混凝土抗拉允许值 $f_t=1.32\text{MPa}$，混凝土抗压允许值 $f_c=16.2\text{MPa}$。

8.2.2 荷载参数

1. 塔柱自重

塔柱混凝土容重为 $\gamma=25\text{kN/m}^3$，考虑塔柱混凝土浇筑量误差，在计算分析时，塔柱自重根据程序自行计算，建议使用 1.05 倍的偏差系数。

2. 爬模重量

根据爬模施工厂家提供的数据可知，南塔下塔柱爬模重量为 699.9kN，爬模荷载以节点荷载形式加载于塔柱单元上。

3. 其他施工荷载

施工设备及施工人员荷载标准值为 2.5kN/m²，荷载以节点荷载形式加载于塔柱单元上。

4. 风荷载

兰州地区基本风速为 $U_{10}=27.9\text{m/s}$，根据《公路桥梁抗风设计规范》(JTG/T 3360-01—2018)，桥塔风荷载按下式计算：

$$F_g=\frac{1}{2}\rho U_g^2 C_D A_n \tag{8-1}$$

式中：F_g——构件单位长度上的风荷载(kN/m)；

ρ——空气密度(kg/m^3)，取 1.25kg/m^3；

U_g——构件基准高度上的静阵风风速(m/s)；

C_D——构件的阻力系数，根据南、北塔主塔截面尺寸情况，取 $C_D=2.1$；

A_n——构件单位长度上顺风向的投影面积(m^2/m)。

$$U_g=G_V U_d \tag{8-2}$$

式中：G_V——静阵风系数，地表类别为 C，取 $G_V=1.23$；

U_d——高度 Z 处的设计基准风速(m/s)。

$$U_d=K_f K_t K_h U_{10} \tag{8-3}$$

式中：K_h——风速高度变化修正系数，地表类别为 C，南塔顶部距承台 152m，取南塔 $K_h=1.52$，北塔横梁顶部距承台 133m，取北塔 $K_h=1.42$；

K_f——抗风风险系数，$24.5\text{m/s}\leqslant U_{10}<32.6\text{m/s}$，R2 风险区域，$K_f=1.02$；

K_t——地形条件系数，取 $K_t=1.2$；

U_{10}——基本风速(m/s)，$U_{10}=27.9(\text{m/s})$。

因此，各取值代入式(8-2)、式(8-3)可得：

南塔：$U_d=K_f K_t K_h U_{10}$

$=1.02\times1.2\times1.52\times27.9$

$=51.91(\text{m/s})$

北塔：$U_d=K_f K_t K_h U_{10}$

$=1.02\times1.2\times1.42\times27.9$

$=48.49(\text{m/s})$

南塔：$U_g=G_V U_d$

$=1.23\times51.91$

$=63.85(\text{m/s})$

北塔：$U_g = G_V U_d$

$= 1.23 \times 48.49$

$= 59.64(\text{m/s})$

南塔在塔顶高度处的风荷载为

$$F_g = \frac{1}{2}\rho U_g^2 C_D A_n$$

$$= \frac{1}{2} \times 1.25 \times 63.85^2 \times 2.1 \times 6.5$$

$$= 34\ 845.8(\text{N/m})$$

北塔在塔顶高度处的风荷载为

$$F_g = \frac{1}{2}\rho U_g^2 C_D A_n$$

$$= \frac{1}{2} \times 1.25 \times 59.64^2 \times 2.1 \times 6.5$$

$$= 30\ 345.1(\text{N/m})$$

南、北塔风荷载以倒梯形荷载加载在塔柱横向上。

5. 温度荷载

根据设计文件，桥位处年平均气温 11.7℃，历年绝对最高和最低气温分别为 39.8℃、−21.7℃，考虑结构整体升温 28.1℃，结构整体降温 −33.4℃。

根据《公路桥涵设计通用规范》(JTG D60—2015)和《公路斜拉桥设计规范》(JTGT 3365-01—2020)相关规定，索塔左、右侧温度梯度取 5℃。

8.2.1 计算说明

采用 Midas Civil 有限元计算软件，通过建立梁单元模型进行计算，下塔柱与承台、承台与桩基采用固结形式，钢管斜撑与塔肢采用刚性连接，如图 8.3 所示，由于南、北塔的上塔柱结构类似，以下计算以南塔分析结果为例。考虑上塔柱施工过程，经过试算分析，在上塔柱设置 4 道主动横撑，在塔柱施工时适时安装上、下塔柱钢管斜撑，钢管斜撑参与后续节段施工的结构受力，施工时适时拆除主动横撑，南塔塔柱施工的总体顺序如表 8.1 所示。

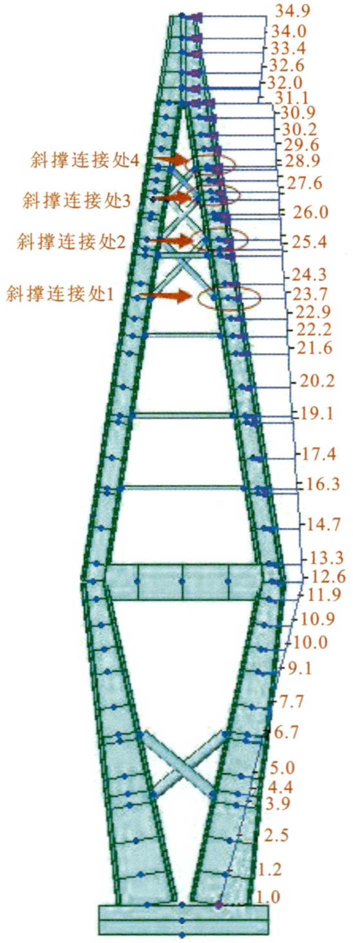

图 8.3　南塔施工计算模型图

表 8.1　南塔上塔柱施工总体顺序

序号	施工阶段	序号	施工阶段
1	南塔节段 13	16	斜撑混凝土浇筑
2	南塔节段 14	17	南塔节段 23
3	南塔节段 15	18	第 2 道斜撑安装
4	南塔节段 16	19	第 4 道横撑拆除
5	南塔主动横撑 1	20	南塔节段 24
6	南塔节段 17	21	第 3 道斜撑安装
7	南塔节段 18	22	第 3 道横撑拆除
8	南塔主动横撑 2	23	第 2 道横撑拆除
9	南塔节段 19	24	第 1 道横撑拆除
10	南塔节段 20	25	南塔节段 25
11	南塔主动横撑 3	26	南塔节段 26 合拢
12	南塔节段 21	27	南塔节段 27
13	南塔节段 22	28	南塔节段 28
14	南塔主动横撑 4	29	拆除南塔爬模
15	第 1 道斜撑安装		

8.3　上塔柱施工过程中横撑设置及拆除

8.3.1　主动横撑设置方法

桑园子黄河大桥主塔为钻石型桥塔，采取液压爬模法进行施工，其上塔柱向内侧倾斜，随着施工节段的增加，达到一定高度时，上塔柱呈现竖直悬臂状态，在自重以及施工荷载的作用下，会使上塔柱的根部位置产生拉应力，若不采取相应的措施一旦拉应力值过大就可能导致塔柱截面边缘产生裂缝，危害桥塔整体结构安全。针对上述情况，需在上塔柱施工过程中随着塔柱爬模施工设置主动横撑，设置主动横撑的关键包括主动横撑的设置位置、设置时机及顶推力的大小。即在塔柱施工到一定高度后，在设置一定的主动横撑后，确保塔柱受力安全，降低后续施工对塔柱根部的不利影响，横撑设加时机、设置位置、横撑主动力需根据主塔专项施工方案建立有限元模型通过计算确定。

8.3.2　主动横撑位置设置原则

主动横撑的位置设置主要考虑塔柱根部所能承受的拉应力以及液压爬模的工作空间。由于塔柱的自重和施工荷载等对塔柱根部外侧的作用效果为拉应力，根据根部不出现超标的拉应力，同时考虑施工节段及避开液压爬模的工作空间，施加第一道主动横撑，在施加了第一道主动横撑后，上部继续浇筑的混凝土对塔柱根部的影响就会降低，继续浇筑的混凝土对第一道横撑位置的截面影响较为明显，所以对第一道横撑位置进行同样的应力控制从而确定第二道横撑的位置，以此类推，进行其他位置主动横撑的施加。

主塔主动横撑的设置原则是：根据主塔理论计算模型确定主塔关键薄弱截面，在关键薄弱截面的应力即将超过材料允许拉应力前主动设置横撑，并对主动顶推力进行试算，试算的原则是在进行主动横撑布置方案设计后，主塔关键薄弱截面可能出现的拉应力应尽量转变为压应力，确保结构受力安全，随着主塔爬模施工，逐步施加主动横撑，确保整个主塔施工过程的安全。

8.3.3 主动横撑顶推力确定原则

主动横撑的顶推力大小通过应力以及线形来控制。由于塔柱的刚度较大，通过顶推塔柱产生的位移较小，所以主动横撑的顶推力以应力控制为主、线形控制为辅，顶推时的顶推力不宜过大，也不宜过小，顶推力太小会导致中塔柱根部仍有拉应力存在，如果顶推力过大，就会影响塔柱的整体线形、横撑截面应力和稳定性。

在实际施工中，准确施加顶推力是主动横撑施工控制中的重点和难点。首先，横撑的设置应该符合个数少、刚度大的原则，单个横撑截面一般采用两种规格相同的钢管进行布置，需考虑横撑的刚度是否满足整个施工过程的要求，跨度较大的钢管应考虑设置竖向支撑，水平面则可以通过设置水平型钢保持稳定性。其次，顶推力一般由液压千斤顶施加，但无法保持在施工阶段的稳定推力，所以现场一般是通过顶推到位后，采用型钢进行焊接固定，而通过焊接产生的变形会需要一定的顶推力来补偿，同时由于横撑材料为钢材，受温度的影响十分显著，所以也要考虑因温度影响而需要的顶推力。最终单根钢管顶推力的计算公式如下：

$$F=F_0+F_1+F_2 \tag{8-4}$$

式中：F——单根钢管顶推力(kN)；

F_0——计算的顶推力(kN)；

F_1——考虑焊接变形的顶推力(kN)；

F_2——温度效应对顶推力的改变值(kN)。

8.3.4 主动横撑拆除原则

主动横撑拆除时机的选择，在施工控制过程中尤为重要。工程实践中一般采用塔柱施工完成后拆除横撑的做法，横撑拆除时机应具体问题具体分析，从横撑拆除力考虑，从上往下的拆除顺序较优，且斜撑安装及后续节段施工有利于拆除力减小，有利于横撑拆除过程中的安全。

8.3.5 上塔柱施工过程中横撑设置及拆除计算

1. 南塔主动横撑施加时机、位置及主动支撑力

根据桑园子黄河大桥南、北塔塔柱施工过程中的主动横撑施加时机、位置和支撑力大小

的计算，在主塔上塔柱设置 4 道主动横撑，主动横撑钢管采用直径 820mm、壁厚 10mm 钢材，由于南、北塔上塔柱形式、高度一致，因此，南、北塔各道横撑距离横梁顶部高度一致。以南塔为例进行说明。

1)南塔第 1 道横撑

横撑中心高程：1 586.153m。

单个钢管主动横撑力：750kN。

横撑施加时机：上塔柱 16＃节段施工完成后，爬模上升至 17＃节段，在上塔柱 17＃节段混凝土浇筑前施加第 1 道横撑。

2)南塔第 2 道横撑

横撑中心高程：1 598.409m。

单个钢管主动横撑力：800kN。

横撑施加时机：上塔柱 18＃节段施工完成后，爬模上升至 19＃节段，在上塔柱 19＃节段混凝土浇筑前施加第 2 道横撑。

3)南塔第 3 道横撑

横撑中心高程：1 612.166m。

单个钢管主动横撑力：800kN。

横撑施加时机：上塔柱 19＃节段施工完成后，爬模上升至 20＃节段，拆除塔柱内侧爬模，在上塔柱 20＃节段混凝土浇筑后施加第 3 道横撑。

4)南塔第 4 道横撑

横撑中心高程：1 625.955m。

单个钢管主动横撑力：750kN。

横撑施加时机：上塔柱 23＃节段施工完成后施加第 4 道横撑。

2. 南塔主动横撑拆除时机

在上塔柱施工过程中拆除主动横撑，上塔柱相对于主动横撑施加状态结构受力发生改变，经过试算分析，第 4 道主动横撑安装后安装斜撑、第 2 道斜撑安装后拆除主动横撑，从横撑拆除力考虑，从上往下的拆除顺序较优。

3. 施加主动横撑及拆除南塔结构计算结果

为了更加清晰地表达施加主动横撑对于结构的受力变化情况，表 8.2 列出了以上关键位置随施工工序变化的应力计算值。

表 8.2　南塔上塔柱关键位置随施工工序变化内、外侧应力计算值

单位：MPa

序号	施工阶段	上塔柱根部外侧应力	上塔柱根部内侧应力	第 1 道横撑处外侧应力	第 1 道横撑处内侧应力	第 2 道横撑处外侧应力	第 2 道横撑处内侧应力	第 3 道横撑处外侧应力	第 3 道横撑处内侧应力	第 4 道横撑处外侧应力	第 4 道横撑处内侧应力	斜撑连接处 1 外侧应力	斜撑连接处 1 内侧应力	斜撑连接处 2 外侧应力	斜撑连接处 2 内侧应力	斜撑连接处 3 外侧应力	斜撑连接处 3 内侧应力	斜撑连接处 4 外侧应力	斜撑连接处 4 内侧应力
1	南塔节段 13	−0.05	−0.48																
2	南塔节段 14	0.12	−0.94																
3	南塔节段 15	0.42	−1.55	−0.08	−0.25														
4	南塔节段 16	0.87	−2.30	−0.01	−0.62														
5	南塔主动横撑 1	−0.57	−0.89	−0.01	−0.62														
6	南塔节段 17	−0.36	−1.41	0.21	−1.14	−0.08	−0.23												
7	南塔节段 18	−0.31	−1.78	0.56	−1.79	−0.02	−0.60												
8	南塔主动横撑 2	−1.31	−0.77	−0.63	−0.64	−0.02	−0.60												
9	南塔节段 19	−1.22	−1.17	−0.44	−1.13	0.19	−1.11	−0.08	−0.15										
10	南塔节段 20	−1.42	−1.29	−0.33	−1.56	0.54	−1.76	−0.05	−0.48			−0.08	−0.30						
11	南塔主动横撑 3	−1.43	−1.26	−1.19	−0.69	−0.79	−0.46	−0.05	−0.48			−0.08	−0.30						
12	南塔节段 21	−1.54	−1.46	−1.13	−1.06	−0.64	−0.92	0.12	−0.95	−0.06	−0.08	0.02	−0.69						
13	南塔节段 22	−1.75	−1.55	−1.22	−1.27	−0.59	−1.28	0.41	−1.54	−0.08	−0.35	0.24	−1.21	−0.09	−0.21				
14	南塔主动横撑 4	−1.58	−1.72	−1.36	−1.12	−1.15	−0.71	−0.74	−0.41	−0.08	−0.35	−0.66	−0.34	−0.09	−0.21				
15	第 1 道斜撑安装	−1.59	−1.72	−1.37	−1.13	−1.14	−0.73	−0.73	−0.44	−0.07	−0.37	−0.65	−0.36	−0.09	−0.21				
16	斜撑混凝土浇筑	−1.62	−1.72	−1.38	−1.14	−1.15	−0.75	−0.72	−0.48	−0.06	−0.40	−0.63	−0.41	−0.09	−0.21				
17	南塔节段 23	−1.83	−1.81	−1.54	−1.28	−1.26	−0.94	−0.74	−0.75	0.01	−0.74	−0.63	−0.71	−0.04	−0.54	−0.09	−0.14		
18	第 2 道斜撑安装	−1.84	−1.81	−1.54	−1.29	−1.26	−0.94	−0.74	−0.76	0.02	−0.75	−0.62	−0.72	−0.04	−0.55	−0.09	−0.14		
19	第 4 道横撑拆除	−1.87	−1.78	−1.51	−1.31	−1.18	−1.02	−0.62	−0.87	−0.26	−0.42	−0.53	−0.81	−0.15	−0.41	−0.09	−0.14		

续表 8.2

序号	施工阶段	上塔柱根部外侧应力	上塔柱根部内侧应力	第 1 道横撑处外侧应力	第 1 道横撑处内侧应力	第 2 道横撑处外侧应力	第 2 道横撑处内侧应力	第 3 道横撑处外侧应力	第 3 道横撑处内侧应力	第 4 道横撑处外侧应力	第 4 道横撑处内侧应力	斜撑连接处 1 外侧应力	斜撑连接处 1 内侧应力	斜撑连接处 2 外侧应力	斜撑连接处 2 内侧应力	斜撑连接处 3 外侧应力	斜撑连接处 3 内侧应力	斜撑连接处 4 外侧应力	斜撑连接处 4 内侧应力
20	南塔节段 24	−2.01	−1.92	−1.65	−1.47	−1.31	−1.18	−0.67	−1.12	−0.16	−0.78	−0.53	−1.11	−0.04	−0.79	−0.07	−0.44	−0.06	−0.09
21	第 3 道斜撑安装	−2.02	−1.92	−1.65	−1.47	−1.31	−1.18	−0.68	−1.12	−0.16	−0.78	−0.53	−1.11	−0.04	−0.79	−0.07	−0.44	−0.06	−0.09
22	第 3 道横撑拆除	−2.01	−1.93	−1.61	−1.50	−1.28	−1.20	−0.81	−0.99	−0.12	−0.80	−0.61	−1.04	0.03	−0.86	−0.05	−0.47	−0.06	−0.09
23	第 2 道横撑拆除	−1.84	−2.08	−1.57	−1.53	−1.56	−0.94	−0.84	−0.96	−0.02	−0.88	−0.58	−1.07	0.16	−0.99	−0.02	−0.51	−0.06	−0.09
24	第 1 道横撑拆除	−1.34	−2.57	−1.95	−1.16	−1.74	−0.75	−0.82	−0.99	0.11	−0.98	−0.51	−1.14	0.31	−1.14	0.02	−0.56	−0.06	−0.09
25	南塔节段 25	−1.51	−2.67	−2.10	−1.28	−1.88	−0.89	−0.94	−1.14	0.06	−1.22	−0.63	−1.30	0.26	−1.34	0.09	−0.87	−0.08	−0.42
26	南塔节段 26 合拢	−1.64	−2.79	−2.23	−1.41	−2.01	−1.02	−1.06	−1.28	−0.06	−1.34	−0.75	−1.43	0.13	−1.47	−0.06	−0.99	−0.23	−0.53
27	南塔节段 27	−1.75	−2.89	−2.33	−1.51	−2.11	−1.12	−1.16	−1.38	−0.17	−1.45	−0.85	−1.54	0.02	−1.57	−0.17	−1.08	−0.34	−0.62
28	南塔节段 28	−1.88	−3.01	−2.46	−1.64	−2.23	−1.25	−1.28	−1.51	−0.29	−1.57	−0.97	−1.67	−0.10	−1.70	−0.30	−1.20	−0.48	−0.73
29	拆除南塔爬模	−1.88	−3.01	−2.46	−1.64	−2.23	−1.25	−1.28	−1.51	−0.29	−1.57	−0.97	−1.67	−0.10	−1.70	−0.30	−1.20	−0.48	−0.73

由表 8.2 可知，在第 1 道横撑设置之前下塔柱根部外侧应力为 0.87MPa(受拉)，第 1 道横撑设置后下塔柱根部外侧应力为－0.57MPa(受压)；在第 2 道横撑设置之前第 1 道横撑塔柱外侧应力为 0.56MPa(受拉)，第 2 道横撑设置后第 1 道横撑塔柱外侧应力为－0.63(受压)；在第 3 道横撑设置之前第 2 道横撑塔柱外侧应力为 0.54MPa(受拉)，第 3 道横撑设置后第 2 道横撑塔柱外侧应力为－0.79(受压)；在第 4 道横撑设置之前第 3 道横撑塔柱外侧应力为 0.41MPa(受拉)，第 4 道横撑设置后第 3 道横撑塔柱外侧应力为－0.74(受压)。第 4 道横撑塔柱外侧应力在后续塔柱施工中最大拉应力为 0.02MPa。最大拉应力满足 2 倍材料安全系数。

在主塔上塔柱施工过程中拆除主动横撑，上塔柱相对于主动横撑施加状态结构受力发生改变。由表 8.2 可知，上塔柱根部及斜撑处塔柱无拉应力出现，满足塔柱结构受力要求。

4. 施加主动横撑后横撑受力计算

主动横撑在施加主动支撑力后，随着塔柱不断施工，钢管内部轴力会发生变化，为确保主动横撑钢管受力不超过允许压应力值，表 8.3、表 8.4 分别为不同施工工况下钢管横撑和斜撑的轴向压应力计算结果。

表 8.3 南塔主动横撑在各施工工况下轴向应力计算结果 单位：MPa

序号	施工阶段	第 1 道主动横撑应力	第 2 道主动横撑应力	第 3 道主动横撑应力	第 4 道主动横撑应力
1	主动横撑 1	－29.5			
2	南塔节段 17	－40.0			
3	南塔节段 18	－52.9			
4	主动横撑 2	－13.9	－31.4		
5	南塔节段 19	－14.4	－43.1		
6	南塔节段 20	－14.4	－56.9		
7	主动横撑 3	－11.2	－11.3	－31.4	
8	南塔节段 21	－9.7	－10.2	－43.1	
9	南塔节段 22	－8.2	－8.8	－52.7	
10	南塔节段 23	－5.9	－6.2	－66.5	
11	主动横撑 4	－11.2	－10.2	－21.5	－29.5
12	南塔节段 24	－10.4	－8.2	－18.8	－41.1
13	南塔节段 25	－9.7	－6.3	－16.1	－52.7
14	南塔节段 26 合拢	－9.5	－6.2	－16.1	－52.9
15	南塔节段 27	－9.4	－6.1	－16.1	－52.9
16	南塔节段 28	－9.2	－6.1	－16.2	－53.0
17	南塔节段 29	－9.2	－6.1	－16.2	－53.1
18	拆除南塔爬模	－9.2	－6.1	－16.2	－53.0

注：负值表示构件受压。

表 8.4　南塔斜撑在各施工工况下轴向应力计算结果

单位：MPa

序号	施工阶段	第 1 道斜撑 1 混凝土应力	第 1 道斜撑 1 钢材应力	第 1 道斜撑 2 混凝土应力	第 1 道斜撑 2 钢材应力	第 2 道斜撑 1 混凝土应力	第 2 道斜撑 1 钢材应力	第 2 道斜撑 2 混凝土应力	第 2 道斜撑 2 钢材应力	第 3 道斜撑 1 混凝土应力	第 3 道斜撑 1 钢材应力	第 3 道斜撑 2 混凝土应力	第 3 道斜撑 2 钢材应力
1	第 1 道斜撑安装	/	4.05	/	4.05	/	/	/	/	/	/	/	/
2	南塔节段 23	0.60	7.87	0.60	7.87	/	/	/	/	/	/	/	/
3	第 2 道斜撑安装	0.57	7.68	0.57	7.68	/	1.99	/	1.99	/	/	/	/
4	第 4 道横撑拆除	0.18	5.45	0.18	5.45	0.53	5.37	0.53	5.37	/	/	/	/
5	南塔节段 24	−0.18	3.24	−0.18	3.25	0.05	2.40	0.05	2.40	/	/	/	/
6	第 3 道斜撑安装	−0.18	3.21	−0.18	3.21	0.02	2.24	0.02	2.24	/	1.07	/	1.07
7	第 3 道横撑拆除	−0.32	2.42	−0.32	2.42	−0.01	2.05	−0.01	2.05	0.43	3.72	0.43	3.72
8	第 2 道横撑拆除	−0.52	1.24	−0.52	1.24	0.00	2.13	0.00	2.13	0.53	4.34	0.53	4.34
9	第 1 道横撑拆除	−0.74	−0.01	−0.74	−0.01	0.02	2.21	0.02	2.21	0.64	4.96	0.64	4.96
10	南塔节段 25	−0.74	−0.10	−0.74	−0.10	−0.39	−0.25	−0.39	−0.25	0.08	1.57	0.08	1.57
11	南塔节段 26 合拢	−0.81	−0.54	−0.81	−0.50	−0.46	−0.73	−0.46	−0.70	0.01	1.10	0.02	1.14
12	南塔节段 27	−0.87	−0.89	−0.87	−0.85	−0.53	−1.14	−0.53	−1.11	−0.06	0.68	−0.05	0.72
13	南塔节段 28	−0.93	−1.26	−0.93	−1.23	−0.61	−1.60	−0.60	−1.57	−0.14	0.19	−0.13	0.23
14	拆除南塔爬模	−0.93	−1.26	−0.93	−1.23	−0.61	−1.60	−0.60	−1.57	−0.14	0.19	−0.13	0.23

由表 8.3 可知，南塔第 4 道主动横撑在各施工工况下最大轴向压应力为 66.5MPa，考虑横撑钢材(Q235)安全系数 $k=2$，横撑最大轴向压应力未超过材料允许压应力值 117.5MPa。

5. 拆除主动横撑后斜撑受力计算

通过表 8.4 可知，斜撑钢管混凝土最大拉应力为 0.64MPa，最大压应力为−0.93MPa，斜撑钢管最大拉应力为 7.87MPa，最大压应力为−1.60MPa，拉压应力满足 2 倍材料安全系数。

8.4 本章总结

在对桑园子黄河大桥南、北塔上塔柱施工过程中的主动横撑设置时机、位置、支撑力大小及拆除时机等进行计算，可得到以下结论：

(1)经过试算分析，在主塔上塔柱设置 4 道主动横撑，主动横撑钢管采用直径 820mm、壁厚 10mm 钢材，由于南、北塔上塔柱形式和高度一致，因此，南、北塔各道横撑距离横梁顶部高度一致。

(2)横撑施加主动支撑力后塔柱应力控制截面最大拉、压应力不超过塔柱混凝土允许抗拉、压应力值，塔柱应力控制截面受力得到改善，主动横撑施加时机、位置和支撑力大小有效合理。

(3)南塔 4 道主动横撑在各施工工况下最大轴向压应力为 66.5MPa，未超过横撑钢材(Q235)允许压应力值 117.5MPa。

(4)由于南、北塔上塔柱形式、高度一致，南、北塔各道斜撑及横撑距离横梁顶部高度一致，且材质与尺寸相同。以南塔为例：①南塔节段 22 混凝土等强且第 4 道横撑安装完成后，进行第 1 道斜撑安装；②南塔节段 23 混凝土等强后，进行第 2 道斜撑安装；③第 2 道斜撑中混凝土等强后，进行第 4 道主动横撑拆除；④南塔节段 24 混凝土等强后，进行第 3 道斜撑安装；⑤第 3 道斜撑中混凝土等强后，拆除剩余 3 道主动横撑，拆除顺序为安装时的逆顺序。

(5)横撑拆除过程中，斜撑钢管混凝土最大拉应力为 0.81MPa，最大压应力为−1.90MPa，斜撑钢管最大拉应力为 9.12MPa，最大压应力为−7.33MPa，拉压应力满足 2 倍材料安全系数。

第 9 章　桑园子黄河大桥塔梁临时锚固计算分析

9.1　塔梁临时锚固概述

根据结构特点，结合已有施工经验，在塔上横梁顶部与钢梁底部之间设置纵向临时锚固措施，在临时横向抗风支点的位置设置横向临时锚固，在 0＃梁段位置处设置 4 个竖向临时锚固。如图 9.1～图 9.3 所示，以下对临时锚固措施的强度及精轧螺纹钢的锚固深度进行验算。

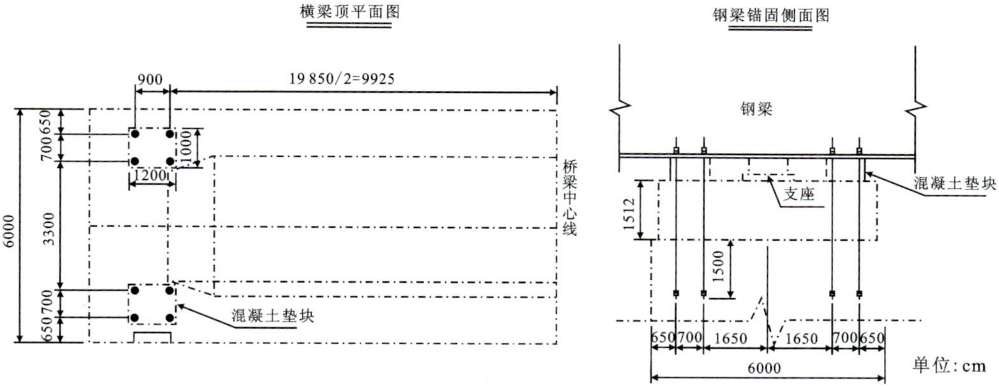

图 9.1　桑园子黄河大桥竖向锚固示意图

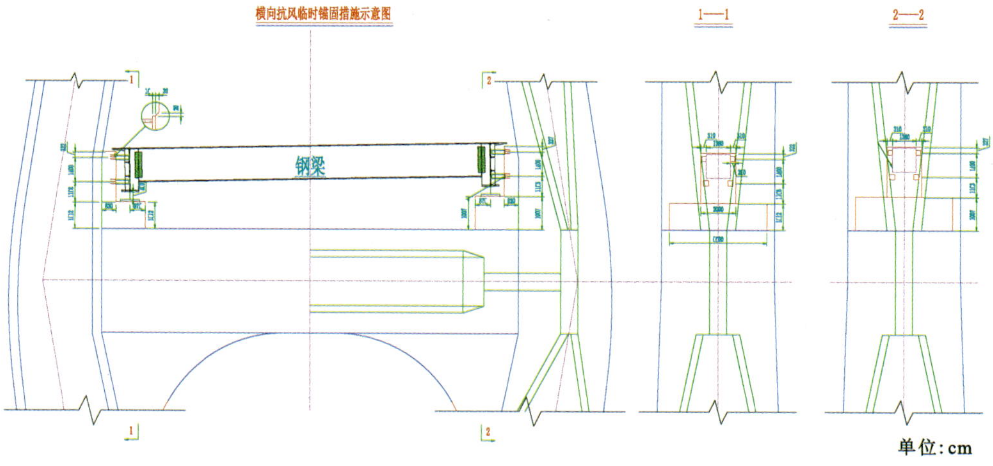

图 9.2　桑园子黄河大桥横向锚固示意图

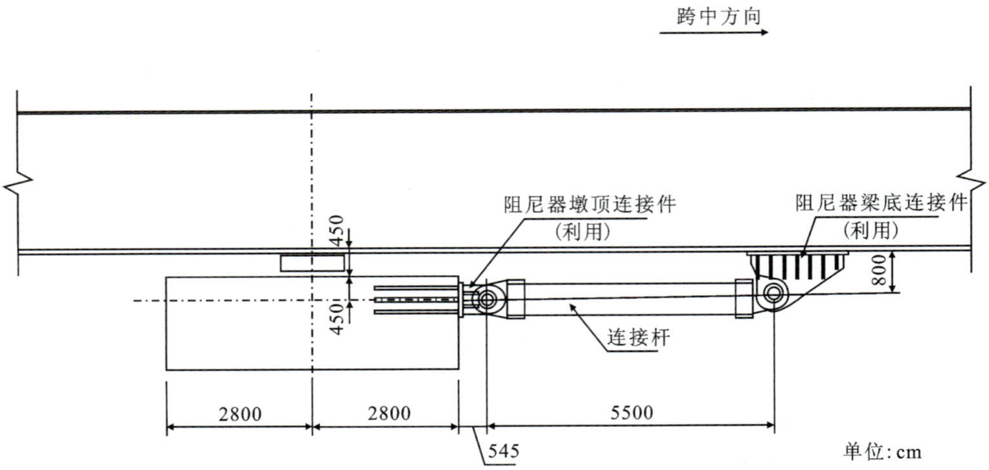

图 9.3　桑园子黄河大桥纵向锚固示意图

9.2　计算材料参数

9.2.1　荷载参数

1. 永久荷载作用

结构自重:预制板重度取 29.5kN/m³,钢材重度取 78.5kN/m³;对于主梁节段,根据每个节段实际材料用量对模型中节段重量进行修正。

收缩徐变:根据《公路钢筋混凝土及预应力混凝土桥涵设计规范》(JTG 3362—2018)关于混凝土收缩徐变的相关规定进行主塔混凝土收缩徐变效应的计算。

2. 二期荷载

二期荷载包括沥青铺装、防撞护栏、检修护栏及检修轨道,单幅荷载合计 50.845kN/m。

3. 气动翼板荷载

气动翼板设置在中跨,以施工当前节段安装考虑,线荷载为 1.411kN/m。

4. 施工临时荷载

桥面吊机单侧每幅主梁布置一台,并考虑焊接平台等重量,单侧每幅重量取 111t,前支点与后支点相距 12m,并按照前支点与上节段最前端横梁连接考虑(表 9.1)。

表 9.1　梁段质量统计

序号	梁段类型	梁段号	质量/t	序号	梁段类型	梁段号	质量/t
1	F	12	1 273.4	28	C1	13	264.1
2	C2	11	272.7	29	C1	12	264.3
3	D	10	278.3	30	C1	11	264.2
4	E1	9	663.8	31	C1	10	263.8
5	D	8	272.9	32	C1	9	263.6
6	C2	7	270.9	33	C1	8	263.9
7	C2	6	270.5	34	C2	7	271.2
8	C2	5	270.3	35	C2	6	270.5
9	C2	4	269.8	36	C2	5	270.2
10	C2	3	269.6	37	C2	4	269.8
11	C2	2	269.3	38	C2	3	269.5
12	B	1	275.0	39	C2	2	269.2
13	A	0	487.0	40	B	1	275.0
14	B	1	275.0	41	A	0	487.0
15	C2	2	269.3	42	B	1	275.0
16	C2	3	269.5	43	C2	2	269.3
17	C2	4	269.8	44	C2	3	269.6
18	C2	5	270.2	45	C2	4	269.8
19	C2	6	270.5	46	C2	5	270.3
20	C2	7	271.4	47	C2	6	270.6
21	C1	8	264.0	48	D	7	288.6
22	C1	9	263.7	49	E2	8	596.9
23	C1	10	263.9	50	D	9	289.8
24	C1	11	264.2	51	C2	10	272.4
25	C1	12	264.4	52	C2	11	272.7
26	C1	13	264.5	53	F	12	1 273.8
27	G	HL	77.3				

5. 风荷载

主桥施工过程中考虑风荷载作用。

根据《公路桥梁抗风设计规范》(JTG/T 3360-01—2018)中的全国基本风速分布图，桑园子黄河大桥位处标准高度 10m、平均时距 10min、重现期 100 年基本风速为 27.9m/s。考虑到桑园子黄河大桥所处地理环境，其桥位场地地表类别为 C 类，地表粗糙度 $Z_0=0.3$m。故桥位处标准高度 10m、平均时距 10min、重现期 100 年的设计基本风速为

$$U_{s10} = K_c U_{10} = 0.785 \times 27.9 = 21.90(\text{m/s})$$

根据上述设计基本风速和《公路桥梁抗风设计规范》(JTG/T 3360-01—2018)的有关规定，桥梁设计基准风速为

$$U_d = k_f \left(\frac{Z}{z_{10}}\right)^{\alpha} U_{s10}$$

式中:抗风风险系数 $k_f = 1.00$；

Z——跨中桥面离开水面的高度；

z_{10}——标准高度，即 $z_{10} = 10$m；

U_{s10}——桥位 10m 高度处设计基本风速，即 $U_{s10} = 21.90$m/s；

α——幂指数，取 $\alpha = 0.22$。主通航孔桥面离水面高度按设计水位计算为 $z = 68$m，则桥面高度处设计基准风速为 $U_d = 33.39$m/s。

等效静阵风风速为 $U_{sd} = 1.41 \times 33.39 = 47.08$(m/s)。

竖向力(升力)和扭转力矩一般由平均风作用下的静力和抖振惯性力矩组成，经计算：

参考风洞试验提供的抗风参数，根据《公路桥梁抗风设计规范》(JTG/T 3360-01—2018)，三分力系数宜取风攻角为−3°～+3°时的较大值。横向力、扭转力矩和升力在−3°时最大，见表 9.2。计算时按照风洞试验考虑了−3°的情况，取最大值。

表 9.2　等效静阵风荷载

攻角/(°)	三分力系数 1			三分力系数 2			三分力(N,m)		
	C_D	C_L	C_M	C_H	C_V	C_M	F_H	F_V	M
−3	1.825 6	−0.306	−0.161	1.677 4	−0.316 1	−0.161	5809	−9962	−115 436
0	1.610 1	0.024 6	−0.118 8	1.610 1	0.024 6	−0.118 8	5576	775	−85 179
3	1.606	0.267 4	−0.05	1.476 4	0.276 3	−0.05	5113	8707	−35 850

9.2.2　计算说明

采用 Midas Civil 软件进行空间结构计算，计算模型中主塔及主梁均采用梁单元模拟，斜拉索采用桁架受拉单元模拟，不考虑普通钢筋参与结构受力，右幅计算模型如图 9.4 所示，施工阶段划分如表 9.3 所示。

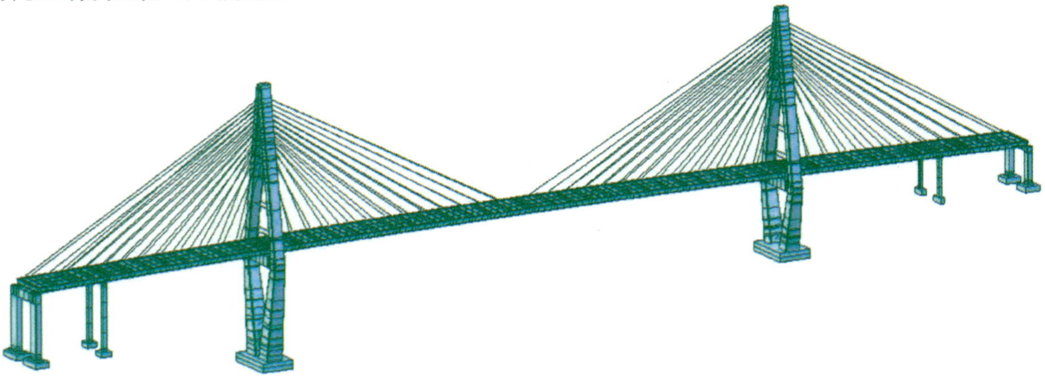

图 9.4　桑园子黄河大桥有限元模型

表 9.3 施工阶段划分

施工阶段	施工内容	施工阶段	施工内容
1	一次成塔	31	5#块桥面板
2	安装支架	32	5#块吊机
3	塔区 3 片钢梁	33	C5 索 2 次张拉
4	塔梁临时固结	34	6#块钢梁
5	C1 索 1 次张拉	35	C6 索 1 次张拉 Z1 级
6	塔区 3 片梁桥面板	36	C6 索 1 次张拉 B1、2 级
7	塔区 3 片梁湿接缝	37	C6 索 1 次张拉 Z2、3 级
8	1#块预应力张拉	38	C6 索 1 次张拉 B3 级
9	桥面吊机	39	6#桥面板
10	C1 索 2 次张拉	40	6#块吊机
11	2#块钢梁	41	4、5#块湿接缝
12	C2 索 1 次张拉	42	C6 索 2 次张拉 B1 级
13	塔区支架拆除	43	C6 索 2 次张拉 Z1、2 级
14	2#块桥面板	44	C6 索 2 次张拉 B2、3 级
15	2#块吊机	45	C6 索 2 次张拉 Z3 级
16	C2 索 2 次张拉	46	7#块钢梁
17	3#块钢梁	47	C7 索 1 次张拉 Z1 级
18	C3 索 1 次张拉	48	C7 索 1 次张拉 B1、2 级
19	3#块桥面板	49	C7 索 1 次张拉 Z2、3 级
20	3#块吊机及提升站安装	50	C7 索 1 次张拉 B3 级
21	C3 索 2 次张拉	51	7#块桥面板
22	4#块钢梁	52	辅助、过渡墩
23	C4 索 1 次张拉	53	7#块吊机
24	4#块桥面板	54	C7 索 2 次张拉 B1 级
25	4#块吊机	55	C7 索 2 次张拉 Z1、2 级
26	2、3#块湿接缝	56	C7 索 2 次张拉 B2、3 级
27	2#块预应力张拉	57	C7 索 2 次张拉 Z3 级
28	C4 索 2 次张拉	58	8#块钢梁-边纵梁
29	5#块钢梁	59	安装 7#辅助墩临时支座
30	C5 索 1 次张拉	60	8#块钢梁-横梁及小纵梁

续表 9.3

施工阶段	施工内容	施工阶段	施工内容
61	7＃辅助墩压重	92	10＃块桥面板
62	C8 索 1 次张拉 Z1 级	93	10＃块吊机
63	C8 索 1 次张拉 B1、2 级	94	8、9＃块湿接缝
64	C8 索 1 次张拉 Z2、3 级	95	C10 索 2 次张拉 B1 级
65	C8 索 1 次张拉 B3 级	96	C10 索 2 次张拉 Z1、2 级
66	8＃块桥面板	97	C10 索 2 次张拉 B2、3 级
67	8＃块吊机	98	C10 索 2 次张拉 Z3 级
68	6、7＃块湿接缝	99	11＃块钢梁
69	C8 索 2 次张拉 B1 级	100	C11 索 1 次张拉 Z1 级
70	C8 索 2 次张拉 Z1、2 级	101	C11 索 1 次张拉 B1、2 级
71	C8 索 2 次张拉 B2、3 级	102	C11 索 1 次张拉 Z2、3 级
72	C8 索 2 次张拉 Z3 级	103	C11 索 1 次张拉 B3 级
73	9＃块钢梁-边纵梁	104	11＃块桥面板
74	安装 4＃辅助墩临时支座	105	11＃块吊机
75	9＃块钢梁-横梁及小纵梁	106	C11 索 2 次张拉 B1 级
76	4＃辅助墩压重	107	C11 索 2 次张拉 Z1、2 级
77	C9 索 1 次张拉 Z1 级	108	C11 索 2 次张拉 B2、3 级
78	C9 索 1 次张拉 B1、2 级	109	C11 索 2 次张拉 Z3 级
79	C9 索 1 次张拉 Z2、3 级	110	边墩压重
80	C9 索 1 次张拉 B3 级	111	12＃块钢梁-边纵梁
81	9＃块桥面板	112	安装过渡墩临时支座
82	9＃块吊机	113	12＃块钢梁-横梁及小纵梁
83	C9 索 2 次张拉 B1 级	114	过渡墩压重
84	C9 索 2 次张拉 Z1、2 级	115	C12 索 1 次张拉 Z1 级
85	C9 索 2 次张拉 B2、3 级	116	C12 索 1 次张拉 B1、2 级
86	C9 索 2 次张拉 Z3 级	117	C12 索 1 次张拉 Z2、3 级
87	10＃块钢梁	118	C12 索 1 次张拉 B3 级
88	C10 索 1 次张拉 Z1 级	119	12＃桥面板
89	C10 索 1 次张拉 B1、2 级	120	12＃块吊机
90	C10 索 1 次张拉 Z2、3 级	121	10、11＃块湿接缝
91	C10 索 1 次张拉 B3 级	122	C12 索 2 次张拉 B1 级

续表 9.3

施工阶段	施工内容	施工阶段	施工内容
123	C12 索 2 次张拉 Z1、2 级	133	中跨合拢吊机
124	C12 索 2 次张拉 B2、3 级	134	C13 索 2 次张拉 B1 级
125	C12 索 2 次张拉 Z3 级	135	C13 索 2 次张拉 Z1、2 级
126	13#块钢梁	136	C13 索 2 次张拉 B2、3 级
127	C13 索 1 次张拉 Z1 级	137	C13 索 2 次张拉 Z3 级
128	C13 索 1 次张拉 B1、2 级	138	合拢配重
129	C13 索 1 次张拉 Z2、3 级	139	中跨安装
130	C13 索 1 次张拉 B3 级	140	体系转化及预应力张拉
131	13#块桥面板	141	调索
132	12、13#块湿接缝	142	二期

9.2.3 计算工况

工况 1:两侧对称吊装,最大双悬臂(9#块)两侧同时吊装一片 E1、C1 边纵钢主梁。

工况 2-1:两侧不对称吊装,先吊装一片 E1 边纵钢主梁(9#块)。

工况 2-2:两侧不对称吊装,先吊装一片 C1 边纵钢主梁(9#块)。

工况 3-1:最大双悬臂(9#块)两侧同时吊装一片 E1、C1 边纵钢主梁,E1 单侧一片边钢主梁落梁(2 倍系数)。

工况 3-2:最大双悬臂(9#块)两侧同时吊装一片 E1、C1 边纵钢主梁,C1 单侧一片边钢主梁落梁(2 倍系数)。

工况 4-1:最大双悬臂(9#块)两侧同时吊装一片 E1、C1 边纵钢主梁,E1 单侧一片边钢主梁及吊机落梁(2 倍系数)。

工况 4-2:最大双悬臂(9#块)两侧同时吊装一片 E1、C1 边纵钢主梁,C1 单侧一片边钢主梁及吊机落梁(2 倍系数)。

工况 5-1:最大双悬臂(9#块)两侧同时吊装一片 E1、C1 边纵钢主梁,E1 单侧一片边钢主梁落梁(2 倍系数),并叠加等效静阵风竖向风荷载(不对称加载)。

工况 5-2:最大双悬臂(9#块)两侧同时吊装一片 E1、C1 边纵钢主梁,C1 单侧一片边钢主梁落梁(2 倍系数),并叠加等效静阵风竖向风荷载(不对称加载)。

工况 6-1:最大双悬臂(9#块)两侧同时吊装一片 E1、C1 边纵钢主梁,E1 单侧一片边钢主梁及吊机落梁(2 倍系数),并叠加等效静阵风竖向风荷载(不对称加载)。

工况 6-2:最大双悬臂(9#块)两侧同时吊装一片 E1、C1 边纵钢主梁,C1 单侧一片边钢主梁及吊机落梁(2 倍系数),并叠加等效静阵风竖向风荷载(不对称加载)。

工况 7-1:两侧对称吊装一片边纵钢主梁(9#块),并叠加等效静阵风横向风荷载(对称加载)。

工况 7-2:两侧对称吊装一片边纵钢主梁(9#块),并叠加等效静阵风横向风荷载(不对称加载)。

9.3 塔梁临时锚固计算

9.3.1 不利工况计算

临时锚固措施的计算主要考虑施工不利条件下工况,最大双悬臂(9#块)两侧同时吊装一片 E1、C1 边纵钢主梁,E1 单侧一片边钢梁及吊机落梁,并叠加等效静阵风竖向风荷载(不对称加载),各临时支撑的反力如表 9.4 所示。

表 9.4 工况 6-1 临时锚固反力

锚固类型	反力类型	反力数值/kN	施工阶段/位置
竖向锚固	最大(拉力)	4 193.9	一片边主梁 E1 及吊机落梁边跨侧
	最大(压力)	−6 757.3	一片边主梁 E1 及吊机落梁/中跨侧
纵向锚固	最大(压力)	−3 025.7	一片边主梁 E1 及吊机落梁/中跨侧
横向锚固	最大(压力)	−6.9	一片边主梁 E1 及吊机落梁

该工况下,单个临时支撑竖向锚固最大拉力为 4 193.9kN,位置位于边跨侧;最大压力为 6 757.3kN,位置位于中跨侧,单个临时纵向支撑最大压力为 3 025.7kN,位置位于中跨侧;单个临时横向支撑最大压力为 6.9kN。

最大双悬臂(9#块)两侧同时吊装一片 E1、C1 边纵钢主梁,C1 单侧一片边钢主梁及吊机落梁,并叠加等效静阵风竖向风荷载(不对称加载),各临时支撑的反力如表 9.5 所示。

表 9.5 工况 6-2 临时锚固反力

锚固类型	反力类型	反力数值/kN	施工阶段/位置
竖向锚固	最大(拉力)	2 808.1	一片边主梁 C1 及吊机落梁/中跨侧
	最大(压力)	−5 291.1	一片边主梁 C1 及吊机落梁/边跨侧
纵向锚固	最大(拉力)	2 825.1	一片边主梁 C1 及吊机落梁/中跨侧
横向锚固	最大(压力)	−7.4	一片边主梁 C1 及吊机落梁

该工况下,单个临时支撑竖向锚固最大拉力为 2 808.1kN,位置位于中跨侧;最大压力为 5 291.1kN,位置位于边跨侧,单个临时纵向支撑最大拉力为 2 825.1kN,位置位于中跨侧;单个临时横向支撑最大压力为 7.4kN。两侧对称吊装一片边纵钢主梁(9#块),并叠加等效静阵风横向风荷载(对称加载),各临时支撑的反力如表 9.6 所示。

表 9.6　工况 7-1 临时锚固反力

锚固类型	反力类型	反力数值/kN	施工阶段/位置
竖向锚固	最大(压力)	−1 539.0	对称吊装及对称横风荷载/中跨侧
纵向锚固	最大(拉力)	135.1	对称吊装及对称横风荷载/中跨侧
横向锚固	最大(压力)	−1 181.3	对称吊装及对称横风荷载

该工况下，单个临时支撑竖向锚固最大压力为 1 539.0kN，位置位于中跨侧，单个临时纵向支撑最大拉力为 135.1kN，位置位于中跨侧；单个临时横向支撑最大压力为 1 181.3kN。以下对纵向、横向及竖向固结措施是否满足最不利工况不平衡纵向、横向及竖向力要求进行计算。

9.3.2　纵向临时锚固计算

1. 连接杆拉压计算

单个临时纵向支撑最大压力为 3 025.7kN，最大拉力为 2 825.1kN，为方便计算，取拉压力为 3 025.7kN，Q235B 钢抗拉强度设计值取 215MPa，抗压强度设计值取 215MPa，1=5.501m，u=1.0，

1)抗压计算

抗压强度及稳定性验算公式分别如下：

$$\sigma=\frac{N}{A}\leqslant f$$

$$\frac{N}{\varphi A f}\leqslant 1.0$$

式中：φ——轴向受压构件的稳定性系数，查表取 0.97；

N——最不利抵抗力(N)；

A——连接杆截面积(mm^2)。

因此，连接杆压力为

$$\sigma=\frac{3\ 025.7\times 10^3}{\frac{\pi}{4}\times(630^2-610^2)}=155.4(\text{MPa})<215(\text{MPa})$$

$$\frac{3\ 025.7\times 10^3}{0.97\times\frac{\pi}{4}\times(630^2-610^2)\times 215}=0.75<1.0$$

强度与稳定性满足要求。

2)抗拉计算

抗拉强度验算公式分别如下：

$$\sigma=\frac{N}{A}\leqslant f$$

式中：N——最不利抵抗力(N)；

A——连接杆截面积(mm^2)。

因此，连接杆拉力为

$$\sigma=\frac{3\ 025.7\times10^3}{\frac{\pi}{4}\times(630^2-610^2)}=155.4(\text{MPa})<215(\text{MPa})$$

强度满足要求。

2. 连接杆销栓连接计算

1)销栓计算

连接杆销轴以承压、抗剪与抗弯为主，销轴孔直径为 Φ200+0.3，取销轴直径 Φ200 计算，Q235B 钢抗剪强度设计值取 115MPa，承压强度设计值取 320MPa，抗拉、抗弯、抗压强度设计值取 200MPa。

销栓承压、抗剪与抗弯验算公式分别如下：

$$\sigma_c=\frac{N}{dt}\leqslant f_c^b$$

$$\tau_b=\frac{N}{n_v\pi\frac{d^2}{4}}\leqslant f_v^b$$

$$\sigma_b=\frac{M}{15\frac{\pi d^3}{32}}\leqslant f^b$$

$$M=\frac{N}{8}(2t_e+t_m+4s)$$

$$\sqrt{\left(\frac{\sigma_b}{f^b}\right)^2+\left(\frac{\tau_b}{f_v^b}\right)^2}\leqslant1.0$$

式中：d——销轴直径(mm)；

f_c^b——销轴连接中耳板的承压强度设计值(MPa)；

n_v——受剪面数目；

f_v^b——销轴抗剪强度设计值(MPa)；

M——销轴计算截面弯矩设计值(N)；

f^b——销轴抗弯强度设计值(MPa)；

t_e——两端耳板厚度(mm)；

t_m——中间耳板厚度(mm)；

s——端耳板与中间耳板间间距(mm)。

因此，连接杆销栓受力为

$$\sigma_c=\frac{3\ 025.7\times10^3}{200\times2\times64}=118.2(\text{MPa})<320(\text{MPa})$$

$$\tau_b=\frac{3\ 025.7\times10^3}{2\times3.14\times\frac{200^2}{4}}=48.2(\text{MPa})<115(\text{MPa})$$

$$M=\frac{3\ 025.7\times10^3}{8}(2\times130+180+4\times5)=173\ 977\ 750(\mathrm{N\cdot mm})$$

$$\sigma_b=\frac{173\ 977\ 750}{15\times\frac{3.14\times200^3}{32}}=14.8(\mathrm{MPa})<200(\mathrm{MPa})$$

$$\sqrt{\left(\frac{14.8}{200}\right)^2+\left(\frac{48.2}{115}\right)^2}=0.43<1.0$$

强度与稳定性满足要求。

2)耳板计算

耳板采用 Q235B 钢，以抗拉与抗剪为主，其抗剪强度设计值取 115MPa，抗拉、抗弯、抗压强度设计值取 200MPa。

耳板抗拉与抗剪验算公式分别如下：

$$\sigma=\frac{N}{2b_1t}\leqslant f$$

$$b_1=\min\left(2\mathrm{t}+16,b-\frac{d_0}{3}\right)$$

$$\sigma=\frac{N}{2t\left(a-\frac{2d_0}{3}\right)}\leqslant f$$

$$\tau=\frac{N}{2tZ}\leqslant f_v$$

$$Z=\sqrt{(a+d_0/2)^2-(d_0/2)^2}$$

式中：N——杆件轴向拉力设计值(N)；

b_1——计算宽度(mm)；

d_0——销轴孔径(mm)；

f——耳板抗拉强度设计值(MPa)；

Z——耳板端部抗剪截面宽度(mm)；

f_v——耳板抗剪强度设计值((MPa)。

墩顶底座两端耳板受拉为

$$b_1=\min(2\times130+16=276,175-\frac{200}{3}=108)=108(\mathrm{mm})$$

$$\sigma=\frac{3\ 025.7\times10^3}{2\times130\times108}=107.8(\mathrm{MPa})<200(\mathrm{MPa})$$

$$\sigma=\frac{3\ 025.7\times10^3}{2\times130\times\left(245-\frac{2\times200}{3}\right)}=104.2(\mathrm{MPa})<200(\mathrm{MPa})$$

$$Z=\sqrt{(245+200/2)^2-(200/2)^2}=330(\mathrm{mm})$$

$$\tau=\frac{3\ 025.7\times10^3}{2\times130\times330}=35.3(\mathrm{MPa})<115(\mathrm{MPa})$$

强度满足要求。

墩顶底座两端耳板受拉为

$$b_1=\min\left(2\times130+16=276,245-\frac{200}{3}=178\right)=178(\text{mm})$$

$$\sigma=\frac{3\ 025.7\times10^3}{2\times130\times178}=65.4(\text{MPa})<200(\text{MPa})$$

$$\sigma=\frac{3\ 025.7\times10^3}{2\times130\times\left(245-\dfrac{2\times200}{3}\right)}=104.2(\text{MPa})<200(\text{MPa})$$

$$Z=\sqrt{(245+200/2)^2-(200/2)^2}=330(\text{mm})$$

$$\tau=\frac{3\ 025.7\times10^3}{2\times130\times330}=35.3(\text{MPa})<115(\text{MPa})$$

强度满足要求。

中间耳板受拉为

$$b_1=\min\left(2\times64+16=144,265-\frac{200}{3}=198\right)=144(\text{mm})$$

$$\sigma=\frac{3\ 025.7\times10^3}{2\times144\times64}=164.2(\text{MPa})<200(\text{MPa})$$

$$\sigma=\frac{3\ 025.7\times10^3}{2\times64\times\left(265-\dfrac{2\times200}{3}\right)}=179.5(\text{MPa})<200(\text{MPa})$$

$$Z=\sqrt{(265+200/2)^2-(200/2)^2}=351(\text{mm})$$

$$\tau=\frac{3\ 025.7\times10^3}{2\times64\times351}=67.3(\text{MPa})<115(\text{MPa})$$

强度满足要求。

3. 连接件底座螺栓计算

梁底连接件螺栓以受剪为主，螺栓为 16～10.9 级 M64×290，抗剪强度设计值取 310MPa，承压强度设计值取 350MPa。

墩顶连接件螺栓以受拉为主，螺栓为 14～10.9 级 M48×180，抗拉强度设计值取 1040MP。

1)梁底连接底座螺栓抗剪计算

梁底连接件螺栓抗剪强度验算采用下列公式：

$$N_{vd}^{b}=n_v\frac{\pi d^2}{4}f_{vd}^{b}$$

$$N_{cd}^{b}=d\sum t\cdot f_{cd}^{b}$$

式中：N_{vd}^{b}、N_{cd}^{b}——受剪、承压承载力设计值(N)；

n_v——受剪面数目；

d——螺栓杆直径；

$\sum t$——承压构件总厚度的较小值；

f_{vd}^{b}、f_{cd}^{b}——螺栓抗剪、承压强度设计值。

因此，梁底连接件螺栓受力为

$$N_{vd}^{b}=16\times\frac{3.14\times 58.37^{2}}{4\times 10^{3}}\times 310=13\ 265.7(\text{kN})>3\ 025.7(\text{kN})$$

$$N_{cd}^{b}=43.31\times 70\times 16\times 350\times 10^{-3}=16\ 977.5(\text{kN})>3\ 025.7(\text{kN})$$

强度满足要求。

2)墩顶连接底座螺栓抗拉计算

其强度验算采用下列公式：

$$N_{td}^{b}=n_{v}\frac{\pi d_{e}^{2}}{4}f_{td}^{b}$$

式中：N_{td}^{b}——受拉承载力设计值(N)；

n_{v}——受剪面数目；

d_{e}——螺栓有效直径；

f_{td}^{b}——螺栓抗拉强度设计值。

因此，墩顶连接底座螺栓受力为

$$N_{td}^{b}=14\times\frac{3.14\times 43.31^{2}}{4\times 10^{3}}\times 1040=21\ 439.1(\text{kN})>3\ 025.7(\text{kN})$$

强度满足要求。

4. 连接件焊缝计算

Q235对接焊缝抗拉抗压强度设计值取170MPa，抗剪强度设计值取115MPa；角焊缝抗剪、抗拉强度设计值取160MPa。

1)梁底连接件底座焊缝计算

梁底连接件底座焊缝强度验算采用下列公式：

$$\tau=\frac{N}{l_{w}h_{e}}\leqslant f_{f}^{w}$$

式中：N——轴心拉力或轴心压力(N)；

l_{w}——焊缝长度(mm)；

h_{e}——对接焊缝的计算厚度(mm)。

因此，梁底连接件底座焊缝受力为

$$h_{e}=\sum(s-3)=85-3+2\times(45-3)=166(\text{mm})$$

$$\tau=\frac{3\ 025.7\times 10^{3}}{1770\times 166}=10.3(\text{MPa})<115(\text{MPa})$$

焊缝满足要求。

2)墩顶连接件底座焊缝计算

墩顶连接件底座焊缝强度验算采用下列公式：

$$\sigma=\frac{N}{l_{w}h_{e}}\leqslant f_{t}^{w}\ 或\ f_{c}^{w}$$

式中：N——轴心拉力或轴心压力(N)；

l_w——焊缝长度(mm)；

h_e——对接焊缝的计算厚度(mm)。

因此，墩顶连接件底座焊缝受力为

$$h_e = \sum(s-3) = 4\times(45-3) = 168(\text{mm})$$

$$\sigma = \frac{3\,025.7\times10^3}{500\times168} = 36.0(\text{MPa}) < 170(\text{MPa})$$

焊缝满足要求。

3)连接杆焊缝计算

连接杆焊脚，焊缝强度验算采用下列公式：

$$\tau = \frac{N}{l_w h_e} \leqslant f_f^w$$

式中：N——轴心拉力或轴心压力(N)；

l_w——焊缝长度(mm)；

h_e——角焊缝的计算厚度(mm)，取 $h_e = 0.7h_f$。

因此，连接杆焊缝受力为

$$\sigma = \frac{3\,025.7\times10^3}{0.7\times12\times8\times(430-2\times12)} = 110.9(\text{MPa}) < 160(\text{MPa})$$

焊缝满足要求。

4)墩顶预埋钢棒计算

当连接杆拉伸时，受力通过连接座螺栓传递至锚棒，锚棒环形拉盘对混凝土行成挤压。连接杆受压时，压力通过连接座底面传递至预埋钢板和混凝土，计算如下：

受拉状态时单个螺栓受力：

$$F' = \frac{F}{N}$$

式中：F——总载荷；

N——螺栓数量。

单根锚棒上的圆盘受力方向正投影面积(混凝土承压面积)：

$$A_x = n\pi(D_m^2 - d_m^2)/4$$

式中：n——拉盘数量；

D_m——圆盘直径；

d_m——锚棒直径。

计算中，忽略了锚棒、套筒等与混凝土的黏结力，计算结果偏安全。

考略到中位布置方向与水平面夹角为 $\theta=1°$(缩短至极限位置时 $\theta=\tan^{-1}\dfrac{100}{5500-740}$ 约为 1.2°)，拉力可分解为沿水平方向的力 F_x 和沿竖直向上方向的力 F_y

$$F_x = F\cos\theta, F_y = F\sin\theta$$

对于竖向，忽略预埋钢板与混凝土的黏结力，混凝土承压面积为锚棒、套筒在水平面内的投影，单根锚棒及套筒投影面积 A_y，粗略计算如下：

$$A_y = d_m L_m + D_t L_t$$

式中：L_m——锚棒外露长度；

D_t——套筒直径；

L_t——套筒外露长度。

计算结果如下：

代号	F	N	n	D_m	d_m	L_m	D_t	L_t	A_x	A_y	θ	F_x	F_y	σ_x	σ_y
单位	kN	—	—	mm	mm	mm	mm	mm	mm^2	mm^2	°	kN	kN	MPa	MPa
数量	6500	14	2	150	56	1370	110	200	30 416.9	98 720	1.2	6 498.57	136.13	15.26	0.10

受压时，混凝土承压面按阻尼器连接件底平面计算面积 A，其余计算与前文相同，同时压缩时，竖向分力向下，竖向力开裂影响可忽略。计算结果如下：

代号	F	N	L_a	L_b	d_m	L_m	D_t	L_t	A	A_y	θ	F_x	F_y	σ_x	σ_y
单位	kN	—	mm	mm	mm	mm	mm	mm	mm^2	mm^2	°	kN	kN	MPa	MPa
数量	6500	14	1050	660	56	1370	110	200	693 000	98 720	1.2	6 498.57	136.13	9.38	0.10

9.3.3 横向临时锚固计算

横桥向最大压力为 1 181.3kN，横向单侧采用 4 个 300mm×300mm 钢板与 36 根 Φ20 钢筋组成预埋件，C50 混凝土，以下对预埋件处混凝土强度进行计算。

混凝土抗压承载力公式如下：

$$\gamma_0 N_d \leqslant 0.9\varphi(f_{cd}A + f'_{sd}A'_s)$$

式中：γ_0——结构重要系数，按一级考虑，取 1.1；

N_d——轴向力设计值(N)；

A——构件毛截面面积(mm^2)；

A'_s——纵向钢筋截面面积(mm^2)；

φ——轴压构件稳定性系数，因为预埋件低于混凝土面，取 1.0。

因此，预埋件处混凝土受力为

$$1.1\times1\ 181.3 = 1\ 299.4\text{kN} < 0.9\times1.0\times\left(22.4\times300\times300+250\times9\times\frac{3.14\times20^2}{4}\right)\times4\times10^{-3}$$
$$=9801(\text{kN})$$

压力满足要求。

9.3.4 竖向临时锚固计算

1. 竖向抗拉计算

单个临时支撑竖向锚固最大拉力为 4 193.9kN，对称吊装施工过程最大竖向锚固拉力为

1 482.5kN,取 1500kN 进行精轧张拉,通过 4 根 Φ50 精轧螺纹钢抵抗,其抗拉强度设计值为 1000MPa。

精轧螺纹钢抗拉强度公式如下:

$$\sigma=\frac{N}{A}\leqslant f$$

式中:N——最不利抵抗力(N);

A——连接杆截面积(mm^2)。

因此,精轧螺纹钢拉力为

$$\sigma=\frac{5\ 693.9\times10^3}{4\times\frac{3.14}{4}\times50^2}=725.3(\text{MPa})<1000(\text{MPa})$$

抗拉满足要求。

2. 竖向抗压计算

单个临时支撑竖向锚固最大压力为 6 757.3kN,外加 1500kN 张拉力,通过 C35 混凝土柱抵抗。

混凝土抗压承载力公式如下:

$$\gamma_0 N_d \leqslant 0.9\varphi(f_{cd}A+f'_{sd}A'_s)$$

式中:γ_0 ——结构重要系数,按一级考虑,取 1.1;

N_d——轴向力设计值(N);

A——构件毛截面面积(mm^2);

A'_s——纵向钢筋截面面积(mm^2);

φ——轴压构件稳定性系数,取 1.0。

因此,混凝土受力为

$$1.1\times(6\ 757.3+1500)=9083\text{kN}<0.9\times1.0\times(16.1\times1000\times1000)\times10^{-3}=14\ 490\text{kN}$$

抗压满足要求。

9.4 本章总结

对桑园子黄河大桥塔梁纵向、横向及竖向临时锚固措施进行计算,可得到以下结论:

(1)Φ630×10×4671 连接杆(Q235B)能满足最不利工况 9#块两侧同时吊装一片 E1、C1 边纵钢主梁,单侧一片边钢梁及吊机落梁,并叠加等效静阵风竖向不对称风荷载)的纵向拉压要求。

(2)Φ200 连接杆销轴及耳板(Q235B)能满足最不利工况 9#块两侧同时吊装一片 E1、C1 边纵钢主梁,单侧一片边钢梁及吊机落梁,并叠加等效静阵风竖向不对称风荷载)的纵向抗拉、抗剪及抗弯要求。

(3)梁底连接件螺栓 16-10.9 级 M64×290 能满足最不利工况 9#块两侧同时吊装一片

E1、C1 边纵钢主梁，单侧一片边钢梁及吊机落梁，并叠加等效静阵风竖向不对称风荷载）的纵向抗剪要求。

(4)墩顶连接件螺栓 14-10.9 级 M48×180 能满足最不利工况 9＃块两侧同时吊装一片 E1、C1 边纵钢主梁，单侧一片边钢梁及吊机落梁，并叠加等效静阵风竖向不对称风荷载）的纵向抗拉要求。

(5)连接件焊缝满足最不利工况 9＃块两侧同时吊装一片 E1、C1 边纵钢主梁，单侧一片边钢梁及吊机落梁，并叠加等效静阵风竖向不对称风荷载）的纵向抗拉、抗剪要求。

(6)横向预埋件处 C50 混凝土满足最不利工况两侧对称吊装一片边纵钢主梁(9＃块)，并叠加等效静阵风横向风荷载(对称加载)的横向抗压要求。

(7)4 根 Φ50 精轧螺纹钢满足最不利工况 9＃块两侧同时吊装一片 E1、C1 边纵钢主梁，单侧一片边钢梁及吊机落梁，并叠加等效静阵风竖向不对称风荷载）的竖向抗拉要求，4 根 Φ50 精轧螺纹钢张拉力为 150t。

(8)C35 竖向混凝土柱最不利工况 9＃块两侧同时吊装一片 E1、C1 边纵钢主梁，单侧一片边钢梁及吊机落梁，并叠加等效静阵风竖向不对称风荷载）的纵向抗压要求。

(9)建议加强连接件及连接杆焊缝质量检查，防止漏焊少焊。

第四篇

施工监测篇

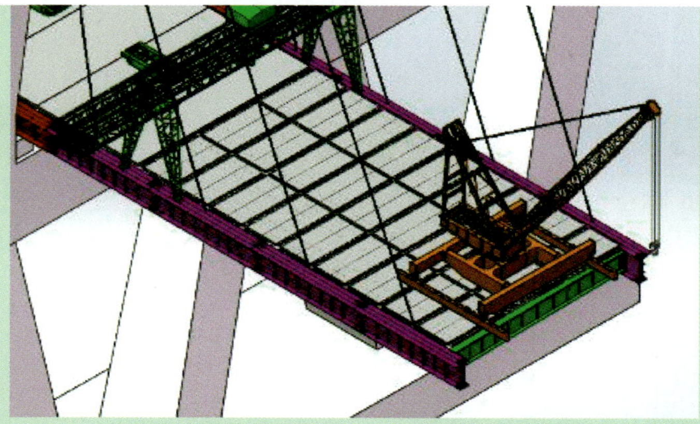

第10章 桑园子黄河大桥施工监测重难点及控制措施

10.1 主塔施工监测重难点及控制措施

10.1.1 主塔线形及内力控制

1. 重难点分析

桑园子黄河大桥主塔为分幅联塔形式，施工节段多，主塔施工线形控制需考虑竖向和水平的预偏值。主塔施工过程中需加强对内力进行控制，以确保主塔受力安全。需采取合理有效的监控措施确保主塔施工过程线形和内力控制到位。

2. 塔柱线形控制

桑园子黄河大桥主塔为分幅联塔结构，其塔端在施工过程时受自重、施工荷载及风荷载等作用产生的水平分力影响，塔柱向单侧倾斜，因此需设置塔柱水平预偏值，保证塔柱成桥线形满足设计要求；同时，在塔柱施工过程中和钢箱梁架设过程中，受塔柱自重和斜拉索的张拉索塔将产生弹性压缩变形，成桥后二期恒载作用下，索塔也会产生一定的弹性压缩变形，应根据预测的索塔弹性压缩量，在索塔施工过程中进行竖向预抬(图 10.1)。

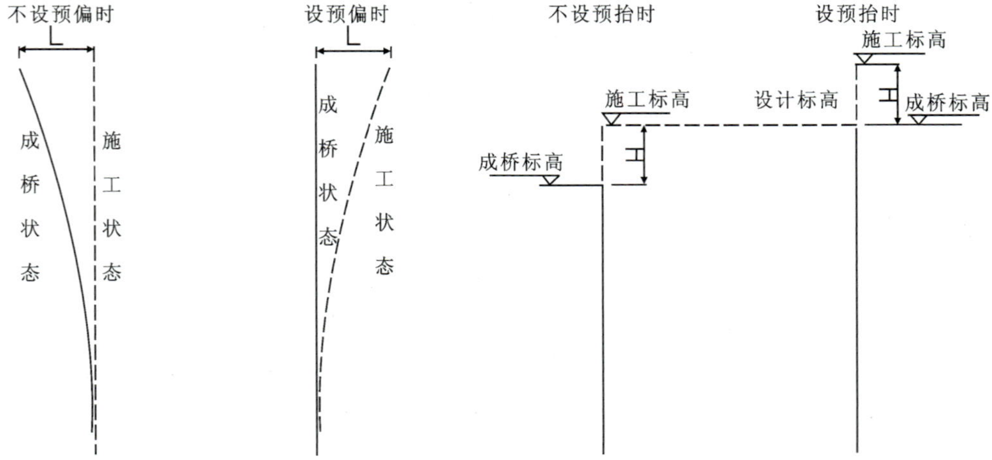

图 10.1　主塔预偏预抬高示意图

主塔预偏：主塔施工水平坐标＝设计坐标＋成桥主塔反向水平位移。

主塔预抬高：主塔施工竖向坐标＝设计高程＋成桥主塔反向竖向位移。

3. 内力控制

桑园子黄河大桥主塔在施工过程时，受自重、施工荷载及风荷载等作用产生的水平分力影响，在塔柱根部会形成较大弯矩，可能导致塔柱根部结构出现较大拉应力而开裂。为消除倾斜塔柱根部的不良应力状态，通常采用的方法是设置横撑，即在塔柱施工到一定高度后，再设置一定的主动横撑，确保塔柱受力安全，降低后续施工对塔柱根部的不利影响，横撑设加时机、设置位置、横撑主动力需通过计算确定(图 10.2)。

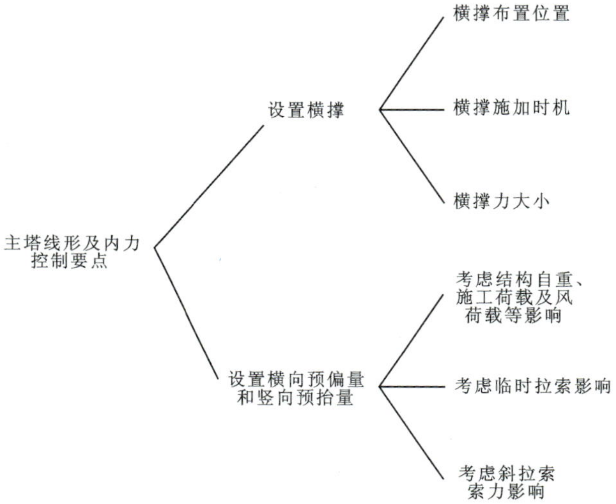

图 10.2 主塔线形及内力控制要点

10.1.2 主塔刚度不同的线形控制

1. 重难点分析

桑园子黄河大桥桥塔采用菱形“双子塔”，南塔塔高 152m，北塔塔高 133m，根据其形态和位置，分为上塔柱和下塔柱。南、北塔上塔柱高 97m，南塔下塔柱高 55m，北塔下塔柱高 36m。在上部结构安装过程中，由于主塔刚度不同，南、北岸桥梁线形有一定区别，尤其在中跨合拢时，南北岸需区别考虑。

2. 模型模拟

通过建立详细的理论分析模型，针对不同塔高导致的刚度不同，详细分析计算主塔施工过程中的主塔变形情况，以及主梁架设过程中主梁吊装、拉索张拉导致的主塔线形响应变化，对主塔的塔偏、索导管预抬值分别进行计算，充分考虑在中跨合拢吊装时的主塔结构响应，确保成桥状态下主塔线形内力满足相关要求。

3. 分幅联塔施工不同步控制

由于桑园子黄河大桥的分幅联塔桥的主梁相互分离，索塔横向相连，在监控过程中还需要重点关注左、右幅之间相互影响的情况，考虑架设进度不同等情况对整体结构的影响。

10.1.3　钢锚梁安装高程及索导管、锚拉板倾角控制

1. 重难点分析

监控过程中应充分考虑主塔的实际施工线形，设定好钢锚梁的安装高程。结合主塔、主梁的实际施工线形，设定好斜拉索导管在塔端和梁端的倾角，确保斜拉索能顺利穿索张拉，斜拉索不被索导管刮伤，在管口斜拉索不出现弯折应力。

2. 塔端索导管设置合理的预抬量和预偏量

塔柱在施工时需考虑合理的横向预偏量和竖向预抬量，塔端索导管坐标应相应地进行横向预偏和竖向预抬。图 10.3 为某斜拉桥各索导管坐标横向预偏和竖向预抬的计算结果。

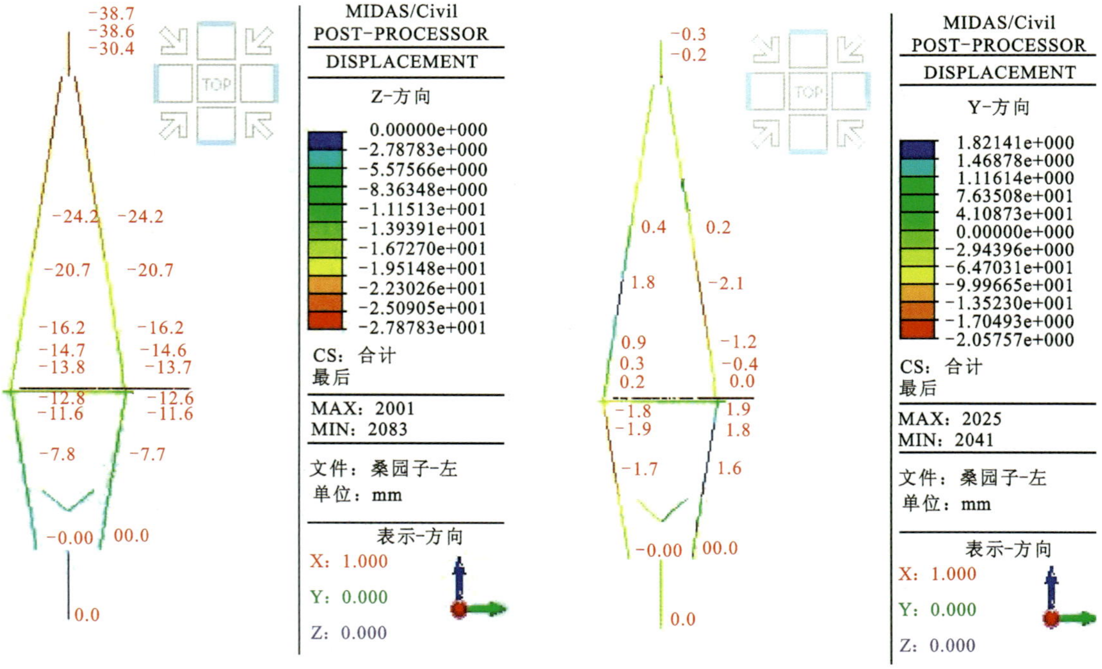

图 10.3　主塔竖向压缩量和横向变形计算结果

3. 索道管定位钢内模新技术

塔柱施工属于高空作业，施工空间狭小，尤其是斜塔柱，加上在塔柱施工中钢筋、劲性骨架、环向预应力、其他预埋件等因素的相互影响，直接增加了索导管精确定位的难度。中铁大

桥局集团武汉桥梁科学研究院有限公司和中铁大桥局集团有限公司研发了一种索导管精确定位装置的钢内模，将上述出塔点坐标和理论锚点坐标由虚点变成实点进行直接定位索导管空间位置。该技术获得了国家实用新型专利(图 10.4)。

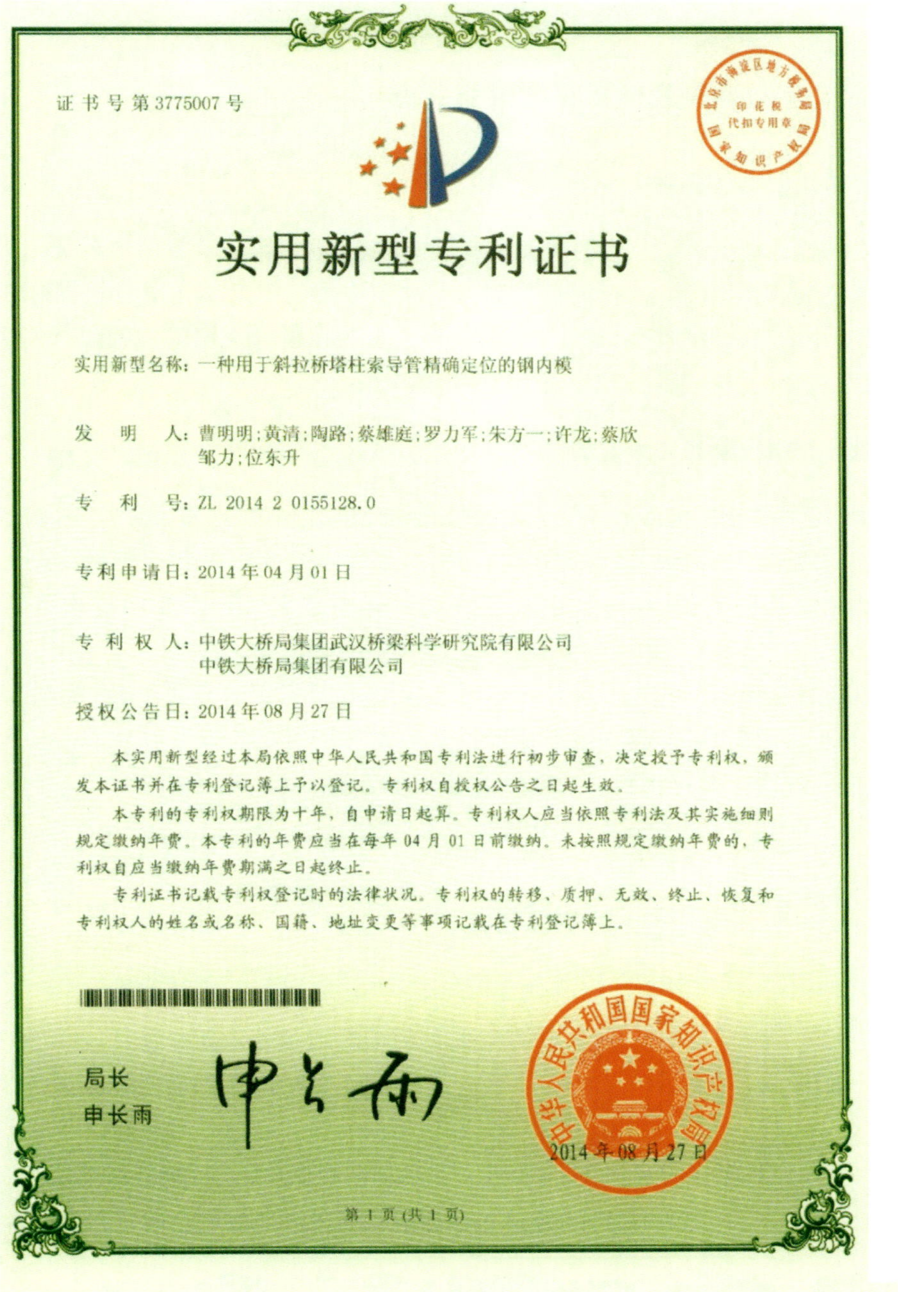
证书号第3775007号

实用新型专利证书

实用新型名称：一种用于斜拉桥塔柱索导管精确定位的钢内模

发　明　人：曹明明；黄清；陶路；蔡雄庭；罗力军；朱方一；许龙；蔡欣
邹力；位东升

专　利　号：ZL 2014 2 0155128.0

专利申请日：2014 年 04 月 01 日

专 利 权 人：中铁大桥局集团武汉桥梁科学研究院有限公司
中铁大桥局集团有限公司

授权公告日：2014 年 08 月 27 日

本实用新型经过本局依照中华人民共和国专利法进行初步审查，决定授予专利权，颁发本证书并在专利登记簿上予以登记。专利权自授权公告之日起生效。

本专利的专利权期限为十年，自申请日起算。专利权人应当依照专利法及其实施细则规定缴纳年费。本专利的年费应当在每年 04 月 01 日前缴纳。未按照规定缴纳年费的，专利权自应当缴纳年费期满之日起终止。

专利证书记载专利权登记时的法律状况。专利权的转移、质押、无效、终止、恢复和专利权人的姓名或名称、国籍、地址变更等事项记载在专利登记簿上。

局长
申长雨

2014 年 08 月 27 日

第 1 页 (共 1 页)

图 10.4　实用新型专利：一种用于斜拉桥塔柱索导管精确定位的钢内模

10.2 斜拉索、主梁制造阶段重难点及控制措施

依据计算分析确定的斜拉索和主梁无应力尺寸，评估和确认制造工程的可靠性和正确性；检查预制索长和主梁节段，分批建立误差数据库，及时更新和纠正后续主梁节段加工尺寸。

10.2.1 斜拉索制造阶段精度控制要点

1. 测定斜拉索弹性模量

斜拉索的弹性模量对斜拉索的伸长量有直接影响，进而影响桥梁的成桥线形。建议对每种类型的斜拉索的弹性模量进行抽样检测。此项工作由斜拉索制作单位根据施工监控单位的要求完成，并将测试数据提交到施工监控单位。监控单位可根据斜拉索弹性模量误差修正计算模型，更准确地指导现场施工。

2. 精确计算斜拉索无应力索长

斜拉索为柔性结构，在自重作用下，呈现悬链曲线。目前在悬索桥计算中，求取主缆无应力下料长度一般采用悬链线求解；而在斜拉桥中，还普遍采用以抛物线理论为基础的公式求解。本桥斜拉索长度较长，导致拉索垂度非线性影响增大，因此，在斜拉索下料时需充分考虑。

斜拉索在自重作用下的线形状态为悬链线，若已知锚索点的空间位置、索力、索截面积及单位长度，则可求得此悬链线长度；根据斜拉索的索力所引起的弹性应变沿索长积分可求得索的弹性伸长，二者之差可得到斜拉索的无应力长度(图 10.5)。

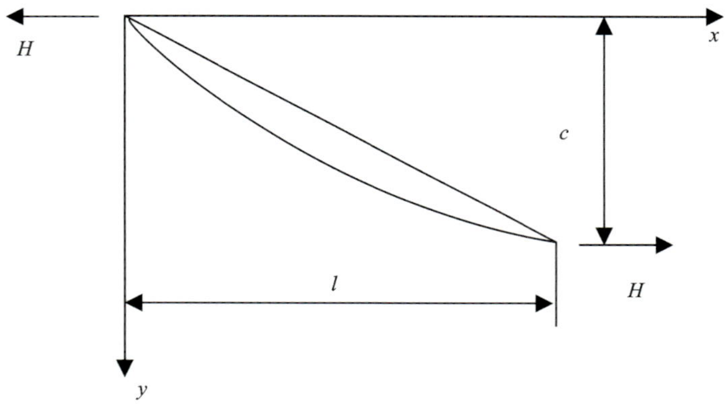

图 10.5 悬链线法计算示意图

图 10.5 所示的坐标系下可推得悬链线方程为

$$y=\frac{H}{q}\left[ch\alpha-ch\left(\frac{2\beta}{l}x-\alpha\right)\right]$$

式中：q——单位索长质量。

$$\alpha = sh^{-1}[\beta(cl^{-1})sh^{-1}\beta]+\beta$$

$$\beta = \frac{ql}{2H}\beta$$

由积分可求得悬链线索的长度为

$$S = \int_0^l \sqrt{1+\left(\frac{dy}{dx}\right)^2}dx = \frac{H}{q}\left[sh\left(\frac{ql}{H}-a\right)+sh(a)\right]$$

悬链线由轴力 N 引起的弹性伸长为

$$\Delta S = \frac{H}{EA}\int_0^l \left\{1+\left[-sh\left(\frac{q}{h}x-a\right)\right]^2\right\}dx$$

$$= \frac{H}{EA}\left[\frac{1}{2}ql+\frac{1}{8}H(e^{-2(a-2\beta)}-e^{2(a-2\beta)}-e^{-2a}+e^{2a})\right]$$

索的无应力长度为 S_0，根据 $S_0+\Delta S = S$，可计算 l，此方程是超越方程，需迭代求解。

3. 考虑温度影响，严控下料长度

监控单位提供的斜拉索下料长度是设计基准温度下的下料长度，制造厂家在制作时应根据下料时温度对斜拉索的下料长度进行修正，不明确之处及时与监控单位沟通。同时，监理单位对斜拉索下料长度的精度应严格把控（图 10.6）。

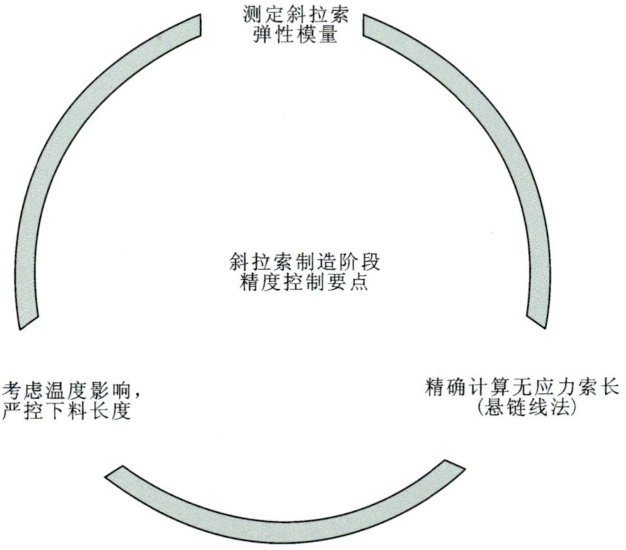

图 10.6　斜拉索制造阶段精度控制要点

10.2.2　主梁制造阶段线形控制要点

1. 设置合理的成桥预拱度

对于桑园子黄河大桥而言，主梁制造线形一般按照“斜拉索松弛及混凝土收缩徐变影响后恒载挠度＋1/2活载挠度”的反拱值进行设置，并拟合成平顺曲线，设置成桥预拱度时应综合考虑设计单位、业主单位等参建单位的意见设置。

2. 考虑主梁压缩量

受斜拉索索力影响，钢箱梁在施工过程中纵向会产生压缩变形，相应的梁端索导管坐标随之发生变化。因此在钢箱梁制造过程中各梁段应根据计算结果适当予以加长。

3. 主梁称重

钢箱梁重量直接影响成桥线形，在梁段涂装完成后，在吊装前要对每种类型的钢箱梁梁段精确称重（可在预拼场利用压力传感器或标定的液压千斤顶测量），称重过程要注意确定梁段的顺桥向的重心位置。此项工作由梁段制作单位根据施工监控单位的要求完成，并将称重数据提交给施工监控单位。监控单位可根据主梁重量误差修正计算模型，调整后续梁段的制造线形。

4. 严控质量，分批制造，消除既有误差

主梁的制造线形一旦确定，在拼装过程中，受焊缝宽度和临时匹配件等条件的限制，梁端标高及夹角（无应力曲率）允许调整的幅度较小。如果完全依靠索力来控制主梁线形，会引起内力误差，误差累积后导致线形和内力逐渐偏离预期理想状态。根据相关项目的主梁制造经验，主梁制造时应注意以下几点。

（1）加强对首节拼装精度的控制，对首节段主梁的制造精度开专题验收会，邀请各参建单位共同验收，将首节段主梁的方向角误差控制在允许范围内，便于后续节段的定位控制。

（2）现场严格控制梁长、梁高及梁端转角，要求主梁制造单位、监控单位及监理单位等单位共同对主梁的节段组拼线形进行验收，发现问题立即整改，防止误差的累计。

（3）节段组拼胎架不宜过短，一般每批钢箱梁拼装节段数量不宜少于5个节段，防止批次过多造成误差的累计。

（4）对于钢-混结合梁斜拉桥，由于斜拉索水平分力作用，主梁承受很大的恒载压力，混凝土桥面板的收缩与徐变将使得钢结构部分的应力增加，混凝土部分的应力减小，且钢结构部分的应力增加幅度较混凝土部分的应力增加幅度大，因此钢主梁应力影响很大，钢-混结合结构的斜拉桥必须考虑混凝土收缩徐变的影响。为了消除这种混凝土收缩徐变对钢-混叠合梁受力的影响，建议混凝土桥面板预制完成后，停放一定长的龄期（6个月以上），使钢-混叠合梁在桥位悬拼安装前混凝土的收缩徐变能发生一部分，以减小收缩与徐变对叠合梁内力重分配的不利影响。湿接缝混凝土浇筑后，需要混凝土达到一定的强度，并完成斜拉索的张拉后才可继续进行钢主梁的吊装，在叠合梁施工中，桥面板的施工监控至关重要（图10.7）。

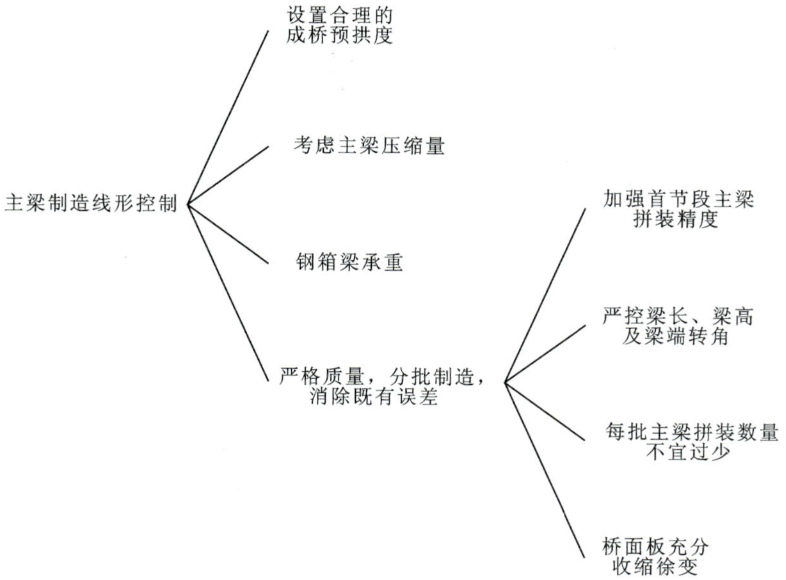

图 10.7　主梁制造线形控制要点

10.3　主梁内力、线形重难点及控制措施

10.3.1　主梁架设过程中内力、线形监控

1. 重难点分析

桑园子黄河大桥主梁采用钢-混结合梁结构，主梁和斜拉索安装控制是本桥施工控制的最主要的工作内容。主梁施工工艺复杂，主梁的制造线形、安装变形均会对主梁结构受力和结构线形造成影响。要求监控充分考虑各种因素的影响，采取合理有效的监控措施确保上述环节控制到位。

2. 主梁内力、线形控制

从计算方法上，监控方拟通过空间有限元模型对纵向线形、横向线形以及内力状态进行同步控制。通过考虑几何非线性、拉索垂度效应的正装迭代优化分析，在确定主梁无应力制造线形的同时，确定主梁横向预拱度。通过前期计算分析，获取线形控制的敏感性参数，提出尽可能稳定的主梁索力张拉方案，降低线形控制风险。

主梁制造线形的主要表现形式为制造高程、相邻梁段间角度或者梁段间的间隙。在节段主梁工厂制作过程中，监控单位同施工单位、钢结构制造单位及监理单位一同加强对制造线形的测量管控，对焊缝收缩、温度变化等影响精度控制的工艺水平进行优化，在板单元下料、组装、焊接等工序上严格控制施工误差，为现场节段顺利安装创造条件。

为了保证现场安装的顺利进行，应加强对场内制造精度的控制，尽可能与理论制造线形一致。在现场架设阶段，加强对首节拼装精度的控制，将方向角误差控制在允许范围内，便于后续节段的定位控制；对于后续节段，尽可能将两侧边梁的误差水平控制在同等水平，以利于横梁的安装；

在主梁采用悬臂吊装施工时，结构各位置的工况变化多，结构受力复杂，监控单位将提前在主梁上布置应力测试传感器，对于悬臂吊装施工关键工况，实时监测主梁关键部位的应力变化情况，如有结构应力发生突变或应力值超过材料容许应力时，需提醒施工单位采取相应措施进行调整，确保顶推施工过程中的结构安全。

3. 施工过程结构稳定性分析控制

桥梁结构的稳定、施工过程安全可靠，是确保施工达到设计要求的前提和保障。本桥主跨跨径较大，需提前计算各施工工况下，整个结构的安全稳定性，确保主梁吊装过程中安全稳定系数在可控范围内。

施工过程主梁稳定性控制的关键是施工开始前充分预计施工过程中可能出现的工况及荷载，制定相应的控制措施及目标值，在施工中严格按目标执行，从而达到预定目标。

4. 主体结构安全性控制

主体结构的整体安全性控制主要是在结构全过程分析的基础上，选取典型控制断面，对结构应力状态进行实时监测。

10.3.2 成桥状态内力线形优化控制

1. 重难点分析

桑园子黄河大桥的成桥状态需要经历复杂的内力变化和体系转化过程，为保证分幅联塔斜拉桥体系成桥后的内力状态和位移状态满足设计要求，需加强桥梁成桥状态的内力线形优化控制。

2. 确定合理的成桥状态

在斜拉桥结构计算中，确定成桥目标状态和施工目标状态是两项至关重要的工作，通常是先确定成桥目标状态，然后以成桥目标状态为基础，根据施工工序确定各施工目标的状态。

合理的成桥状态应兼顾以下原则(图 10.8)。

(1)恒载索力分布要尽量均匀合理。

(2)恒载状态，主梁弯矩应与活载效应的弯矩方向相反，在数值上接近于活载最大效应值与最小值代数和的一半，这样能使荷载组合时，弯矩包络图的中心线接近于零，有利于充分利用材料的强度。

(3)在恒载作用下，主塔的弯矩不能太大，并适当考虑活载的影响。根据本项目结构设计特点，在恒载状态下，塔柱宜向主跨侧有一定的预偏。

(4)荷载组合作用下，塔梁和拱肋的应力包络图宜尽量平坦，不应有较大突变，最大、最小应力均需在规范允许的范围内且有一定的安全储备。

(5)辅助墩支座反力在恒载下要有足够的压力储备,在活载及成桥阶段其他荷载作用下不出现负反力。

(6)成桥状态桥面线形平顺,且满足设计要求。

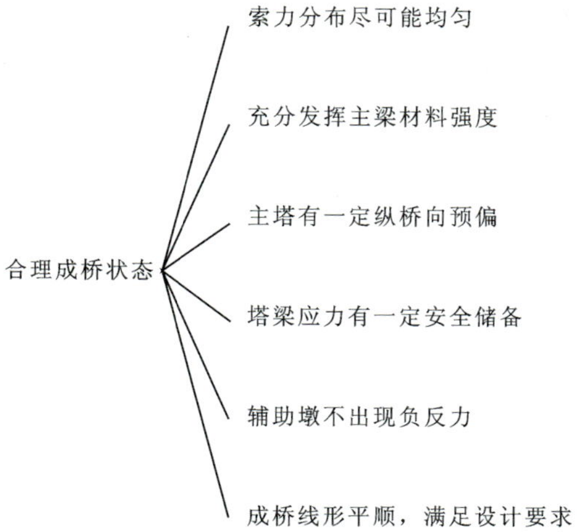

图 10.8　合理成桥状态确定原则

3. 确定合理的中间施工状态

选择合适的结构计算方法确定其中间施工状态,然后严格按照确定的中间施工状态组织施工,这是保证成桥后结构内力和位移满足设计要求的前提。主桥需要确定的中间施工状态有主塔爬模施工状态、主塔封顶施工状态、主梁悬臂施工状态、拉索张拉前后施工状态等。

10.4　施工过程中索力重难点及控制措施

1. 重难点分析

桑园子黄河大桥的拉索倾角变化大,结构空间效应明显,在拉索索力作用下,主塔将承受巨大的压力和不平衡弯矩。因此,要求施工控制理论分析必须准确模拟空间索面,确定合理的拉索初张力及张拉顺序,保证施工过程中主塔柱间受力平衡,并结合理论计算和监测结果进行对比分析,对各阶段斜拉索张拉力进行调整.现场索力测试时要求测控精度满足工程要求,确保索力测试的准确、可靠(图 10.9)。

2. 提高测试精度

本桥拉索采用平行钢丝斜拉索,斜拉索采用伸长量控制为主,索力控制为辅的原则进行。拉索的测量方法有振动频率法、磁通量法、穿心式压力环法。同时,大桥在运营期考虑建立健康监测系统,可在施工期提前安装部分测试元件,从而为索力监测精度提供更有力的保障。

此外,索力测试一般要考虑温度和风的影响,应尽量选择在温度较低且稳定、无风或微风的天气进行。当条件不允许时,温度可以比较容易进行修正,而风荷载产生的附加索力也会引起索力误差,包括静风响应索力和抖振响应索力。这部分影响可根据实测风荷载建立有限元模型进行理论分析的方法进行修正。

3. 避免大规模二次调索

为了避免成桥前后的大规模二次调索,我单位将在施工控制仿真计算中采用正装迭代优化分析,以纵桥向整体线形和内力状态为控制目标,进行最优索力优化,最终提出合理的斜拉索张拉方案。

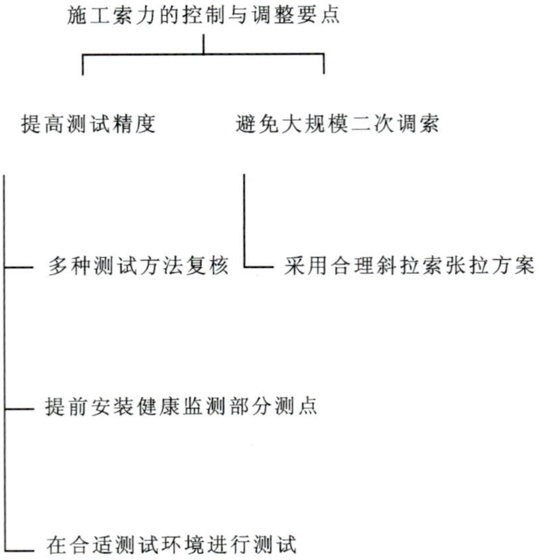

图 10.9　施工索力的控制与调整要点

10.5　本章总结

桥梁施工监控是通过施工架设全过程的仿真计算和实际结构状态监测,利用过程监控调整,实现桥梁结构成桥内力和线形理想目标状态。施工监控是复杂桥梁施工的必要环节。

首先以施工图设计内容为基础,对施工过程进行细化分析;其次分析施工监测的重难点,实时掌握结构施工过程中的真实状态,消除或减少偏差量的积累,确保施工过程中结构安全;最终确保成桥后,结构的线形达到设计理想的线形,并且使结构的内力分布与设计理想的内力状态趋于一致。

第11章　桑园子黄河大桥施工监测内容

11.1　施工监控理念

桑园子黄河大桥施工控制以全面的施工阶段正装理论计算为指导，结合各阶段的监测数据对施工全过程进行控制，既要实现成桥目标状态，也要实现中间施工阶段目标状态，以保证每一施工阶段结构的内力和线形都处于预测和控制之中，并使本桥最终达到设计要求。有效的施工控制应能够尽量减小实际状态与理论目标值的差别，在本桥的施工控制中，拟根据偏差的特点和性质采用分类最小偏差施工控制法(也称自校正调节法)进行控制。

施工中结构偏离目标的原因主要分为以下 3 种：

(1)控制计算参数误差是指桥梁施工过程中存在着许多在设计阶段不能完全确定的影响参数，如材料的弹性模量、混凝土的收缩徐变、施工荷载等，由于计算模型中这些参数与其实际值不符，导致了通过计算所得到的理想状态以及施工控制参数(张拉索力、安装标高等)不正确。因此，在施工控制阶段，为了保证计算模型能正确地反映实际结构，需要根据实测的状态变量值(位移、索力等)与相应的理论值之间的差异对影响参数进行识别与修正。

(2)测量误差则是指由于仪器精度、测试手段、环境因素、操作人员等的影响，使得测试值与真实值之间存在差别。为了消除这类误差的影响，需要采用滤波的方法，从被污染的数据中得到结构的真实状态。

(3)施工误差是指由于施工技术水平的限制，或施工操作的错误而导致结构偏离所要求的状态，主要包括定位误差、索力张拉误差等。这部分误差需要采取一定的控制手段进行调整，以使实际的结构状态与理想状态的偏差为最小。

为了达到最优施工控制，实现施工控制状态下施工偏差最小，合理的控制理论应该能充分考虑各种偏差的影响，要求具备三大基本功能：①校正功能。校正计算模型，以减小设计参数误差的影响。②滤波功能。通过滤波识别结构的实际状态，进而预报施工过程中结构线形调整值。③调整功能。调节施工误差和其他已有偏差。

分类最小偏差控制理念融合自适应控制和预测控制优点，以使施工偏差最小为目标。其流程见图 11.1 所示。

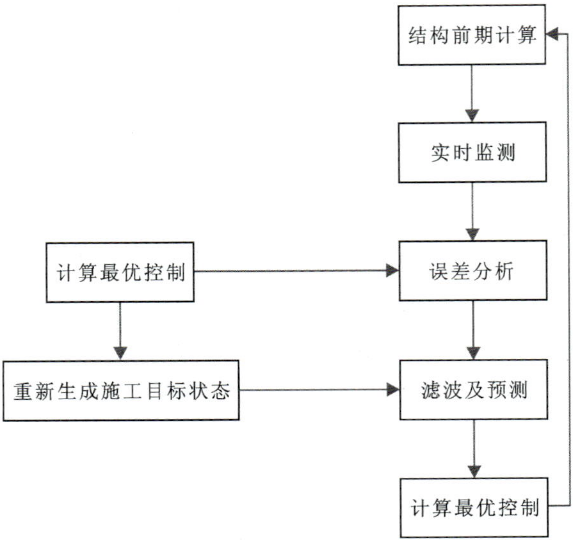

图 11.1　最小偏差施工控制理论流程

11.2　施工监控计算内容

11.2.1　设计复核性计算

施工控制在实施时的第一步工作是要形成控制的目标。

施工控制的预测计算首先采用设计计算参数对施工过程进行分析，计算出控制目标的理论值。理论值由主梁理论挠度、主梁理论轴线、主梁截面理论应力、斜拉索理论索力等系列数据组成。

按照设计图纸进行施工监控总体计算，并与设计计算主要结果进行相互校核，以确保控制的目标不与设计要求失真。

由于桥梁的设计和施工中存在着这两种既不相同又相互联系的计算过程，并且在实际工作中这两类计算可能采用不同的计算模型，由不同的单位来完成，因此，为达到使施工控制能按设计意图指导的施工，并最终满足设计预期的理想状态，首先要校核设计计算与施工控制计算的闭合性。只有在两者计算结论基本一致的前提下，施工控制的开展才有实际意义。否则，需要监控人员与设计人员一起仔细核对两种计算过程，找出并解决存在的问题。

11.2.2　理想施工状态确定

理想施工状态包括结构下料长度计算(包括钢箱梁制造线形计算和斜拉索无应力索力计算)、结构预拱度计算、斜拉索初始张拉力计算、结构线形计算。该项工作按照规范及设计文件给出的参数进行计算。

1. 钢梁制造线形计算

对钢梁而言，由于主梁节段间的转角调整受高强螺栓等因素的影响，其调整量非常有限。为了保证悬拼节段间精确匹配及主梁达到设计线形，需准确计算主梁的制造线形，即主梁的无应力线形。主梁制造线形计算步骤如下：

(1)按照设计线形进行有限元分析，然后根据设计院提供的成桥索力进行一次成桥计算，得出结构初步线形及索力。

(2)进行施工拼装过程计算分析，按照拟定的控制方法进行拼装至合拢过程计算，按照初步线形进行调整，使调整后(成桥状态下一定年限后)的线形与初步线形基本相同，得出施工阶段分析线形及索力，在此线形基础上加活载的一半反拱值得出制造线形。

(3)将主梁制造线形带入原始模型进行正装，按照步骤(2)的控制计算方法，得到结构一定年限收缩徐变后的结构线形及索力，作为斜拉索无应力索长的计算参数。

2. 斜拉索下料长度

斜拉索是斜拉桥的重要受力构件之一，精确地计算斜拉索下料长度对于顺利、安全地施工是非常重要的。根据图 11.2，斜拉索的下料长度(端到端)为

$$L_o = L_1 + (t_1 + t_2)/2 + h_1 + h_2$$

考虑将张拉和锚固端的螺母都放置在锚杯的 1/2 处，t_1、t_2、h_1、h_2 由制造厂家给定，参照相关锚具资料对数据进行校核。

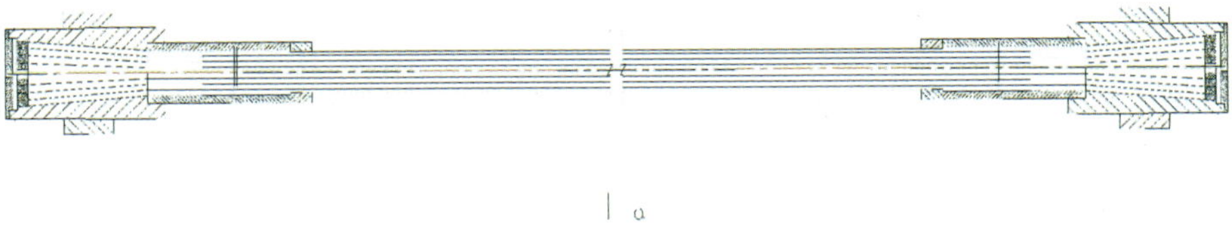

图 11.2　斜拉索下料长度示意图

斜拉索为柔性结构，在自重作用下，呈现为悬链曲线。目前在悬索桥计算中，求取主缆无应力下料长度一般采用悬链线求解；而在斜拉桥中，仍是普遍采用以抛物线理论为基础的公式求解。本桥斜拉索长度较长，这就导致拉索垂度非线性影响增大，此时用采用悬索线理论和抛物线理论之间的差别，在斜拉索下料时需充分考虑。斜拉索实际受力示意如图 11.3 所示，本桥监控中采用多段杆单元法进行模拟斜拉索，可以较为准确地模拟斜拉索的垂度效应。

斜拉索的下料长度＝节点间距＋垂度修正－安装伸长量＋工作长度＋温度修正量。无应力索长需要考虑主梁成桥预拱度、锚点间距离、垂度效应、弹性伸长量、张拉工作长度等因素综合确定。

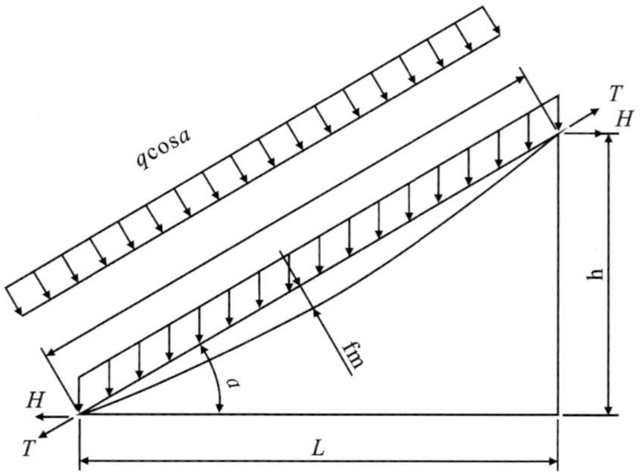

图 11.3 斜拉索实际受力示意图

3. 结构预拱度计算

结构理论预制线形计算的关键是对于结构预拱度及预制梁段长度的计算。预制线形指节段的无应力线形，梁场按此预制构件。由于梁段预制时处于无应力状态，因此梁段预制的结构目标线形应考虑结构由于受力变形引起的预拱，计算出预拱度。梁段预制长度同时考虑主塔混凝土收缩徐变、梁段弹性压缩修正。

通过施工全过程的有限元仿真计算分析，预制的梁段按照切线安装的思路，保证了梁段的胶接间隙，也保证了主梁的线形，得到了成桥实际总位移；通过成桥状态的运营活载计算，在设计荷载的作用下，得到运营中活载的最小位移值和运营阶段结构收缩徐变情况，对于中小跨度的桥梁，为提高行车舒适性和安全性，取活载位移的二分之一，对于大跨度桥梁，结构预拱度是否考虑活载位移，需与设计单位沟通后确定；这就得到了梁段在预制阶段需要设置的预制预拱度值，从而得到节段预制的理论预制线形。

因此，根据以上叙述，结构预拱度计算结果分为施工阶段预拱度、运营阶段预拱度和活载预拱度，具体方法如下：

(1)施工阶段预拱度为根据理论计算建立的计算模型和确定的计算参数，结合施工单位实际施工工况进行正装计算，得到成桥后的(桥面铺装完成)位移反拱值。

(2)运营阶段预拱度为运营 10 年期间主桥的位移反拱值。

(3)活载预拱度为汽车荷载向下位移最大值的 1/2 的反拱值。对于大跨度桥梁，结构预拱度设置方式与设计单位沟通后确定。

4. 斜拉索张拉力计算

为了使成桥后的结构内力和线形达到预先确定的理想状态，必须确定各施工阶段斜拉索的张拉力和张拉顺序。

本次监控中，原则上以设计索力为基础，根据施工控制计算的应力与线形结果，对索力进行合理的调整，在调整索力时应考虑以下因素：

(1)索塔线形。塔偏应满足控制目标线形的要求。

(2)主梁线形。线形应尽量平顺,避免凸起和折角。

(3)索塔应力。尽量优化索塔根部应力。

(4)斜拉索应力。尽量在规范规定容许应力范围内调整。

(5)主梁应力。调索时应特别注意主梁关键断面的应力水平。

(6)支座反力。避免出现支座负反力(拉力)。

(7)施工步骤。尽量采用施工单位提出的施工步骤,不对施工步骤进行大的调整。

11.2.3　主梁安装线形计算

主梁的安装线形计算就是根据实际确定的施工顺序和施工荷载情况,计算各施工阶段和成桥活荷载的结构变形,并据此计算相应阶段悬拼梁段的安装高程。

上述确定斜拉索施工张拉力的迭代收敛结果即可用于主梁安装线形的计算,但是由于施工过程中实际的斜拉索张拉力、施工荷载条件等,以及实际结构参数如梁段重量、构件刚度和材料弹模等均可能与初始计算的预定值不同,因此必须在施工控制中根据实际条件,并结合施工监测系统的反馈结果对模型进行修正后,才能用于后续工况的安装线形计算。

初始的几个节段定位标高按理论值确定,当理论值与实测值基本不一致时,需根据实测值对结构计算参数进行识别,修正计算模型。修正后按调整下一组梁段定位标高。

11.2.4　施工控制误差分析与参数识别

计算参数误差分析和参数识别是建立在大量的测量和计算分析的基础上,可采用的方法包括统计分析、卡尔曼滤波和预测、最小二乘法等。针对本桥而言,结构参数误差与识别主要包含以下几个方面。

1. 斜拉索索力

斜拉索索力是斜拉桥最敏感的参数,对结构内力状态和变形有显著的影响,精确控制斜拉索索力是施工监控的一个重要内容。由于测量误差的存在,频率法和千斤顶得到的数据并不是真实的索力值。需要结合索力、线形、温度场等多方面的测量数据和理论分析对真实的索力进行估计和识别。

2. 主梁安装误差

主梁安装误差主要包括构件节段尺寸误差、线形误差,对于施工监控的影响是箱梁重量、截面刚度及无应力线形。可以通过主梁标高、结构重量及尺寸等手段来识别箱梁安装误差。

3. 梁、塔和索的刚度误差

梁、塔和索是斜拉桥的主要受力构件,由于超静定次数高,刚度误差对于构件内力分配和变形有较大的影响。首先应根据误差可能出现的范围,采用非线性程序进行刚度影响性分析,然后结合多次线形、索力、应力、温度场、动力特性等数据,通过最小二乘法对刚度误差进行估计。

4. 施工荷载变动

应建立严格的管理制度控制施工荷载的变动情况，按规定堆放荷载，随时记录荷载的位置、大小和变化情况。

5. 温度场的影响

对于大跨度桥梁，温度场对斜拉桥的影响显著。需要布置足够多的温度测试断面和测点，并选择典型的天气状况进行连续温度场测试，掌握温度场变化规律。结合计算分析，可了解结构内力状态和线形随温度场变化规律。

11.2.5 成桥运营状态验算

成桥后的监控计算是全桥施工完成后，按实际参数取值考虑既有施工误差及支座偏差等影响，计算成桥线形、应力及稳定性，对全桥做出受力计算，以评价桥梁的成桥状态并为运营提供初始结构状态。

11.3 各施工阶段监测内容

11.3.1 主塔施工控制阶段

主塔下塔肢外倾，上塔肢内倾，在分段浇筑过程中，其线形及内力是控制的关键。主塔施工过程中，为使塔柱线形、应力及倾斜度满足设计和规范要求并保证施工安全，中塔柱施工过程中应设置水平横撑，并进行主动顶推。水平横撑设置位置、添加时机、水平顶推力需要通过计算确定。水平横撑必须具有足够的强度和刚度，在索塔施工完成后拆除。

塔柱在施工过程及成桥后受到基础沉降、桩基弹性压缩、塔柱自重弹性压缩、混凝土收缩徐变变化、成桥索力等的作用，塔柱竖向存在一定的压缩量，纵向有一定变形，因此需考虑斜拉索锚固点的竖向预抬高，纵桥向进行预设塔偏。

11.3.2 主梁悬臂施工控制阶段

1. 施工工序优化

在施工单位编制施工组织方案时，监控单位对关键工序、关键工况进行计算，优化施工工序，确定斜拉索初张拉力、梁段拼装工序、中边跨合拢方案等，参与配合施工单位编制施工组织方案。

2. 梁段称重

主梁安装过程中，其实际吊装重量与理论计算重量必然存在差别偏差，而重量的偏差对施工过程中施工监控的影响是巨大的。所以，为减小因梁重误差对控制精度的影响，钢梁制造方应提供详细的梁重信息。并在梁段安装前两个工作日内将梁重信息以书面形式经监理确认后转发监控单位。

3. 临时荷载控制

在钢梁安装过程中，准确控制桥面临时施工荷载是顺利实现施工监控目标和设计意图的前提条件，施工单位在钢梁安装、斜拉索张拉和测量测试时应严格按照各自提交的临时施工荷载情况进行布置。监控测量测试时，首先检查桥面临时施工荷载，看是否与施工单位上报荷载布置一致，若不一致则要求进行整改，直至满足条件方可测试。

4. 桥面线形控制

节段间连接方式采用栓接结合方式，钢梁安装时较难调整桥面高程。如果桥面线形出现较大偏差，主要采用索力进行标高调整。

在每一标准控制阶段，均测出悬臂端 3 个梁段前端的标高，然后与理论计算值进行比较。通过对比分析，可以看出主梁线形是否在控制范围之内，梁段之间是否平顺。如超出控制范围，则配合索力分析，采取有效措施来调整主梁线形，调整完毕后方能进行下一阶段施工。

5. 钢梁内力控制

为使成桥状态下钢梁的受力状态符合理论施工状态，需要在典型工况下加强主梁内力监测。同时，根据施工监控全过程计算分析结果，对施工过程中受力较大构件的重点部位进行重点关注。

6. 斜拉索初张拉

在斜拉索张拉过程中应严格控制当前索的索力值，避免因索力误差影响后续梁段的安装。斜拉索张拉过程中及完成后，相关各方应及时进行测试。在张拉过程中，施工单位应分级记录千斤顶的油压读数，监控使用锚索计及频谱仪进行测试。以上三方数据汇总后，进行分析识别，综合确定实际索力值。

7. 斜拉索终张拉

一般公路桥一期恒载占整个恒载的比重较大，可采用在施工阶段将斜拉索张拉至成桥索长。在过程中一般以线形控制为主，在合拢后调索以索力控制为主。

在大桥施工监控过程中设定 2 个目标状态：①为满足无应力状态法要求的主梁弹性连续条件，以中跨合拢时合拢口理想状态为中间目标状态；②以成桥状态为最终目标状态，在施工阶段将斜拉索张拉至成桥索长。

8. 阶段调索

随着主梁悬臂的伸长，各项误差的累积效应会越明显，甚至会出现结构不安全或施工状态偏离设计值过大的情况，此时，监控计算组会根据全桥通测结果进行计算分析，并向施工单位下发调整指令，对现有结构线形进行阶段性调整。另外，在中跨合拢前后为调整合拢状态，亦有可能进行全桥调整。

11.3.3 合拢控制阶段

斜拉桥的合拢控制是关键工序，合拢精度往往是评价监控工作成败的一个重要指标。合拢过程是一个体系转换的过程，因此，要求施工监控考虑各种影响因素，为主桥的合拢确定出最佳的合拢方案和时机。

在合拢前应对桥梁状态进行全面测试，测试工作包括主梁轴线、挠度、大气和钢梁温度、应力测量。钢梁悬臂架设阶段，每拼装主梁一个节间进行一次轴线、挠度、应力测量，并和计算值进行比较，以对钢梁架设施工质量进行监控，为全桥合拢提供数据，同时绘制连续 48h 时间温度曲线，以及悬臂端部高程、里程、合拢口间隙、塔偏随温度变化曲线，以选择适当的合拢时间。

11.3.4 成桥阶段控制阶段

1. 铺装线形拟合计算

主桥结构施工完成后，由于各种误差因素的存在，桥面铺装前桥面线形与理论计算理想情况不可避免存在一定的偏差，需要根据桥面实际通测线形，结合理论计算情况，拟合桥面铺装后的线形，确保成桥状态下的结构线形平顺性。

2. 确定结构竣工状态

桥面铺装完成竣工后，监控单位通测结构的最终竣工状态，可将斜拉索参数、主塔线形测点、主梁线形测点等相关内容移交至后期养护单位，为运营维护提供结构参数初始值，确保运营维护期间的结构测试数据连续性。

11.4 各施工阶段监测结果

11.4.1 上塔柱施工阶段内力控制

1. 测点布置

以南塔为例，根据现场实际情况，主塔应力测点布置于上塔柱，如图 11.4 所示。

2. 测试结果

钻石型桥塔根部弯矩随着桥塔自重、施工荷载等荷载的增加而变大，因此，塔柱根部应力是施工控制的关键。以南塔左幅为例，各施工阶段上塔柱根部截面应力如图 11.5 所示。

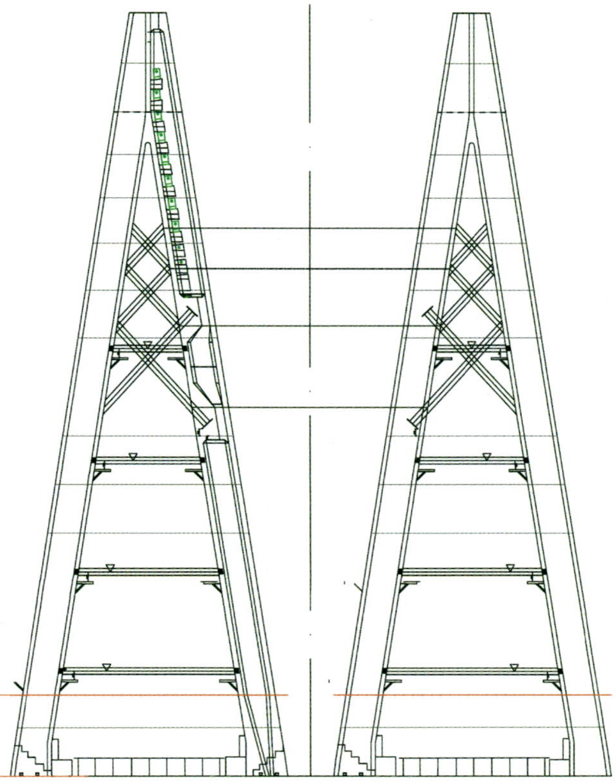

图 11.4　南塔上塔柱测试断面

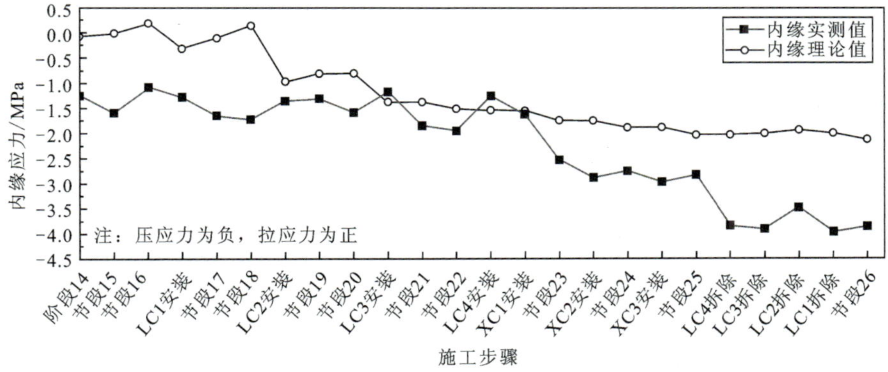

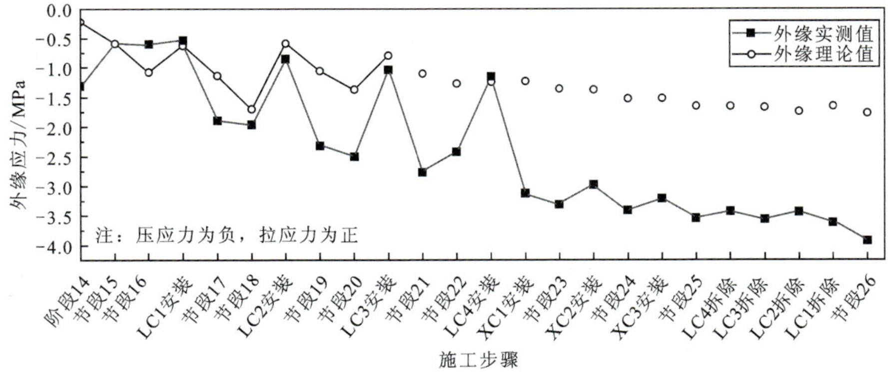

图 11.5　南塔左幅上塔柱根部截面应力

由图 11.5 可知，南塔左幅上塔柱根部内缘应力在横撑顶推阶段中发生突变，塔柱实测应力与理论应力发展趋势基本一致，最大应力偏差为 1.96MPa，满足监控要求。

11.4.2 主梁悬拼阶段控制

1. 线形控制

1)线形测点布置

根据现场实际情况，测点布置如图 11.6 所示。

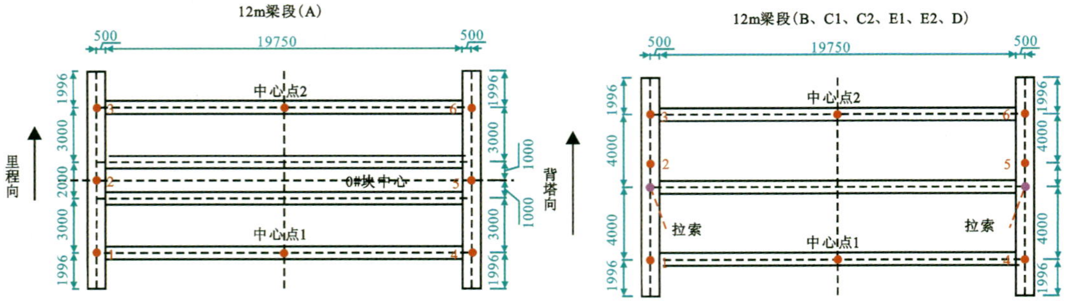

图 11.6 主梁测点布置示意图

2)测试结果

随着主梁悬臂的伸长，各项误差的累积效应会越明显，甚至会出现结构不安全或施工状态偏离设计值过大的情况，此时，监控计算组会根据全桥通测结果进行计算分析并向施工单位下发调整指令，对现有结构线形进行阶段性调整。另外，在中跨合拢前后为调整合拢状态，亦有可能进行全桥调整。以南塔右幅为例，合拢前标高如图 11.7 所示。

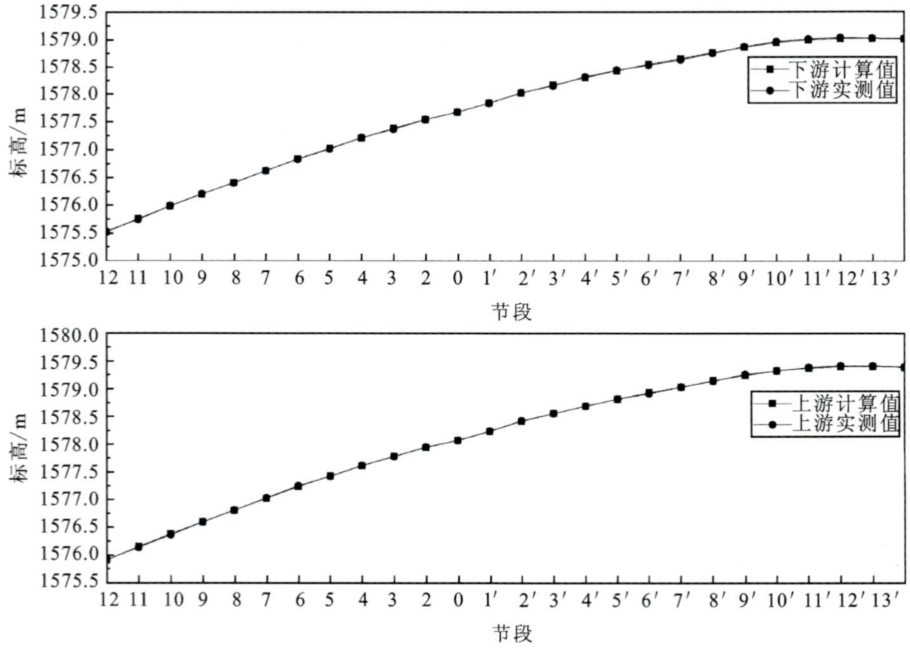

图 11.7 南塔右幅合拢前标高

由图 11.7 可知，南塔右幅标高较为平顺，主梁实测标高与计算标高相近，最大应力偏差为 0.019m，满足监控要求。

2. 应力控制

1）应力测点布置

根据现场实际情况，测点布置如图 11.8 所示。

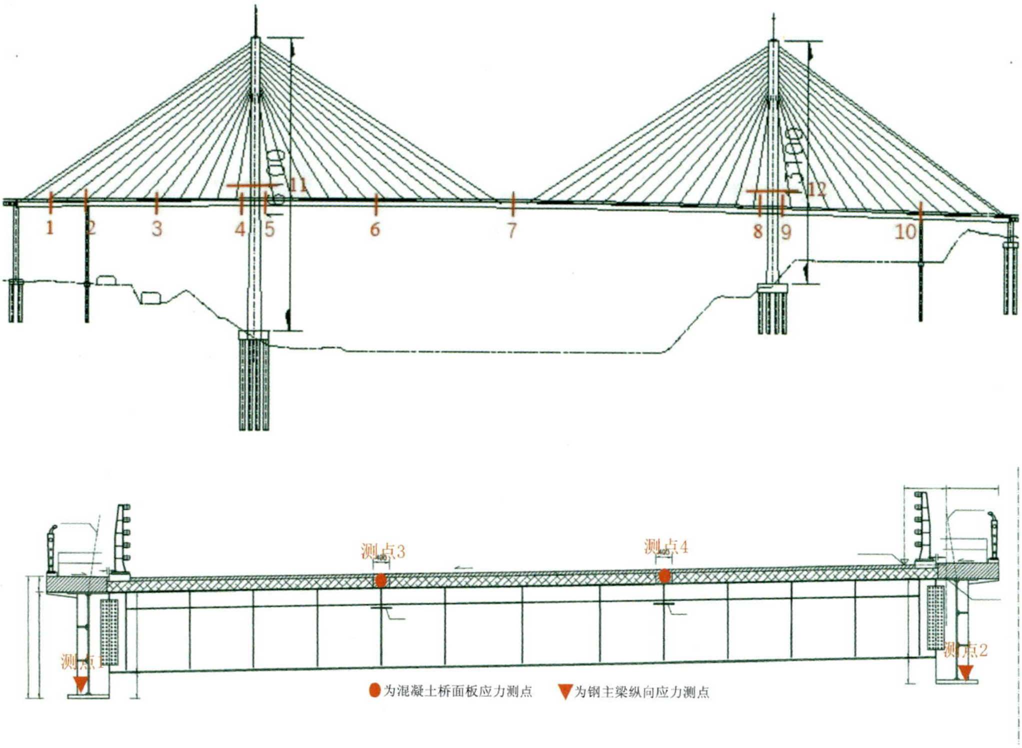

图 11.8　主桥应力测试断面及测点布置示意图

2）测试结果

为使成桥状态下，钢梁的受力状态符合理论施工状态，需要在典型工况下加强主梁内力监测。同时，根据施工监控全过程计算分析结果，对施工过程中受力较大构件的重点部位进行重点关注。以 4-4 断面为例，各工况下应力如图 11.9 所示。

由图 11.9 可知，南塔右幅 5-5 截面实测应力与计算应力发展趋势基本一致，钢主梁最大应力偏差为 2.09MPa，混凝土最大应力偏差为 1.35MPa，满足监控要求。

3. 索力控制

1）索力测点布置

根据现场实际情况，设计测点布置如图 11.10 所示，以下结果表中斜拉索编号与设计图纸基本一致。

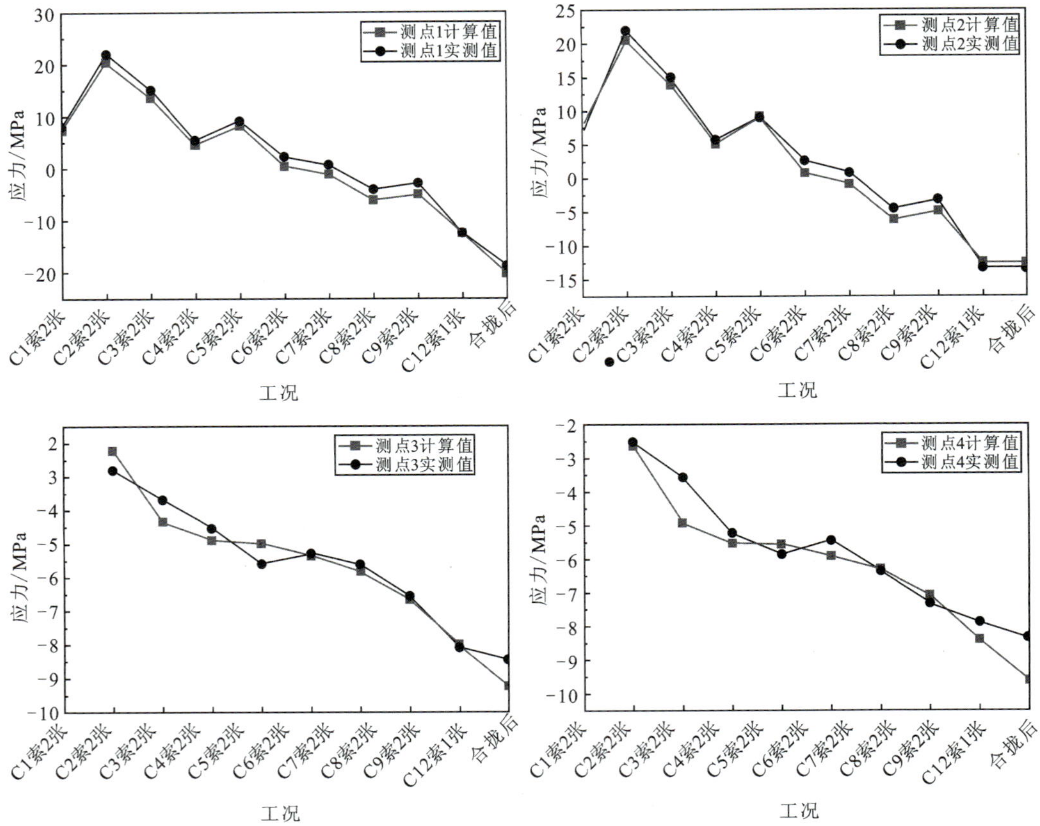

图 11.9　南塔右幅主梁 5-5 截面应力

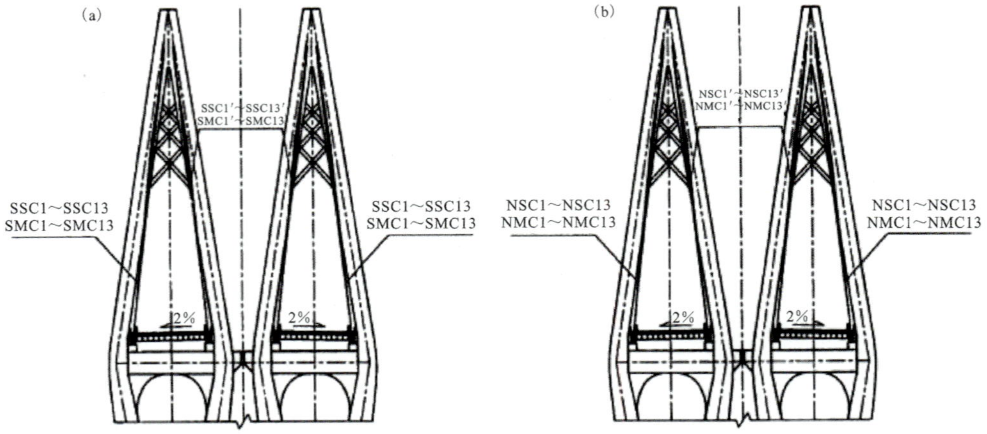

(a)南塔斜拉索编号示意；　　(b)北塔斜拉索编号示意

图 11.10　索号布置示意图

2)测试结果

随着主梁悬臂的伸长，各项误差的累积效应会越明显，甚至会出现结构不安全或施工状态偏离设计值过大的情况，此时，监控计算组会根据全桥通测结果进行计算分析并向施工单位下发调整指令，对现有结构线形进行阶段性调整。另外，在中跨合拢前后为调整合拢状态，亦有可能进行全桥调整。以南塔右幅为例，合拢前索力如图 11.11 所示。

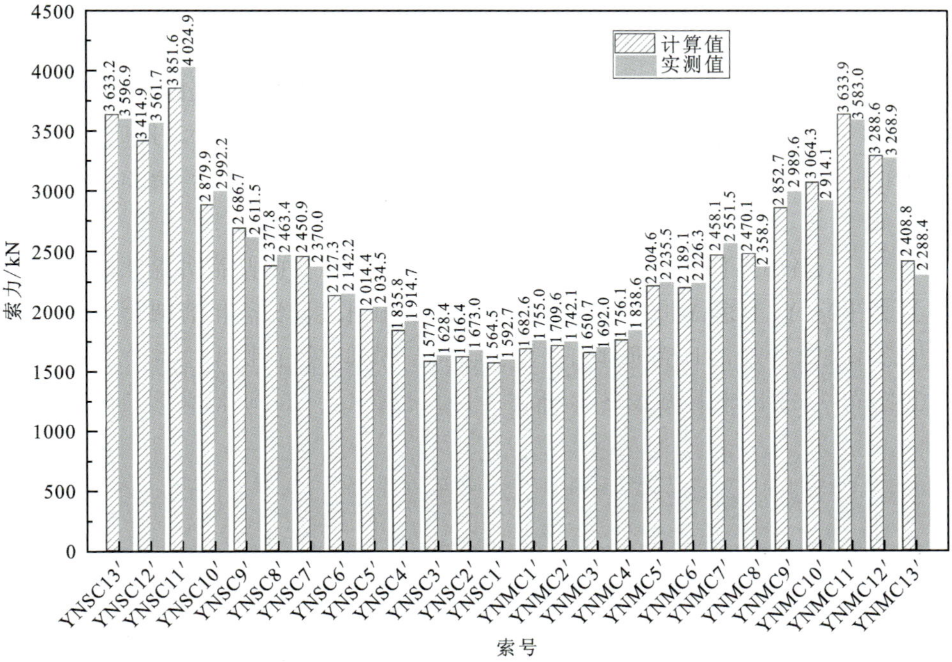

图 11.11　南塔右幅内侧索力

由图 11.11 可知，南塔右幅索力实测值与计算值相近，最大索力偏差为 4.9%，满足监控要求，合拢后进行索力调整，达到设计索力。

11.4.3　合拢阶段控制

1. 测点布置

在合拢前应对桥梁状态进行全面测试，包括中跨合拢段长度，其布置方式如图 11.12 所示。

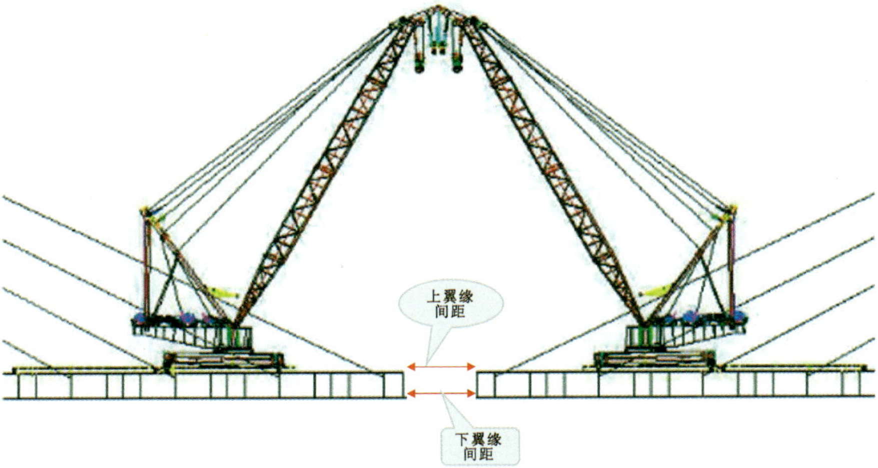

图 11.12　中跨合拢段长度测量

2. 测试结果

斜拉桥的合拢控制是关键工序，合拢精度往往是评价监控工作成败的一个重要指标。合拢过程是一个体系转换的过程，因此，要求施工监控考虑各种影响因素，为主桥的合拢确定出最佳的长度和时机。

实测9月11日、12日气温变化如图11.13所示，中跨合拢段间隙变化如图11.14所示，当有阳光照射时，下游比上游、上翼缘比下翼缘合拢口间隙变化速率快，且合拢口间隙变化量为3～8mm/℃。右幅合拢时间为9月15日，确定右幅合拢温度为20℃，中跨合拢口间隙温度影响下变形值见表11.1。根据现场观测数据确定进行配切定孔位，梁厂开孔。

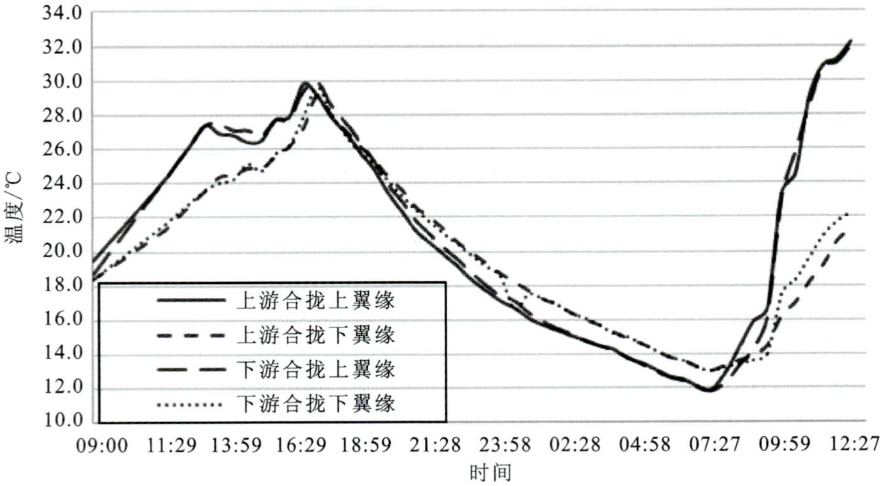

图 11.13 时间-温度变化实测图

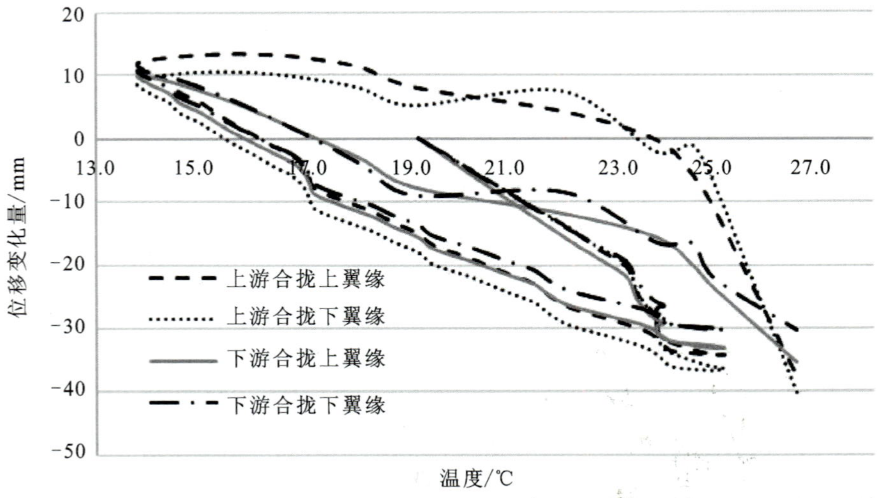

图 11.14 中跨合拢间隙变化量

表 11.1 中跨合拢段长度

单位:mm

位置/节点	初值(18.8℃)	变化量	制造长度(直线、20℃)
上游合拢上翼缘间隙	4044	−7	4037
上游合拢下翼缘间隙	4043	−7	4036
下游合拢上翼缘间隙	4053	−8	4045
下游合拢下翼缘间隙	4046	−8	4038

11.5 本章总结

本项目施工控制以全面的施工阶段正装理论计算为指导,结合各阶段的监测数据对施工全过程进行控制。既要实现成桥目标状态,也要实现中间施工阶段目标状态,以保证每一施工阶段结构的内力和线形都处于预测和控制之中,并使本桥最终达到设计要求。

施工监测内容分为三个方面,第一是通过计算形成控制的目标,第二是根据设计、施工的特点确定各阶段监测内容,第三是根据实测与计算的数据对现有结构状态进行阶段性调整。

施工监测的目的是使施工状态在可控范围内,通过各阶段监测结果可知,主塔施工阶段内力,主梁悬拼阶段线形、内力、索力,合拢阶段施工均在可控范围内,为成桥后各状态达到目标值奠定了基础。

第12章 基于智慧云平台的桑园子黄河大桥全寿命监控监测

12.1 全寿命监控监测概述

12.1.1 全寿命监控监测概念

桥梁健康监测就是通过对桥梁结构进行在线监测，实时监控结构的整体行为，对结构的损伤位置和程度进行诊断，对桥梁的服役情况、可靠性、耐久性和承载能力进行智能评估，为大桥在特殊天气或桥梁运营状况严重异常时触发预警信号，为桥梁的维修、养护与管理决策提供依据和指导。

自从我国大规模基础设施建设逐渐规范化以来，桥梁建设单位和后期养护单位逐渐意识到桥梁结构健康监测的重要性，但受其他相关学科的限制，早期的监测手段较落后，在应用上一直受到相当大的限制。近年来，随着计算机技术、数字信号处理技术、数据库技术、网络技术、传感与测试技术等相关学科得到了长足的发展，为健康监测提供了必要的条件与技术支持。随着大型桥梁结构的跨径越来越大、结构体系越来越复杂、结构越来越轻柔；此外，大型桥梁的造价也越来越高，对地方乃至国家的经济意义也越来越有举足轻重的影响。因此，越来越迫切地需要结构健康监测技术来为结构的设计假设提供验证，为建设期监控、养护期维修和日常管理、应急管理提供决策支持。桥梁结构健康监测技术已经成为国内外学术界、工程界的研究热点，在近年来取得了飞速的发展，越来越多地运用到工程实践中。

桥梁健康监测技术的发展主要分为 3 个阶段：20 世纪 80—90 年代末期主要是传感技术（智能材料＋智能传感器）和探索性工程应用；20 世纪 90 年代—21 世纪初为高性能传感器应用结合的传输技术及示范性工程应用；目前阶段的主流趋势为高性能智能化传感测试系统与电子化人工巡检相结合。

从传统意义上来说，大型桥梁的监测、检测按时间顺序可分为 3 个阶段：施工监控、成桥荷载试验和运营期健康监测。通过上述 3 个阶段获得的各种信息，可以完成对桥梁结构重要参数的建设和运营期的全寿命周期内的跟踪监测，进而实现深入地掌握目前桥梁结构的真实状态，并预测未来结构的行为与状态。这样就能尽早地发现和预报桥梁结构在施工期间的安全风险、运营期的结构损伤，及时采取必要的安全施工和养护维修方法，以减少桥梁安全事故的发生。

施工监控、成桥荷载试验及运营健康监测三者在时间上顺次衔接，在服务目标上虽有差别，但在监测内容、监测手段、技术路线上有相同之处。国内外桥梁的健康监测系统绝大多数是运营期的健康监测，施工监控和健康监测由不同单位分别建立独立系统完成，桥梁状态信息缺乏延续性且不经济。因此，在监测设备及监测信息上有共享内容，将三者综合考虑进行三位一体设计，建立桥梁的全寿命监测系统，无论是从经济角度还是从系统和监测信息的完整性以及信息的衔接角度来看是最合理的。

12.1.2　全寿命监控监测研究存在的问题

纵观国内外桥梁的工程监测实际实施情况，大型桥梁的全寿命监测研究仍存在以下问题：

(1)将全寿命监测的 3 个基本阶段——施工监控、荷载试验及运营健康监测孤立进行，这是目前制约桥梁全寿命监测发展的最主要因素，其原因是多方面的，如工程施工期间桥梁监控监测项目、成桥荷载试验项目、运营期健康监测项目招投标的方式、时间限制等。该问题直接导致了已完成监测阶段的监测信息不能被后续监测阶段所共享，中断了监测信息的衔接，阻碍了监测信息的有效利用与充分挖掘。

(2)全寿命监测系统的架构与内涵不明确。虽然对有些桥梁建立了全寿命监测系统，但是系统的目的、功能、内容及组成等不明确，系统各组成模块之间的关系存在人为主观性，系统中各阶段的监测内容不统一，共享信息模糊。

(3)仅就施工监控而言，已有不少研究者提出了多种线形控制方法，然而各种方法大多未经验证便投入使用。换言之，线形控制中缺少对控制方法的有效验证，对不同桥梁的线形控制，缺少对不同控制方法、不同数据预处理及展示方式的比较研究。

(4)缺少对大型桥梁温度作用的多方位、长期、深入研究。温度作用会对桥梁尤其是大跨径超静定桥梁结构产生很复杂的影响，目前研究者基本基于短期的(一般几天时间)温度场试验进行，对结构长期的季节温度、温度梯度的概率分布规律掌握不够。温度及温度分布对桥梁结构模态测试及模态参数识别有一定影响，如何分析其影响规律，并在测试结果中滤除其影响，识别结构真实参数，研究方法并不成熟，研究成果不多。

(5)健康监测系统的实时化程度不高，可用性不强，某些运营监测系统仅起到离线监测作用，人工干预内容较多，自动化程度不够高。

(6)虽建立了桥梁的全寿命监测系统，但将全寿命监测等同于全寿命测量，仅测量、存储与显示一些表观化的数据如应变、温度、加速度等，缺少对监测信息的深入分析与挖掘整理，缺少对桥梁结构性能特别是安全性的评定方法，缺少对结构未来的状态与安全性的有效预测。

12.2　实施全寿命监控监测的意义

桥梁全寿命健康监测不但能保证施工过程中的安全和质量，还可以监测和掌控桥梁的性能退化，为桥梁管理部门进行桥梁养护、维修、制定加固决策等提供重要依据，并防止突发性倒塌事故的发生。虽然目前的桥梁健康监测技术并不十分完善，硬件设施及监测数据的分析技术还不足以让我们完全掌握桥梁的性能和状态，但至少可以部分掌握。桥梁监测数据会被长期保存下来，多年之后随着各种分析处理技术的发展，这些数据无论对科学研究，还是桥梁结构本身的安全保障都格外珍贵。总之，随着相关领域各项技术的不断提高，随着健康监测相关问题的深入研究和探讨，桥梁健康监测系统的性能会大幅度提高，必将成为桥梁必备的安全保障。

桥梁健康监测本身也是对桥梁的足尺试验，并且试验项目全面，测试数据非常丰富。实验室缩尺试验无法真实再现桥梁的荷载及所处的周边环境，另外边界和约束的处理也只是近似的，但桥梁健康监测不同，它能得到真实桥梁在真实荷载和真实环境下的各种响应，并且同时能监测真实荷载和真实环境本身，其得到的大量的长期监测数据将对完善大型桥梁结构的设计理论以及进行大型桥梁结构的相关科学研究都将具有重要意义。

12.3　全寿命监控监测的设计原则

全寿命监控监测系统设计原则是结合桥梁设计、施工、检测和养护的规范、规程及标准，注重实用性，兼顾经济性和科学研究，进行健康监测系统设计。全寿命健康监测系统设计原则如图 12.1 所示。

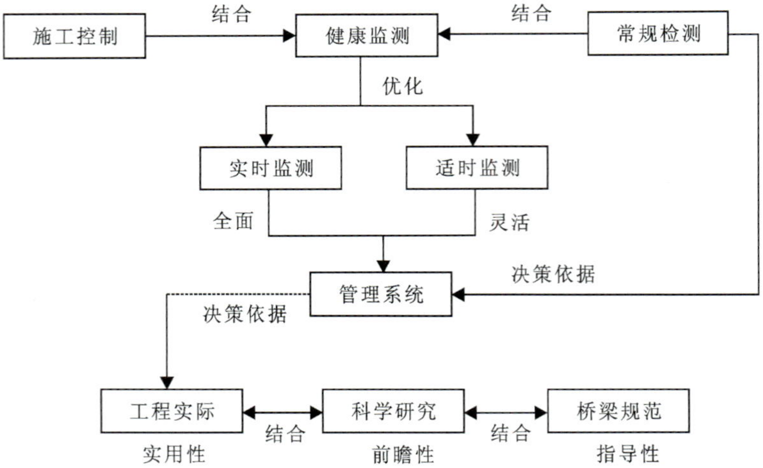

图 12.1　全寿命健康监测系统设计原则

1. 施工监控监测与桥梁健康监测相结合

桥梁施工监控监测系统是通过在施工过程中对桥梁结构进行实时监测，并根据监测结果对设计的施工过程进行相应的调整，使桥梁建成时最大可能地接近设计要求。施工监控根据桥梁成桥后线形的要求，监控的主要内容有：各梁段的变形及高程实施控制、主梁控制截面应力监测、斜拉索索力监测控制等。毫无疑问，在桥梁施工监控期间，在桥梁主要控制截面上合理地选择和安装传感器不仅可以获取准确的施工阶段信息，还可以为桥梁运营后的健康监测提供原始数据和健康状态，进而实现全面掌握桥梁性能变化和真实状态。同时，由于对施工监控和健康监测进行了统筹规划和管理，传感器等硬件成本得到有效地节约，监测系统的布置周期也大为降低。

2. 桥梁健康监测和桥梁检测相结合

传统的桥梁检测技术是通过各种专用测量、测试仪器直接发现及定位桥梁异常和损伤。桥梁检测技术在发现桥梁主要构件的裂纹长度、深度和锈蚀深度方面具有简便直接等优点，但也存在诸多的不足：如不能准确掌握动静力下的结构性能、观测基本限于表面现象、在桥梁实时运营时难以全面实施等。健康监测的实时性、准确性和全面性恰好在以上这些方面弥补了检测技术的不足。我国当前现有的经济发展水平、桥梁管理能力、桥梁检测实施技术，尚不能够舍弃桥梁检测技术而全面推广健康监测技术，因此将二者结合起来，实现优势互补是今后桥梁管理的长期发展方向。

3. 结构实时监测和适时监测相结合

实时监测是指监控监测系统连续不断地采集和分析桥梁的动力响应和信号，优点是能够及时完整地捕捉到桥梁的环境改变和静动力性能的细微变化，适合特大型桥梁的监测。适时监测则分以下两种情况：

（1）时间不连续的定期监测。每次监测一天或更长时间，特点是经济方便，可以用较小的成本对桥梁静动力性能的变化有基本的了解和掌握，适合中小型桥梁。

（2）采集通道存在定时切换和控制，同时时间可以不连续。此方案介于实时监测与第一种适时监测类型之间，适合大中型桥梁。考虑到本项目的监测成本并为了更有效地利用和分析数据，本项目对采集通道较多的系统进行定时切换，重点监测对桥梁动静力特性敏感的部位，最终实现效率与经济的协调统一。

4. 桥梁健康监测和桥梁管理系统相结合

目前行业内将桥梁健康监测纳入桥梁管理系统中已有部分项目开始实施，因此，迎合行业发展趋势，在加大传统桥梁管理系统开发力度的同时，加入健康监测的元素和手段，实现将健康监测与国家检测规范、桥梁管理系统相结合，将极大地推动我国桥梁管理的水平。

12.4　桑园子黄河大桥全寿命监控监测系统设计

12.4.1　云平台监控监测系统组成与集成

全寿命监控监测系统主要是应用现代化的传感技术、测试技术、计算机技术及网络通讯通信技术对桥梁的工作环境、交通荷载和结构的各种响应进行实时监测和研究，及时掌握桥梁的结构状态，全面了解桥梁的全寿命周期下，施工期间以及运营条件及性能退化状况，为桥梁可靠性评估、运营管理及养护维修提供科学的依据。

桑园子黄河大桥全寿命监控监测系统主要包括传感器系统、数据采集系统、数据管理系统、评定与决策系统 4 个部分，如图 12.2 所示。传感器系统、数据采集系统主要用于结构外部荷载以及结构整体性态与局部性态的监测，在线或定期采集桥梁在施工、试验、运营过程中的环境荷载信号和结构整体性态与局部性态信号，为结构的安全评定、维修和预警提供依据；数据管理系统主要是对历史资料和实时采集的海量数据进行管理，为安全评定系统与可靠度预测提供数据支持；评定与决策系统主要对传感系统采集的信号和数据深度进行分析，判断结构所处的安全水平，并对桥梁的安全状况进行预测，为确保桥梁的施工期安全和提供运营期维修决策提供依据。

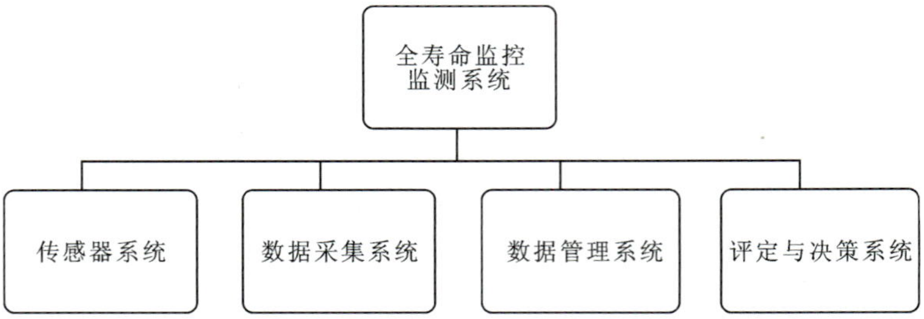

图 12.2　桑园子黄河大桥全寿命监控监测系统组成部分

12.4.2　云平台监控监测系统功能实现

1. 监控监测系统总体功能

1）系统平台定位

建立监控监测系统对重点监控项目的对外形象、技术宣传将起到积极的推动作用，积极展示桥科院及国家重点实验室的平台实力与引领行业的担当；对项目管理而言，建立监控监测系统将有利于项目的技术总结，有效提高项目工作效率、节约管理成本，有利于各类监测数据的溯源与信息的深度挖掘分析，便于问题的分析与解决；建立监控监测系统平台是企业持续高质量发展的需求，同时又是土木工程行业未来发展的趋势。

2）系统平台作用

建立监控监测系统将在项目进度跟踪、质量控制跟踪、监控成果展示、电子档案归档、结构安全预警、监控指令流转、监控报告自动生成、监测数据结果实时展示等全过程控制方面起到了积极的推动作用。

3）系统平台短期目标

建立的监控监测系统需在短期内实现项目进度跟踪、质量控制跟踪、监控成果展示、电子档案归档、监控指令流转、监测数据实时展示等方面的目标。

4）系统平台远期目标

在短期目标的基础上，监控监测系统平台逐步实现与 BIM 模型、商业计算软件的链接、监控报告自动生成、在线处理处理与预警的远期目标。

2. 项目信息

在项目信息菜单栏中初拟定包括但不限于工程概况、各参建方信息、招投标信息、招标结果信息、监控合同文件信息等内容，让进入监控监测系统平台者通过项目信息能全面了解本项目的各类关键基本信息。

3. 技术文件

在技术文件菜单栏中初拟定包括但不限于设计图纸、专项施工方案、施工监控方案、关键施工阶段计算分析报告、监控评审意见等内容。

4. 设备人员

在设备人员菜单栏中初拟定反映人员和监测设备的投入情况，初拟定包括但不限于人员信息、人员证书情况、监测设备投入信息、监测设备的校准合格证书等内容。

5. 监测数据

监测数据菜单栏是监控监测系统平台的重点建设内容，其主要反映监控监测期间的主要数据成果，初拟定包括但不限于线形数据、应力数据、索力数据、温度数据等内容，监测数据应体现在数据采集展示和深度信息挖掘两方面内容。

1)施工阶段展示

在结构计算分析时对结构施工全过程进行分解，提前获取各施工步骤下的结构三维模型展示图，在监控监测系统上根据实际施工阶段来展示各施工步骤的三维模型状态，以直观感受施工阶段的变化情况。在平台中上传最新工程进度照片、视频，并设置自动化播放模式，反映现场实际施工状态。

2)线形监测成果展示

在主梁悬臂拼装阶段，通过采集设备对当前架设节段及附近2～3个节段的线形情况进行测试，对线形测试数据进行曲线图可视化转换，形成当前施工阶段下的实测线形曲线，在系统平台中提前输入理论线形曲线，可直观得到实测线形曲线与理论线形曲线之间的偏差情况，并在系统中设置线形偏差控制阈值，当实测值与理论值之间的偏差超过监控阈值，则自动提示当前阶段线形偏差较大，系统发起预警程序，现场需采取措施降低该线形偏差，直到线形偏差控制在监控阈值范围内，系统提示当前施工阶段下线形处于可控状态。

可在桥面吊机安装GPS实时位置信息采集设备，接入监控监测系统后，可桥面吊机在不同施工工况下的纵桥向行走、横桥向偏移以及竖桥向位移变化曲线状态，可实现对桥面吊机的实际运行状态的动态掌握。

3)索力监测成果展示

在主梁悬臂拼装、斜拉索张拉阶段，通过索力测试设备对当前张拉的拉索及附近3对斜拉索的索力情况进行测试，对索力测试数据进行柱状图可视化转换，在系统平台中提前输入理论索力值，可直观得到实测索力与理论索力柱状图之间的偏差情况，并在系统中设置索力偏差控制阈值,当索力的实测值与理论值之间的偏差,或者上下游拉索索力差值超过监控阈值,则自动提示当前阶段拉索偏差较大,系统发起预警程序,现场需采取措施降低该拉索偏差,直到拉索偏差控制在监控阈值范围内,系统提示当前施工阶段下斜拉索索力处于可控状态。

4)应力监测成果展示

在主塔施工、主梁悬臂拼装阶段,通过应力自动化采集设备对当前工况下已安装的关键截面应力情况进行测试,对应力测试数据进行曲线图可视化转换,形成随施工阶段变化时的各控制截面的实测应力曲线,在系统平台中提前输入该截面随施工阶段变化的理论应力曲线,可直观得到当前工况下实测应力值与理论应力值之间的偏差情况,并在系统中设置结构容许应力控制阈值,当实测应力值超过材料容许应力值时,则自动提示当前阶段下某具体部位的应力值超限,系统发起预警程序,各单位商讨后及时采取措施降低该部位应力值,直到结构应力值控制在材料容许应力范围内,系统提示当前施工阶段下结构应力处于安全可控状态。

5)塔偏监测成果展示

在主梁悬臂拼装、斜拉索张拉阶段,通过无线自动化测试设备对主塔塔顶塔偏情况进行测试,对塔偏测试数据进行平面图可视化转换,在系统平台中提前输入该工况下的理论塔偏值,可直观得到实测塔偏值与理论塔偏值之间的偏差情况,并在系统中设置偏值误差控制阈值,当该塔偏实测值与理论值之间的偏差超过监控阈值,则自动提示当前阶段塔偏偏差情况较大,系统发起预警程序,现场需采取措施降低该塔偏偏差,直到塔偏偏差控制在监控阈值范围内,系统提示当前施工阶段下塔偏情况处于可控状态。

6)温度监测成果展示

在主塔施工、主梁悬臂拼装阶段,通过温度自动化采集设备对当前工况下已安装的结构温度场和环境温度情况进行测试,对温度测试数据进行曲线图可视化转换,形成随施工阶段变化时的各控制截面不同时间段下的实测结构温度场和环境温度曲线。同时在可视化界面上展示由环境温度传感器、环境湿度传感器、环境风速仪等设备实时传输的温度、湿度、风速信息,实时掌握桥位处的环境信息状态,为施工安全控制提供指导。

6. 监控文件

在监控文件菜单栏中初拟定进行监控指令单、监控联系单、施工巡检记录、收发文件的线上流转程序。

在监控监测系统平台中设置线上指令、联系单等文件的审批、流转路径程序,明确流转路径后,指令、联系单审批发起人即可选择具体审批路径开始监控文件的审批流程,可以大大提高指令、联系单文件的流转和审批效率,助力推动监控无纸化办公的目标。

指令、联系单中间审批人在收到文件审批单后,对指令、联系单进行线上审批,中间审批人在当前审批流程完成后自动转入下一流转程序,当文件审批单在当前阶段审批时间过长时,系统可自动发送信息至相关审批责任人,提示其完成当前审批任务,以提高指令、联系单等文件的流转效率。

建立桥梁监控现场巡检制度，监控现场巡检可联合监理单位和施工单位相关人员同时进行，监控现场巡检主要关注以下内容：施工工况是否与方案一致、临时荷载的堆放是否合理、监控测点是否破坏、施工现场人员各种规章制度执行情况、结构安全状态检查等，监控现场巡检记录单中反映的问题及现场照片及时上传至桥梁施工监控信息管理平台。

监控单位发起巡察整改流程后，各单位可对巡查问题进行及时回复，督促现场安全文明施工。

7. 监控报告

在监控报告菜单栏中初拟定包括但不限于监控项目实施过程中的阶段报告、监控月报、监控总结报告等内容，监控负责人需按月或关键施工阶段对监控项目进行总结，及时对监测成果进行提炼总结，判别监控质量和安全状态。

8. 文明窗口

在文明窗口菜单栏中初拟定包括但不限于监控项目实施过程中的重要会议情况、重要检查结果及反馈、媒体宣传情况、在本项目的获奖情况等内容，做好监控项目的对外宣传工作，发挥对外形象和技术宣传的窗口作用，展示桥科院及国家重点实验室的平台实力与引领行业的担当。

12.4.3　施工期监控监测系统与运营期健康监测系统融合

1. 两个系统融合必要性

针对桑园子黄河大桥桥梁施工监控监测系统和健康监测系统在系统硬件、软件、传输方式及数据处理方面的共性，提出了“桥梁全寿命安全监测系统”理念，其中心任务是确保结构在整个生命期的安全。

将施工监控和健康监测在硬件、软件、传输方式及数据处理方面进行了融合，实现无缝对接；运营的基准状态不再以设计成桥为基础，直接以施工最终状态为起始条件；安全信息通过传感器监测信息及人工巡检、施工监控综合获得，预测危险状态主动养护。

2. 硬件的融合

施工监控系统一般包括结构设计参数监控、几何形态监控、应力监控、索力监控、温度监控等几个方面，其涉及的硬件设备包括但不限于全站仪、水准仪、应变传感器、索力传感器、温度传感器等。健康监测系统一般包括环境监测、整体性态监测、应力应变监测、索力监测、振动监测等，其涉及的硬件设备包括但不限于GPS、挠度传感器、应力应变传感器、索力传感器、加速度传感器、风速仪等。因此，进行桥梁施工监控系统与监测系统的硬件融合，可将二者监控(测)内容、测试手段相同的项目进行合理融合，使监控系统的硬件可被监测系统所用。

以桑园子黄河大桥为依托，在施工监控监测与健康监测两个阶段，可进行硬件融合的设备包括但不限于应变传感器、温度传感器、索力传感器等。

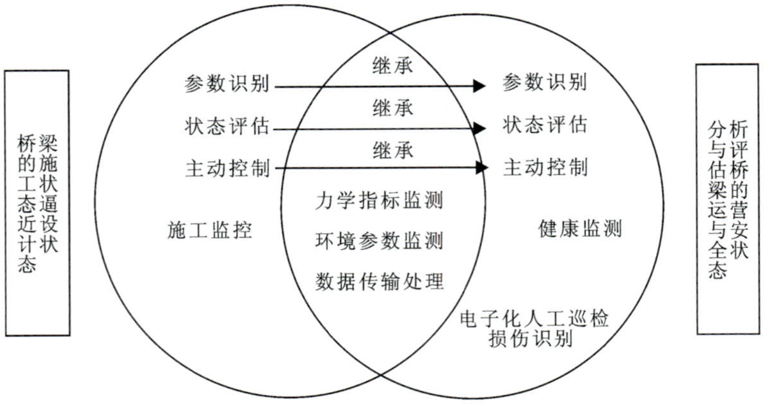

图 12.3　施工监控监测系统及健康监测系统融合

3. 软件的融合

桥梁施工监控系统与健康监测系统的软件子系统包括采集软件和系统软件两个部分。在采集软件方面，对于实现硬件融合的监控（测）项目，其相应的采集软件可以满足施工监控与健康监测的需求，可以实现相关采集软件的融合。在系统软件方面，由于施工监控与健康监测的目标不同，系统软件在功能需求上存在差异。在进行两个系统设计时，对二者的系统软件进行综合设计，实现系统软件的融合。

4. 传输方式及数据的融合

目前，传输方式总的来说分为有线传输和无线传输两种。由于有线传输方式受施工、运营条件转换的限制，实现二者的融合具有一定的难度。随着无线传感器及无线传输技术的发展，采用无线传输方案实现监控数据的采集，是实现桥梁施工监控与运营监测系统传输方式融合的有效解决手段。

受现场条件、环境因素、施工误差等不可预知的因素影响，结构的内力和变形在施工过程中是一个累积的过程，成桥后的结构状态不可能与设计完全一致，采用设计的成桥结构状态作为桥梁结构健康监测状态评估的初始状态是不合理的。桥梁施工监控贯穿于桥梁的整个建设过程，监测数据信息量，在剔除个别异常数据后能很好地反映桥梁结构的真实状况。

12.5　本章总结

施工监控、成桥荷载试验和运营健康监测三者在时间上顺次衔接，在服务目标上虽有差别，但在监测内容、监测手段、技术路线上有相同处。因此，在监测设备及监测信息上有共享内容，将三者综合考虑进行三位一体设计，建立桥梁的全寿命监测系统，无论是从经济角度还是从系统和监测信息的完整性以及信息的衔接角度来看是最合理的。

在此基础上，设计桑园子黄河大桥全寿命监控监测系统主要包括传感器系统、数据采集系统、数据管理系统、评定与决策系统 4 个部分。传感器系统、数据采集系统主要用于结构外部荷载以及结构整体性态与局部性态的监测；数据管理系统主要是对历史资料和实时采集的海量数据进行管理，为安全评定系统与可靠度预测提供数据支持；评定与决策系统主要对传感系统采集的信号和数据深度进行分析，对桥梁的安全状况进行预测，为确保桥梁的施工期安全和提供运营期维修决策提供依据。

主要参考文献

陈德伟,2001.预应力混凝土斜拉桥施工控制新进展[J].同济大学学报(1):99-103.

陈明宪,2006.斜拉桥的发展与展望[J].中外公路(4):76-86.

陈鸣,黄朝晖,刘鹏,等,2009.苏通大桥宽、重标准梁段吊装与匹配技术[J].公路交通科技(应用技术版)(5):77-82.

陈万高,2005.东海大桥主通航孔斜拉桥斜拉索施工技术[J].建筑施工,27(7):83-84,86.

戴杰,2016.钢箱梁斜拉桥合理成桥状态与合理施工状态优化方法研究[D].西安:长安大学.

戴显荣,2009.双塔联体分幅斜拉桥塔结构极限承载力试验研究[J].公路(10):55-59.

高宝,2018.联塔分幅组合梁斜拉桥抗震性能研究[J].城市道桥与防洪(10):87-90,104,13.

龚德华,2008.联塔分幅斜拉桥塔结构体系结构行为研究[D].成都:西南交通大学.

胡永,2007.柳州三门江大桥斜拉索施工技术[J].中国·市政工程(2):22-24,88-89.

贾布裕,2011.组合梁斜拉桥的可靠度分析[D].广州:华南理工大学.

康省桢,张圣城,1997.混凝土桥的现代技术水平[J].河南交通科技(6):10-14.

郎凯,2010.预应力钢筋混凝土斜张桥设计、施工工艺初探[J].黑龙江交通科技,33(10):95+97.

劳埃·扬,张培信,1991.钢-混凝土组合结构设计[M].上海:同济大学出版社.

梁全章,2018.钢-混组合梁斜拉桥主梁整体吊装受力分析[J].工程建设(8):39-44.

梁鑫,王冲,2011.联塔分幅斜拉桥抗震性能评价[J].四川建筑科学研究,37(3):168-171.

林元培,2004.斜拉桥[M].北京:人民交通出版社.

林宗凡,2004.钢-混凝土组合结构[M].上海:同济大学出版社.

刘士林,2002.斜拉桥[M].北京:人民交通出版社.

刘兆丰,2011.大跨度联塔分幅斜拉桥结构行为与联塔结构模型试验研究[D].成都:西南交通大学.

刘兆丰,戴显荣,赵人达,等,2009.双塔联体分幅斜拉桥塔结构模型实验索力测试结果分析[J].实验力学,24(6):573-578.

马坤全,2000.大跨径斜拉桥建设与展望[J].国外桥梁(4):60-65.

聂建国,2005.钢-混凝土组合结构[M].北京:中国建筑工业出版社.

秦顺全,2017.桥梁施工控制:无应力状态法理论与实践[M].北京:人民交通出版社.

沈斌,谢发祥,2006.南京长江第三大桥钢箱梁桥面吊机及梁段吊装工程[J].世界桥梁(3):19-22.

施洲,2018.大跨度混合梁斜拉桥施工控制关键技术[J].桥梁建设,48(3):111-115.

石雪飞,1999.斜拉桥结构参数估计及施工控制系统[D].上海:同济大学.

石雪飞,项海帆,2001.斜拉桥施工控制方法的分类分析[J].同济大学学报,29(1):55-59.

孙旭阳,2016.钢-混组合梁斜拉桥施工技术及质量控制分析[J].桥梁与隧道工程(18):110-111.

王伯惠,2003.斜拉桥结构发展和中国经验[M].北京:人民交通出版社.

王成,2018.大跨径组合梁斜拉桥施工监控与施工技术[D].石家庄:石家庄铁道大学.

王冲,2010.分幅主梁斜拉桥双联塔结构行为模型试验研究[D].成都:西南交通大学.

王建华,许佳平,戴宗诚,2006.通化西昌斜拉桥斜拉索施工技术[J].桥梁建设(S1):77-80.

王晓琰,杨黎明,岳阳,等,2023.斜拉桥主塔弧形隔板横梁支架设计与施工[J].智能城市,9(5):59-62.

温天卿,2014.泗河兴隆大桥施工关键技术研究[D].济南:山东大学.

吴国胜,2008.大跨度钢箱梁斜拉桥施工控制中的误差分析[D].成都:西南交通大学.

项海帆,2001.高等桥梁结构理论[M].北京:人民交通出版社.

徐利平,2003.超大跨径斜拉桥的结构体系分析[J].同济大学学报(自然科学版)(4):400-403.

徐宙元,赵人达,2013.联塔斜拉桥桥塔模型试验[J].科学技术与工程,13(18):5214-5220.

杨进辉,胡海波,2008.武汉天兴洲公铁两用长江大桥钢榆梁整节段组拼技术[J].桥梁建设,(6):5-7.

姚发海,2007.武汉天兴洲公铁两用长江大桥主桥钢彬梁整体节段架设可行性分析[J].桥梁建设,(6):6-8,19.

易云焜,2015.泉州湾跨海大桥主桥主梁施工技术[J].桥梁建设,45(5):94-98.

易云焜,2018.曲线形独塔无背索斜拉桥施工控制关键技术[J].桥梁建设,48(2):116-120.

尹婷,2013.大跨径提篮系杆拱桥主桥施工关键技术研究[D].济南:山东大学.

袁鹏,李德建,李传习,等,2016.四索面钢箱梁斜拉桥合理成桥状态下的空间受力研究[J].桥梁建设,46(1):47-52.

曾祥红,2012.大跨钢-砼混合梁斜拉桥施工控制和塔梁同步施工方法[D].西安:长安大学.

张谢东,王金枝,郭俊峰,等,2015.混合梁斜拉桥合理成桥状态确定方法研究[J].武汉理工大学学报(交通科学与工程版)(5):44-49.

阵新安,2001.斜拉桥的施工控制[J].中国港湾建设(5):34-37.

周孟波,2004.斜拉桥手册[M].北京:人民交通出版社.